CHUNDIANDONG QICHE
JISHU JIEXI

纯电动汽车技术解析

崔胜民 ◎ 编著

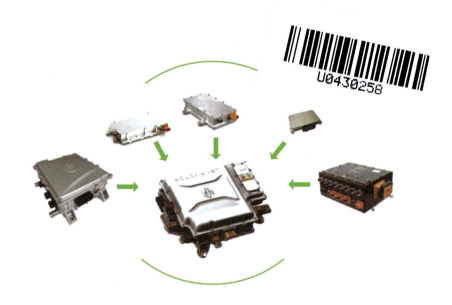

化学工业出版社

·北京·

内容简介

本书全面系统地介绍了纯电动汽车技术,包括纯电动汽车的基本知识(如纯电动汽车的定义、组成、工作原理、驱动形式、特点、典型实例)以及纯电动汽车的动力蓄电池系统、纯电动汽车的电驱动系统、纯电动汽车的整车控制器和纯电动汽车的性能与仿真等,反映了纯电动汽车的新技术和新成果。

本书以工程应用为背景,内容丰富,条理清晰,使用了大量的图片及具体的实例,通俗易懂,实用性强。

本书可作为车辆工程、新能源汽车工程专业的本科生教材,还可供新能源汽车行业的工程技术人员及新能源汽车爱好者阅读。

图书在版编目(CIP)数据

纯电动汽车技术解析/崔胜民编著. —北京:化学工业出版社,2021.9

ISBN 978-7-122-39428-6

Ⅰ. ①纯… Ⅱ. ①崔… Ⅲ. ①电动汽车-高等学校-教材 Ⅳ. ①U469.72

中国版本图书馆CIP数据核字(2021)第129106号

责任编辑:陈景薇　　　　　　　　　文字编辑:冯国庆
责任校对:边　涛　　　　　　　　　装帧设计:韩　飞

出版发行:化学工业出版社
　　　　　(北京市东城区青年湖南街13号　邮政编码100011)
印　　刷:三河市航远印刷有限公司
装　　订:三河市宇新装订厂
787mm×1092mm　1/16　印张14$\frac{1}{2}$　字数352千字
2021年9月北京第1版第1次印刷

购书咨询:010-64518888　　　　　　售后服务:010-64518899
网　　址:http://www.cip.com.cn
凡购买本书,如有缺损质量问题,本社销售中心负责调换。

定　　价:88.00元　　　　　　　　　　　　版权所有　违者必究

前 言

《新能源汽车产业发展规划（2021～2035年）》《节能与新能源汽车技术路线图（2.0）》明确提出，到2035年，我国新能源汽车要占汽车总销量的50%以上，其中纯电动汽车占新能源汽车的95%以上，纯电动汽车已成为汽车的重要发展方向。

本书全面系统地介绍了纯电动汽车所涉及的主要技术，共分五章，第一章主要介绍纯电动汽车的定义、组成、工作原理、驱动形式和特点，以及10种典型纯电动汽车实例；第二章主要介绍纯电动汽车的动力蓄电池系统，包括蓄电池的作用和要求、蓄电池主要性能指标、动力蓄电池结构类型与组合方式、锂离子蓄电池、动力蓄电池测试技术、动力蓄电池匹配、蓄电池管理系统、动力蓄电池荷电状态估算方法、动力蓄电池梯次利用和动力蓄电池发展总目标；第三章主要介绍纯电动汽车的电驱动系统，包括驱动电机的类型与要求、驱动电机主要性能指标、异步电机及其控制、永磁同步电机及其控制、驱动电机匹配、电机控制器、变速器及电驱动系统、电源变换器、高压系统和电驱动系统发展目标；第四章主要介绍纯电动汽车的整车控制器，包括整车控制器的技术要求、整车控制器的结构与原理、整车控制器的功能和整车工作模式控制；第五章主要介绍纯电动汽车的性能与仿真，包括纯电动汽车的动力性、纯电动汽车的经济性和纯电动汽车的仿真。

本书介绍的实例主要是以目前热销的车型为主，反映了纯电动汽车的新技术，例如，纯电动汽车的核心部件——动力蓄电池和驱动电机，只介绍市场上纯电动汽车应用的锂离子蓄电池和异步电机、永磁同步电机，而铅酸蓄电池、镍氢蓄电池和直流电机、开关磁阻电机等不再介绍。通过本书的学习，读者既能掌握纯电动汽车所涉及的知识和技术，又能熟悉根据纯电动汽车设计目标对动力蓄电池和电驱动系统参数进行匹配和仿真的方法，为从事纯电动汽车的相关工作奠定基础。

在本书编写过程中，引用一些网上资料和图片以及参考文献中的部分内容，特向其作者表示深切的谢意。

由于编著者学识有限，书中不足之处在所难免，恳盼读者给予指正。

编著者

目 录

第一章　绪论　001

第一节　纯电动汽车的定义 / 002
第二节　纯电动汽车的组成 / 004
第三节　纯电动汽车的工作原理 / 011
第四节　纯电动汽车的驱动形式 / 012
第五节　纯电动汽车的特点 / 017
第六节　纯电动汽车的典型实例 / 017

第二章　纯电动汽车的动力蓄电池系统　029

第一节　蓄电池的作用与要求 / 030
第二节　蓄电池主要性能指标 / 031
第三节　动力蓄电池结构类型与组合方式 / 039
第四节　锂离子蓄电池 / 045
第五节　动力蓄电池的测试技术 / 062
第六节　动力蓄电池匹配 / 074
第七节　蓄电池管理系统 / 082
第八节　动力蓄电池荷电状态估算方法 / 099
第九节　动力蓄电池梯次利用 / 108
第十节　动力蓄电池发展总目标 / 112

第三章　纯电动汽车的电驱动系统　114

第一节　驱动电机的类型与要求 / 115
第二节　驱动电机主要性能指标 / 117
第三节　异步电机及其控制 / 118
第四节　永磁同步电机及其控制 / 130
第五节　驱动电机匹配 / 151

第六节 电机控制器 / 154
第七节 变速器及电驱动系统 / 165
第八节 电源变换器 / 183
第九节 高压系统 / 188
第十节 电驱动系统发展目标 / 193

第四章　纯电动汽车的整车控制器　194

第一节 整车控制器的技术要求 / 195
第二节 整车控制器的结构与原理 / 195
第三节 整车控制器的功能 / 199
第四节 整车工作模式控制 / 203

第五章　纯电动汽车的性能与仿真　207

第一节 纯电动汽车的动力性 / 208
第二节 纯电动汽车的经济性 / 215
第三节 纯电动汽车的仿真 / 222

参考文献　226

第一章

绪 论

纯电动汽车是一种绿色环保的交通运输工具,也是汽车智能化和网联化的最佳载体,是我国汽车转型的重点发展方向。到2035年,我国新能源汽车要占汽车总销量的50%以上,其中纯电动汽车占新能源汽车的95%以上。

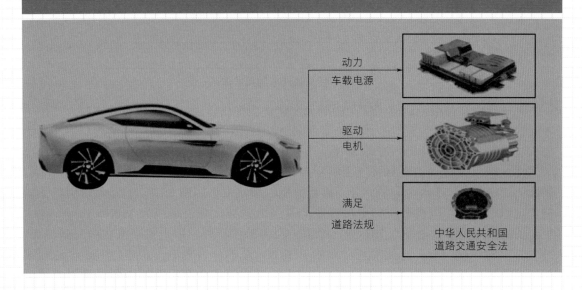

第一节 纯电动汽车的定义

纯电动汽车是新能源汽车的最重要车型。新能源汽车是指采用非常规的车用燃料作为动力来源，或使用常规的车用燃料，采用新型车载动力装置，综合车辆的动力控制和驱动方面的先进技术，形成的具有新技术、新结构的汽车。目前市场上众多的低速电动汽车和场地电动车还不属于新能源汽车。新能源汽车主要包括纯电动汽车、混合动力电动汽车和燃料电池电动汽车，其中混合动力电动汽车又分为插电式混合动力电动汽车和非插电式混合动力电动汽车。我国把非插电式混合动力电动汽车划分到节能汽车系列中。

我国新能源汽车主要是指纯电动汽车、插电式混合动力汽车和燃料电池电动汽车。新能源汽车的技术体系是"三纵三横"式，如图1-1所示。"三纵"是指纯电动汽车、插电式混合动力（含增程式）电动汽车和燃料电池电动汽车，布局整车技术创新链；"三横"是指动力电池与管理系统、驱动电机与电力电子、网联化与智能化技术，构建关键零部件技术供给体系。其中网联化与智能化技术表示新能源汽车要向智能网联汽车方向发展。

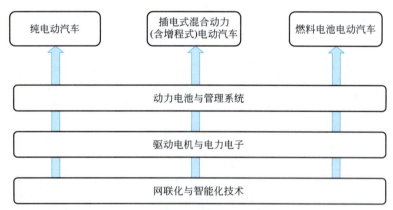

图1-1　新能源汽车的技术体系

纯电动汽车是指驱动能量完全由动力车载电源提供、由驱动电机驱动、符合《中华人民共和国道路安全交通法》的汽车，如图1-2所示。本书介绍的纯电动汽车主要是指能够挂牌上路行驶的电动汽车，不包括低速电动车和场地电动车。

比亚迪汉纯电动汽车如图1-3所示，其外形尺寸为4980mm×1910mm×1495mm，轴距为2920mm。提供单电机两驱（前置前驱）和双电机四驱车型，驱动电机采用永磁同步电机，其中单电机车型的电机峰值功率为163kW，峰值转矩为330N·m；而双电机车型的前电机峰值功率为163kW，峰值转矩为330N·m，后电机峰值功率为200kW，峰值转矩为350N·m，总的峰值功率为363kW，总的峰值转矩为680N·m。变速器采用固定齿轮比单挡变速器。搭载的动力蓄电池是比亚迪最新研发的磷酸铁锂"刀片电池"，电池能量为 76.9kW·h。直流快充时间为 25min（从 30% 充至 80%）。两驱车型的 NEDC 综合工况续驶里程为 605km，0～100km/h 加速时间为 7.9s；四驱车型的 NEDC 综合工况续驶里程为 550km，0～100km/h 加速时间仅为 3.9s。另外，还配备了自适应巡航控制系统、前向碰撞预警系统、车道偏离预警系统、交通拥堵辅助系统、弯道速度控制系统、自动紧急制动系统、行人识别/保护系统等智能辅助驾驶系统。

图 1-2　纯电动汽车的定义

(a) 外形

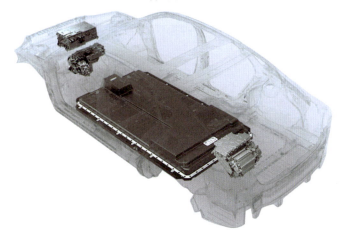

(b) 动力蓄电池和电驱动系统透视

图 1-3　比亚迪汉纯电动汽车

第二节 纯电动汽车的组成

纯电动汽车主要由动力蓄电池系统、电驱动系统、整车控制器、充电系统和辅助系统等组成,如图1-4所示。

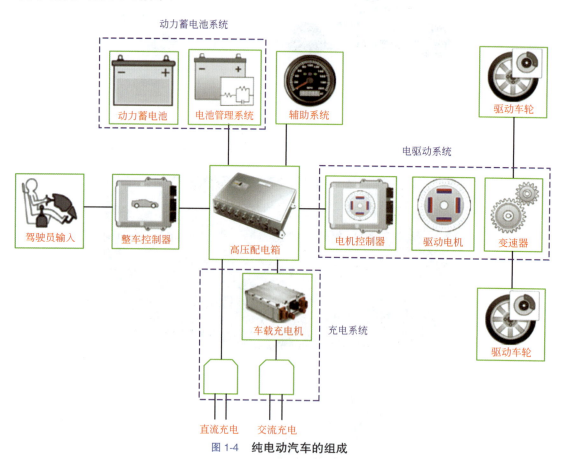

图1-4 纯电动汽车的组成

一、动力蓄电池系统

动力蓄电池系统主要包括动力蓄电池和蓄电池管理系统等,其功用是向驱动电机提供电能、监测动力蓄电池使用情况以及控制充电设备向蓄电池充电。

1. 动力蓄电池

动力蓄电池是纯电动汽车的能量存储装置,是纯电动汽车的能量来源。动力蓄电池主要包括铅酸蓄电池、金属氢化物镍蓄电池、锂离子蓄电池等。目前纯电动汽车主要以锂离子蓄电池为主，特别是三元锂子电池和磷酸铁锂电池。未来将向新体系电池方向发展。

动力蓄电池一般安装在纯电动汽车底部，如图 1-5 所示为蔚来 ES8 纯电动汽车的动力蓄电池。该动力蓄电池采用三元锂子电池，动力蓄电池能量为 100kW·h，动力蓄电池总质量为 555kg，NEDC 综合工况续驶里程为 580km。

图 1-5　蔚来 ES8 纯电动汽车的动力蓄电池

2. 蓄电池管理系统

蓄电池管理系统实时监控动力蓄电池的使用情况，对动力蓄电池的电压、内阻、温度、电解液浓度、当前蓄电池剩余电量、放电时间、放电电流或放电深度等状态参数进行检测，并按动力蓄电池对环境温度的要求进行调温控制，通过限流控制避免动力蓄电池过充或放电，通过车载信息显示系统对有关参数进行显示和报警，以便驾驶员随时掌握并配合其操作，按需要及时对动力蓄电池充电并进行维护保养。蓄电池管理系统的结构与功能各不相同，应与动力蓄电池和整车行驶需求相匹配。

如图 1-6 所示为某纯电动汽车的动力蓄电池箱结构，可以看到动力蓄电池箱中的动力蓄电池及其蓄电池管理系统。

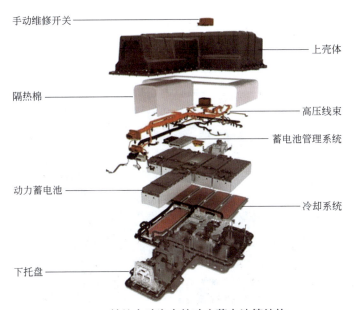

图 1-6　某纯电动汽车的动力蓄电池箱结构

二、电驱动系统

电驱动系统主要包括驱动电机、电机控制器和变速器,其功用是向驱动车轮提供转矩,是纯电动汽车唯一的驱动装置。

1. 驱动电机

驱动电机在纯电动汽车中承担电动和发电双重功能,即在正常行驶时发挥其主要的电动机功能,将电能转化为机械旋转能;而在减速和下坡滑行时又进行发电,承担发电机功能,将车轮的惯性动能转换为电能充入动力蓄电池中。驱动电机类型主要有直流电机、异步电机、永磁同步电机和开关磁阻电机。目前纯电动汽车使用的驱动电机主要以永磁同步电机和异步电机为主。

如图 1-7 所示为某纯电动汽车使用的驱动电机。

图 1-7 某纯电动汽车使用的驱动电机

2. 电机控制器

电机控制器是按整车控制器的指令和纯电动汽车的行驶需求,对驱动电机的转速、转矩和旋转方向进行控制。

如图 1-8 所示为某纯电动汽车的电机控制器。

图 1-8 某纯电动汽车的电机控制器

3. 变速器

纯电动汽车没有像燃油汽车那样的多挡变速器或无级变速器，常使用驱动电机匹配单级减速器的架构，随着对纯电动汽车性能的要求越来越高，逐渐出现驱动电机匹配两挡变速器，单级减速器也称为单挡固定齿比变速器，简称单挡变速器。

如图 1-9 所示为单挡变速器。

图 1-9 单挡变速器

为了提高效率，减小布置空间，驱动电机、电机控制器和变速器集成为一体成为电驱动系统。

如图 1-10 所示为某三合一电驱动系统。该系统峰值功率为 142kW，峰值转矩为 340N·m，峰值转速为 11000r/min，搭载该电驱动系统的纯电动汽车，0～100km/h 加速时间为 7.6s，最大爬坡度可达 40%。纯电动汽车采用三合一电驱动系统，使底盘结构大大简化，留出更多空间，用于安装电源系统。

图 1-10 某三合一电驱动系统

三、整车控制器

整车控制器是纯电动汽车的中枢，它根据驾驶员输入的加速踏板和制动踏板的信号，向电机控制器发出相应的控制指令，对驱动电机进行启动、加速、减速、制动控制。在纯电动汽车减速和下坡滑行时，整车控制器配合电源系统的蓄电池管理系统进行发电回馈，使动力蓄电池反向充电。整车控制器还对动力蓄电池充放电过程进行控制。对于与汽车行驶状况有关的速度、功率、电压、电流及有关故障诊断等信息还需传输到车载信息显示系统进行相应的数字或模拟显示。

如图 1-11 所示为某纯电动汽车整车控制器。

图 1-11　某纯电动汽车整车控制器

四、充电系统

充电系统主要包括车载充电机、充电接口和地面充电设备等，主要功能是为纯电动汽车动力蓄电池充电。

1. 车载充电机

车载充电机是把电网供电制式转换为对动力蓄电池充电要求的制式，即把交流电转换为相应电压的直流电，并按要求控制其充电电流，为动力蓄电池充电。车载充电机的发展趋势之一是双向的，既能向纯电动汽车动力蓄电池充电，也可以把多余的电反馈给电网。

如图 1-12 所示为某企业生产的 6.6kW 车载充电机。外形尺寸为 286mm×280mm×94mm，质量为 6kg；输入电压为 85～264V，输出电压为 108V/144V/336V/384V（可定制）。

图 1-12　某企业生产的 6.6kW 车载充电机

2. 充电接口

纯电动汽车一般有两个充电接口：一个是直流充电接口，用于动力蓄电池的快充；

另一个是交流充电接口,用于动力蓄电池的慢充。

如图 1-13 所示为某纯电动汽车的充电接口。

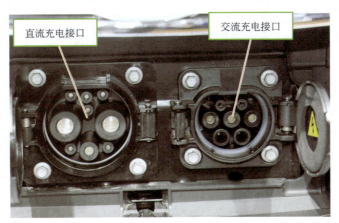

图 1-13　某纯电动汽车的充电接口

3. 地面充电设备

地面充电设备是指给电动汽车充电的各种设施,主要包括直流充电站、交流充电桩等。如图 1-14 所示为给纯电动汽车充电的交流充电桩。

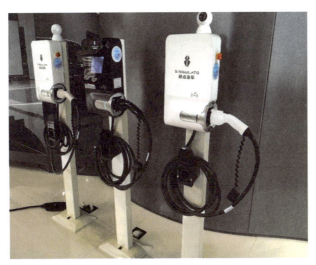

图 1-14　给纯电动汽车充电的交流充电桩

五、辅助系统

辅助系统包括车载信息显示系统和辅助电气设备等。

1. 车载信息显示系统

目前纯电动汽车的车载信息显示系统主要以汽车仪表为主,如图 1-15 所示,其具体含义见表 1-1。

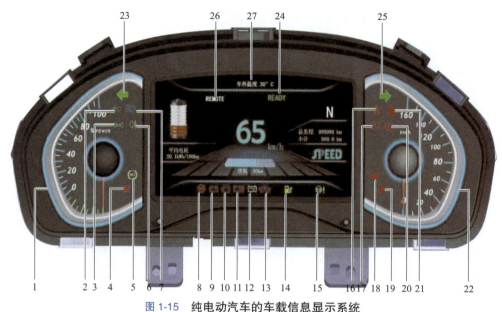

图 1-15 纯电动汽车的车载信息显示系统

表 1-1 车载信息显示系统的具体含义

序号	名称	序号	名称	序号	名称
1	驱动电机功率表	10	驱动电机及控制器过热指示灯	19	充电线连接指示灯
2	前雾灯	11	动力蓄电池故障指示灯	20	手刹指示灯
3	示廓灯	12	动力蓄电池断开指示灯	21	门开指示灯
4	安全气囊指示灯	13	系统故障灯	22	车速表
5	ABS 指示灯	14	充电提醒灯	23	左转向指示灯
6	后雾灯	15	EPS 故障指示灯	24	READY 指示灯
7	远光灯	16	安全带未系指示灯	25	右转向指示灯
8	跛行指示灯	17	制动故障指示灯	26	REMOTE 指示灯
9	蓄电池故障指示灯	18	防盗指示灯	27	室外温度提示

随着汽车智能化、网络化的发展，车载信息显示系统将向智能座舱发展。智能座舱系统是以车联网为依托，集合丰富的车载传感器、控制器、网络传感器、云端数据、算力资源，基于人工智能技术和先进的人机交互技术，提供友好的人机交互界面，提升车辆行驶安全、通信感知能力、用户体验的汽车座舱软硬件集成系统，主要由人机交互系统、环境控制系统、影音娱乐系统、信息通信系统、导航定位系统等组成。现阶段大部分座舱产品仍是分布式离散控制，即操作系统互相独立，核心技术体现为模块化、集成化设计。未来，随着高级别自动驾驶逐步应用，芯片和算法等性能增加，座舱产品将进一步升级，一芯多屏、多屏互融、立体式虚拟呈现等技术普及，核心技术体现为进一步集成智能驾驶的能力。

未来的智能座舱如图 1-16 所示。

图 1-16　未来的智能座舱

2. 辅助电气设备

辅助电气设备主要包括电动转向系统、导航系统、电动空调、照明等。随着自动驾驶级别的提高，汽车底盘的发展趋势是线控化，即线控转向、线控制动和线控驱动。汽车辅助用电设备会越来越多。

纯电动汽车的"三电"系统主要是指电驱动系统、电池系统和电控系统，它们是纯电动汽车的核心，如果说电池系统是纯电动汽车的"血液"，电控系统是纯电动汽车的"大脑"，电驱动系统则是纯电动汽车的"心脏"。纯电动汽车的动力性（最高车速、加速能力、爬坡能力）与电驱动系统特性密切相关；纯电动汽车的经济性（能量消耗率、续驶里程）与电池系统特性密切相关。

第三节　纯电动汽车的工作原理

如图 1-17 所示为某纯电动汽车的工作原理。纯电动汽车的电能由动力蓄电池提供，并通过电网对动力蓄电池进行补充电能。纯电动汽车工作时，驾驶员通过加速踏板和制动踏板控制其行程，传感器将加速踏板、制动踏板机械位移的行程量转换为电信号，输入整车控制器，经处理后给电机控制器发出驱动信号，对驱动电机进行启动、加速、减速、制动控制等。当纯电动汽车行驶时，动力蓄电池输出的直流电经 DC/DC 变换器、电机控制器变为交流电后输送给驱动电机，驱动电机将电能高效地转化为驱动车轮的动能，使车轮转动。当汽车制动减速或下坡滑行时，车轮带动驱动电机转动，通过电机控制器使驱动电机成为交流发电机产生电流，再将交流电变为直流电向动力蓄电池充电，进行制动能量回收。

纯电动汽车功能示意如图 1-18 所示，它具有怠速停机、纯电驱动、回收制动能量和停车充电等功能。

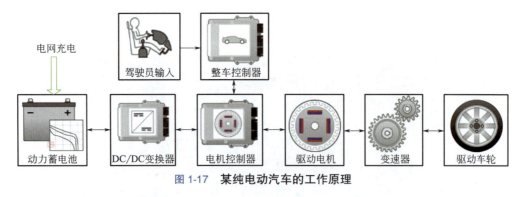

图 1-17　某纯电动汽车的工作原理

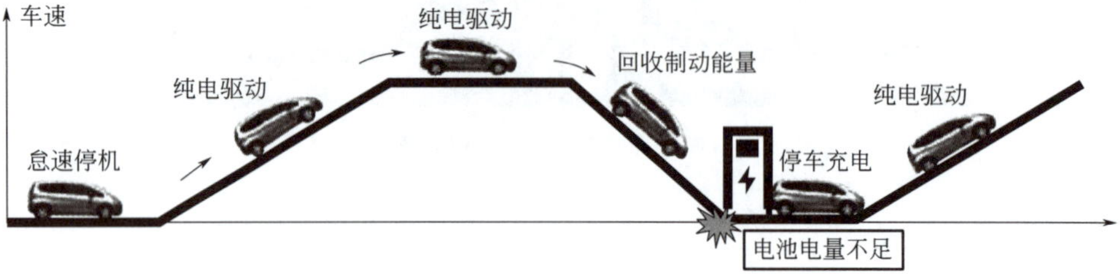

图 1-18　纯电动汽车功能示意

第四节
纯电动汽车的驱动形式

纯电动汽车的驱动形式主要有后轮驱动、前轮驱动和四轮驱动。目前纯电动乘用车以前轮驱动为主,动力性要求高的纯电动汽车以四轮驱动为主,商用纯电动汽车以后轮驱动为主。

一、后轮驱动

后轮驱动布置形式如图 1-19 所示。后轮驱动布置的优点是前后负荷均匀,操控性好。

图 1-19　后轮驱动布置形式

纯电动商用车一般采用后轮驱动形式，如图 1-20 所示为纯电动货车后驱动系统，驱动电机安装在驱动桥主减速器的位置。该驱动电机的峰值功率为 180kW，峰值转矩为 1500N·m；减速比为 5，整车输出转矩为 7500N·m。

图 1-20　纯电动货车后驱动系统

对于后轮驱动纯电动载货汽车，一般使用专用纯电动汽车驱动桥。纯电动汽车后驱动桥有各种形式，如图 1-21 所示。

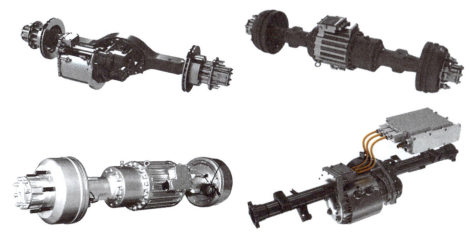

图 1-21　各种形式的纯电动汽车后驱动桥

纯电动乘用车也有采用后轮驱动的。大众 MEB（Modular Electrification Toolkit，模块化电气化工具套件）平台采用后轮驱动形式，如图 1-22 所示。

图 1-22　大众 MEB 后轮驱动系统

如图 1-23 所示为采用双电机后驱动的奥迪 R8 纯电动超级跑车。

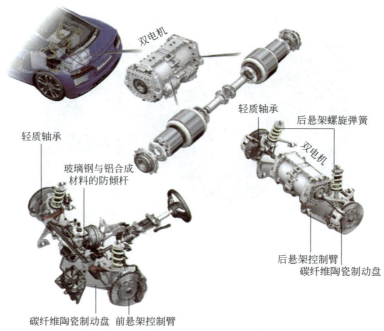

图 1-23　采用双电机后驱动的奥迪 R8 纯电动超级跑车

二、前轮驱动

前轮驱动布置形式如图 1-24 所示。前轮驱动纯电动汽车结构紧凑，有利于其他总成的安排，在转向和加速时行驶稳定性较好。前轮除了用来驱动还兼转向，结构复杂，上坡时前轮附着力减小，易打滑。前轮驱动适合于中级及中级以下的电动轿车。市场上的纯电动乘用车以前置前驱布置形式为主。

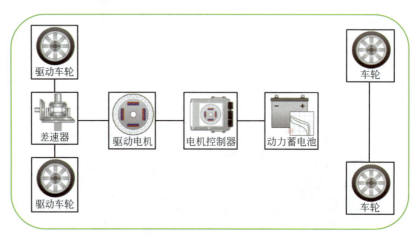

图 1-24　前轮驱动布置形式

如图 1-25 所示为北汽 EU5 前轮驱动电动汽车，电驱动系统由一台永磁同步电机和一个单挡变速器组成，电机的峰值功率为 160kW，峰值转矩为 300N·m。

图 1-25　北汽 EU5 前轮驱动电动汽车

如图 1-26 所示为奇瑞瑞虎 3Xe 前轮驱动电动汽车，电驱动系统由一台永磁同步电机和一个单挡变速器组成，电机的峰值功率为 90kW，峰值转矩为 276N·m。

图 1-26　奇瑞瑞虎 3Xe 前轮驱动电动汽车

三、四轮驱动

四轮驱动布置形式如图 1-27 所示。四轮驱动适合要求动力性强的电动跑车或城市 SUV，与四轮驱动内燃机汽车相比，取消了部分传动零件，可提高空间的利用率和动力的传递效率。

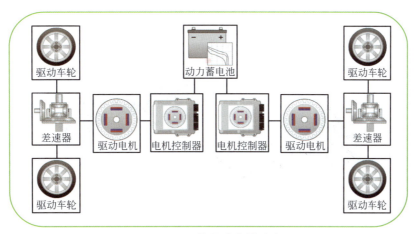

图 1-27　四轮驱动布置形式

蔚来 ES8 双电机四轮驱动系统如图 1-28 所示,前电机为永磁同步电机,后电机为交流异步电机;前电机峰值功率为 160kW,后电机峰值功率为 240kW;总输出功率为 400kW,总输出转矩为 725N·m;NEDC 综合工况续驶里程为 580km。

图 1-28　蔚来 ES8 双电机四轮驱动系统

特斯拉 Model 3 双电机四轮驱动系统如图 1-29 所示。电机采用异步电机,其中后电机是主电机,其峰值功率为 202kW,前电机是辅助电机,其峰值功率为 137kW,输出总功率为 339kW;动力蓄电池采用三元锂子电池;最大续驶里程为 605km。

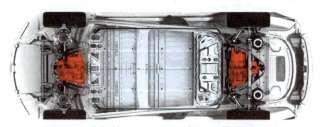

图 1-29　特斯拉 Model 3 双电机四轮驱动系统

现代纯电动汽车 IONIQ（艾尼氪）5 采用四轮驱动,如图 1-30 所示,驱动电机总峰值功率为 225kW,峰值转矩为 605N·m;动力蓄电池能量为 72.6kW·h;0～100km/h 加速时间为 5.2s;NEDC 综合工况续驶里程为 600km。同时支持 400V 和 800V 充电桩,例如,当使用 350kW 充电桩进行充电时,IONIQ（艾尼氪）5 从 30％电量充至 80％只需 14min,充电 5min 就能增加 100km 的续驶里程。

图 1-30　现代纯电动汽车 IONIQ（艾尼氪）5 四轮驱动系统

第五节 纯电动汽车的特点

纯电动汽车与燃油汽车相比，具有以下优点。

(1) 零排放　纯电动汽车使用电能，在行驶中无废气排出，不污染环境。

(2) 能源效率高　纯电动汽车的能源效率已超过燃油汽车，特别是在城市中运行，汽车走走停停，行驶速度不快，纯电动汽车更加适宜。纯电动汽车停止时不消耗电量，在制动过程中，驱动电机可自动转化为发电机，实现制动减速时能量回收。

(3) 结构简单　因使用单一的电能源，省去了发动机、离合器、多挡变速器、油箱、冷却和排气系统等，所以结构较简单。

(4) 噪声低　纯电动汽车无发动机产生的噪声，驱动电机噪声也较发动机小。

(5) 节约能源　纯电动汽车的应用可有效地减少对石油资源的依赖。向动力蓄电池充电的电力可以由水力、核能、太阳能、风力、潮汐等新能源转化。除此之外，如果夜间向动力蓄电池充电，还可以避开用电高峰，有利于电网均衡负荷，减少费用。

纯电动汽车与燃油汽车相比，具有以下不足。

(1) 续驶里程相对较短　目前纯电动汽车尚不如燃油汽车技术完善，尤其是动力蓄电池的寿命短，使用成本高，储能量小，一次充电后续驶里程较短，受环境因素影响较大。

(2) 成本高　目前，纯电动汽车主要采用锂离子蓄电池，成本较高，还需要国家补贴。

(3) 安全性　锂离子蓄电池的安全性有待进一步提高。

(4) 充电时间较长　一般交流慢充时间为 6~8h，直流快充时间为 30min 左右，但经常直流快充会对动力蓄电池寿命产生较大影响。

(5) 配套不完善　纯电动汽车的使用还远不如燃油汽车使用方便，还要加大配套基础设施的建设。

随着电动汽车技术的突破，特别是动力蓄电池容量和循环寿命的提高，以及价格的降低和基础设施的配套完善，纯电动汽车的推广使用一定会得到大的发展。

第六节 纯电动汽车的典型实例

2020 年我国全年销售新能源汽车 136.7 万辆，其中纯电动乘用车 100 万辆，纯电动商用车 11.6 万辆；插电式混合动力电动乘用车 24.7 万辆，插电式混合动力电动商用车 0.4 万辆。由此可见，我国新能源汽车主要以纯电动汽车为主，特别是纯电动乘用车。

下面介绍长城欧拉黑猫、长城欧拉 iQ、上海大通 EUNIQ5、上汽荣威 eRX5、广汽埃安（AION S）、北京现代菲斯塔、比亚迪唐、小鹏 7、蔚来 ES6 和宝马纯电动汽车的基本配置。

1. 长城欧拉黑猫纯电动汽车

如图 1-31 所示为长城欧拉黑猫纯电动汽车，驱动形式为前置前驱，外形尺寸为 3495mm×1660mm×1560mm，轴距为 2475mm；整备质量为 990kg；驱动电机类型为永磁同步电机，其峰值功率为 35kW，峰值转矩为 125N·m；0～50km/h 加速时间为 5.6s，最高车速为 102km/h；动力蓄电池为三元锂子电池，动力蓄电池能量为 33kW·h；NDEC 综合工况续驶里程为 351km。

(a) 外形

(b) 底盘

图 1-31　长城欧拉黑猫纯电动汽车

2. 长城欧拉 iQ 纯电动汽车

如图 1-32 所示为长城欧拉 iQ 纯电动汽车，驱动形式为前置前驱，外形尺寸为 4460mm×1735mm×1567mm，轴距为 2650mm；驱动电机采用永磁同步电机，其峰值功率为 120kW，峰值转矩为 280N·m，效率达 97%；变速器采用单挡变速器；动力蓄电池采用软包三元锂子电池，动力蓄电池能量密度为 160W·h/kg；最高车速为 150km/h，0～100km/h 加速时间为 10s；综合工况续驶里程为 421km，电能消耗量为 13.1kW·h/100km。

(a) 外形

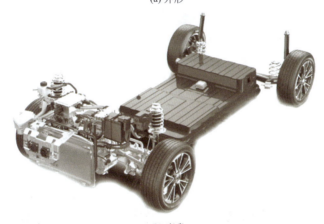

(b) 底盘

图 1-32　长城欧拉 iQ 纯电动汽车

如图 1-33 所示为长城欧拉 iQ 纯电动汽车的电驱动系统。

图 1-33　长城欧拉 iQ 纯电动汽车的电驱动系统

如图 1-34 所示为长城欧拉 iQ 纯电动汽车的充电接口，设有快充、慢充两种充电口，在快充模式下，40min 即可由 30% 充到 80% 电量。

3. 上海大通 EUNIQ5 纯电动汽车

如图 1-35 所示为上海大通 EUNIQ5 纯电动汽车，外形尺寸为 4825mm×1825mm×1778mm，轴距为 2800mm；动力蓄电池为三元锂子电池，其能量为 61kW·h，能量密度为 178W·h/kg；驱动电机为永磁同步电机，其峰值功率为 130kW，峰值转矩为

310N·m；最高车速为170km/h，NEDC综合工况续驶里程为420km，直流快充时间为35min，交流慢充时间为8.5h。

图1-34　长城欧拉iQ纯电动汽车的充电接口

(a) 外形

(b) 底盘

图1-35　上海大通EUNIQ5纯电动汽车

4. 上汽荣威eRX5纯电动汽车

如图1-36所示为上汽荣威eRX5纯电动汽车，驱动形式为前置前驱，外形尺寸为4554mm×1855mm×1716mm，轴距为2700mm；整备质量为1710kg；驱动电机采用永磁同步电机，其峰值功率为85kW，峰值转矩为255N·m；动力蓄电池采用三元锂离子电池，其能量为48.3kW·h；最高车速为135km/h，0～50km/h加速时间为4.2s；

60km/h 匀速续驶里程为 425km，NEDC 综合工况续驶里程为 320km，电能消耗量为 15kW·h/100km。

图 1-36　上汽荣威 eRX5 纯电动汽车

如图 1-37 所示为上汽荣威 eRX5 纯电动汽车的电驱动系统和安装位置。

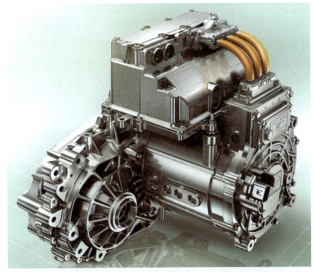

(a) 电驱动系统

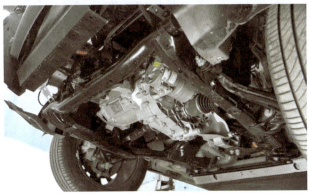

(b) 安装位置

图 1-37　上汽荣威 eRX5 纯电动汽车的电驱动系统和安装位置

如图 1-38 所示为上汽荣威 eRX5 纯电动汽车的充电接口，交流慢充时间为 7h，直流快充时间为 40min（80%）。

图 1-38 上汽荣威 eRX5 纯电动汽车的充电接口

5. 广汽埃安（AION S）纯电动汽车

如图 1-39 所示为广汽埃安（AION S）纯电动汽车，驱动形式为前置前驱，外形尺寸为 4768mm×1880mm×1530mm，轴距为 2750mm；整备质量为 1610kg；驱动电机采用永磁同步电机，其峰值功率为 135kW，峰值转矩为 300N·m；风阻系数为 0.245；动力蓄电池采用三元锂离子电池，60km/h 等速续驶里程为 630km，NEDC 综合工况续驶里程为 510km，电能消耗量为 13.1kW·h/100km。

(a) 外形

(b) 底盘

图 1-39 广汽埃安（AION S）纯电动汽车

6. 北京现代菲斯塔纯电动汽车

北京现代菲斯塔纯电动汽车如图 1-40 所示，其整备质量为 1603kg，外形尺寸为

4705mm×1790mm×1435mm，轴距为2700mm；驱动形式为前置驱动，驱动电机采用永磁同步电机，其峰值功率为135kW，峰值转矩为310N·m；动力蓄电池采用三元锂离子电池，其能量为56.5kW·h；最高车速为165km/h，综合工况续驶里程为490km，电能消耗量为12.7kW·h/100km。

(a) 外形

(b) 底盘

图 1-40　北京现代菲斯塔纯电动汽车

北京现代菲斯塔纯电动汽车的动力系统集成度较高，驱动电机以及与之匹配的单挡变速器体积都比较小，所以前机舱下方的布局显得有些空旷。菲斯塔纯电动汽车所采用的三合一电驱动系统，质量仅为76.9kg，一体化设计简化了零部件之间的外部布线，具有轻量化、集成度高、性能好、成本低等特点。如图 1-41 所示为北京现代菲斯塔纯电动汽车的驱动电机及单挡变速器。

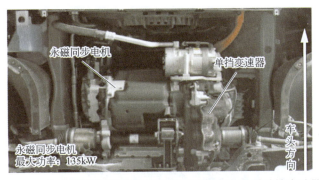

图 1-41　北京现代菲斯塔纯电动汽车的驱动电机及单挡变速器

如图 1-42 所示为北京现代菲斯塔纯电动汽车的前机舱。

图1-42 北京现代菲斯塔纯电动汽车的前机舱

北京现代菲斯塔纯电动汽车的动力蓄电池采用异型电池系统，可搭载更高容量的蓄电池，并消除整车地板抬升，以释放更多后排空间。如图1-43所示为北京现代菲斯塔纯电动汽车的动力蓄电池布置。

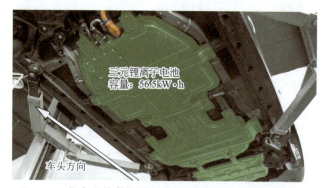

图1-43 北京现代菲斯塔纯电动汽车的动力蓄电池布置

北京现代菲斯塔纯电动汽车的车载充电机采用DC/DC变换器二合一设计，使用户可以自定义充电时间、场景，让充电更快速、经济和便捷。充电方面，在交流慢充下SOC从0充到100%需9.5h，而在直流快充条件下只需40min SOC即可从30%充到80%。如图1-44所示为北京现代菲斯塔纯电动汽车的充电接口。

图1-44 北京现代菲斯塔纯电动汽车的充电接口

7. 比亚迪唐纯电动汽车

如图1-45所示为比亚迪唐纯电动汽车，驱动形式为四轮驱动，外形尺寸为4870mm×1950mm×1725mm，轴距为2820mm；驱动电机采用永磁同步电机，前电机峰值功率为180kW，峰值转矩为330N·m；后电机峰值功率为200kW，峰值转矩为350N·m；总峰值功率为380kW，总峰值转矩为680N·m；动力蓄电池采用刀片电池，其能量为86.4kW·h；0～100km/h加速时间为4.6s；NEDC综合工况续驶里程为505km；快充时间为30min（30%～80%）。

图1-45 比亚迪唐纯电动汽车

8. 小鹏7纯电动汽车

如图1-46所示为小鹏7纯电动汽车，驱动形式为后置后驱，外形尺寸为4880mm×1896mm×1450mm，轴距为2998mm；整备质量为1890kg；驱动电机采用永磁同步电机，其峰值功率为196kW，峰值转矩为390N·m；风阻系数为0.236；动力蓄电池采用三元锂离子电池，其能量为70.8kW·h；最高车速为170km/h；ENDC综合续驶里程为586km，电量80%至30%NEDC综合续驶里程为293km；直流快充时间（30%充至80%）为28min，交流慢充时间（30%充至80%）为5.7h。

(a) 外形

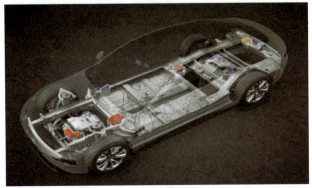

(b) 底盘

图1-46 小鹏7纯电动汽车

9. 蔚来 ES6 纯电动汽车

如图 1-47 所示为蔚来 ES6 纯电动汽车，驱动形式为四轮驱动，外形尺寸为 4850mm×1965mm×1731mm，轴距为 2900mm；风阻系数为 0.28；前电机采用永磁同步电机，后电机采用交流异步电机；前电机峰值功率为 160kW，后电机峰值功率为 240kW，总峰值功率为 400kW；总峰值转矩为 725N·m；动力蓄电池为三元锂离子电池，其能量为 70kW·h；最高车速为 200km/h，0～100km/h 加速时间为 4.7s；NEDC 综合工况续驶里程为 430km；直流快充时间为 0.8h（0～80%），交流慢充时间为 8h（0～80%）。

(a) 外形

(b) 底盘

图 1-47　蔚来 ES6 纯电动汽车

10. 宝马纯电动汽车

如图 1-48 所示为宝马纯电动汽车，驱动形式为前置前驱，外形尺寸为 4746mm×1891mm×1683mm，轴距为 2864mm；电机峰值功率为 210kW，峰值转矩为 400N·m；最高车速为 180km/h，0～100km/h 加速时间为 6.8s；续驶里程为 500km，电能消耗量为 16.7kW·h/100km；直流快充时间为 45min（0～80%），交流慢充时间为 7.5h（0～100%）。

如图 1-49 所示为宝马纯电动汽车的动力蓄电池，动力蓄电池采用三元锂离子电池，额定容量为 232A·h，标称电压为 345V，单体蓄电池数量为 188 个，10 个模组，串并联方式为 94S2P。

表 1-2 为市场销售的 4 种紧凑型（A 级）纯电动 SUV 的基本参数；表 1-3 为市场销售的 4 种中级（B 级）纯电动 SUV 的基本参数。通过表 1-2 和表 1-3 和上述 10 款纯电动汽车的介绍，可以了解目前纯电动汽车的技术状况。

(a) 外形

(b) 底盘

图 1-48 宝马纯电动汽车

图 1-49 宝马纯电动汽车的动力蓄电池

表 1-2 市场销售的 4 种紧凑型（A 级）纯电动 SUV 的基本参数

项目	车型 A1	车型 A2	车型 A3	车型 A4
驱动形式	前轮驱动	前轮驱动	前轮驱动	前轮驱动
外形尺寸/(mm×mm×mm)	4600×1870×1700	4585×1835×1672	4445×1735×1567	4440×1833×1560
轴距/mm	2660	2703	2615	2700
整备质量/kg	2090	1803	1480	1635
蓄电池类型	三元锂离子电池	三元锂离子电池	三元锂离子电池	三元锂离子电池
蓄电池能量/(kW·h)	61.9	57	46.6	51.9
能量密度/(W·h/kg)	141	143	140	142
额定电压/V	619.2	350.4	321.2	346
额定容量/(A·h)	100	150	145	150
直流快充时间/min	30%～80%	30%～80%	25%～80%	30%～80%
变速器	单挡变速器	单挡变速器	单挡变速器	单挡变速器
驱动电机类型	永磁同步电机	永磁同步电机	永磁同步电机	永磁同步电机
驱动电机峰值功率/kW	160	160	120	120

续表

项目	车型 A1	车型 A2	车型 A3	车型 A4
驱动电机峰值转矩 /(N·m)	310	315	280	250
驱动电机最高转速 /(r/min)	12000	10600	11000	12000
0～100km/h 加速时间 /s	8.7	8.5	8.9	9.9
最高车速 /(km/h)	140	160	150	140
最高车速反推传动比	约 10.5	约 8.5	约 8.5	约 10.3
综合工况续驶里程 /km	400	460	360	353
60km/h 等速续驶里程 /km	500	600	460	460
电能消耗量 /(kW·h/100km)	16.3	14.2	14.1	14.53

表 1-3　市场销售的 4 种中级（B 级）纯电动 SUV 的基本参数

项目	车型 B1	车型 B2	车型 B3	车型 B4
驱动形式	四轮驱动	四轮驱动	四轮驱动	四轮驱动
外形尺寸 /(mm×mm×mm)	4682×2011×1565	4678×1919×1618	4870×1950×1725	4850×1965×1758
轴距 /mm	2990	2800	2820	2900
整备质量 /kg	2418	1870	2295	2200
蓄电池类型	三元锂离子电池	三元锂离子电池	三元锂离子电池	三元锂离子电池
蓄电池能量 /kWh	81	52.5	82.78	70
能量密度 /(W·h/kg)	170	146	161	160
额定电压 /V	389	350	613.2	
额定容量 /(A·h)	196	150	135	150
驱动电机类型	永磁同步电机	永磁同步电机	永磁同步电机	永磁同步电机
前电机峰值功率 /kW	147	85	180	160
前电机峰值转矩 /(N·m)	348	255	330	305
前电机最高转速 /(r/min)	12000	—	15000	—
后电机峰值功率 /kW	147	52	180	160
后电机峰值转矩 /(N·m)	348	155	330	305
后电机最高转速 /(r/min)	12000	11000	15000	12000
0～100km/h 加速时间 /s	4.8	4.8	4.4	5.6
最高车速 /(km/h)	200	170	180	200
最高车速反推传动比	约 8.3	约 8.5	约 11.6	约 7.24
综合工况续驶里程 /km	456	370	500	480
60km/h 等速续驶里程 /km	550	500	600	560
电能消耗量 /(kW·h/100km)	19.1	16	17.9	17.5

综上所述，目前纯电动汽车的驱动形式以前轮驱动和四轮驱动为主；动力蓄电池以锂离子电池为主；驱动电机以永磁同步电机和异步电机为主。

第二章

纯电动汽车的动力蓄电池系统

动力蓄电池系统主要由蓄电池包、蓄电池管理系统、动力蓄电池箱及辅助元器件等组成,主要作用是为电动汽车整车提供电能。

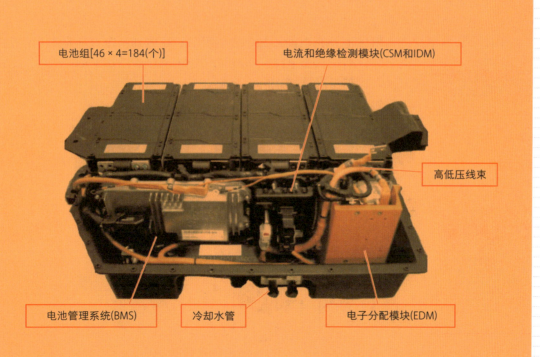

- 电池组[46×4=184(个)]
- 电流和绝缘检测模块(CSM和IDM)
- 高低压线束
- 电池管理系统(BMS)
- 冷却水管
- 电子分配模块(EDM)

第一节 蓄电池的作用与要求

蓄电池是纯电动汽车的能量唯一来源，也是制约纯电动汽车发展的最关键因素。目前，量产的纯电动汽车的动力蓄电池采用的都是锂离子蓄电池。因此，本书介绍的动力蓄电池主要是锂离子蓄电池。

一、蓄电池的作用

蓄电池是一种将所获得的电能以化学能的形式储存并可以将化学能转变为电能的电化学装置，可以重复充电和放电。虽然蓄电池有很多种，如铅酸蓄电池、金属氢化物镍蓄电池、锂离子蓄电池、镍镉蓄电池、钠硫蓄电池、镍锌蓄电池、锌空气蓄电池等，但目前适合作纯电动汽车动力蓄电池的主要是锂离子蓄电池。铅酸蓄电池在低速电动汽车和特种电动车上有应用；金属氢化物镍蓄电池在混合动力汽车上有应用。

纯电动汽车上的蓄电池分为辅助蓄电池和动力蓄电池。辅助蓄电池是为低压辅助系统（低压电气）供电的蓄电池，采用铅酸蓄电池；动力蓄电池是指为电动汽车系统（高压电气）提供能量的蓄电池，采用锂离子蓄电池。

动力蓄电池的作用是通过高压配电箱向高压电气提供电能；通过 DC/DC 变换器向辅助蓄电池充电，并向低压电气提供电能；当动力蓄电池电能不足时，通过外部直流充电或交流充电向动力蓄电池补充电能，如图 2-1 所示。纯电动汽车高压电气主要包括驱动电机系统、电动空调、高压直流 PTC（Positive Temperature Coefficient）加热器等；低压电气包括车灯、仪表、车身附件等。

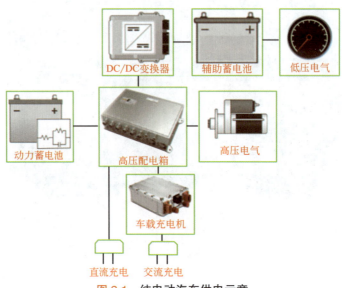

图 2-1　纯电动汽车供电示意

二、动力蓄电池的要求

电动汽车对动力蓄电池具有以下要求。

(1) 比能量高　为了提高电动汽车的续驶里程，要求动力蓄电池能储存尽可能多的能量，但电动汽车又不能太重，其安装动力蓄电池的空间也有限，这就要求动力蓄电池具有高的比能量。

(2) 比功率大　为了使电动汽车在加速、爬坡和负载行驶等方面能与燃油汽车相竞争，要求动力蓄电池具有大的比功率。

(3) 循环寿命长　循环寿命越长，则动力蓄电池支撑电动汽车的续驶里程就越长，有助于降低车辆使用期内的运行成本。

(4) 均匀一致性好　电动汽车动力蓄电池的工作电压大多要求达到数百伏，这就要求有数百个或数千个单体蓄电池串联。为达到设计容量的要求，有时甚至需要更多的单体蓄电池并联。由于动力蓄电池组的使用性能会受到性能最差的某些单体蓄电池的制约，因此设计上要求各单体蓄电池在容量、内阻、功率特性和循环特性等方面具有高度的均匀一致性。

(5) 高低温性能好，环境适应性强　电动汽车作为一种交通工具，要求动力蓄电池既要在北方冬天极冷的环境下长期稳定地工作，又要在南方夏天炎热的环境中长期稳定地工作。在最恶劣的气候条件下，动力蓄电池的工作温度可能要从 -40 ~ 60℃，甚至80℃，因此，要求动力蓄电池应当具有良好的高低温特性。

(6) 安全性好　动力蓄电池应能够有效避免因泄漏、短路、撞击、颠簸等引起火灾或爆炸等危险事故发生，确保电动汽车在行驶过程中的安全。动力蓄电池要符合《电动汽车用动力蓄电池安全要求》（GB/T 38031—2020）中的规定。

(7) 价格合理　动力蓄电池要求材料来源丰富，制造成本低，以降低整车价格，提高电动汽车的市场竞争力。

(8) 绿色、环保　动力蓄电池的制作材料要求与环境友好，无二次污染，并可再生利用。

第二节　蓄电池主要性能指标

动力蓄电池是纯电动汽车的储能装置，要评定动力蓄电池的实际效应，主要是看其性能指标。动力蓄电池性能指标主要有电压、容量、能量、功率、内阻、放电电流、荷电状态、自放电率、输出效率、使用寿命等，根据动力蓄电池种类不同，其性能指标也有差异。

一、电压

蓄电池电压主要有电动势、开路电压、工作电压、标称电压、放电终止电压和充电终止电压。

1. 电动势

蓄电池的电动势是指蓄电池正极和负极平衡电势（平衡电位）的差值。电动势是蓄电池在理论上输出能量大小的表征之一。如果其他条件相同，则电动势越高，该蓄电池理论上能输出的能量就越大。实际上，蓄电池两个电极一般并非处于热力学的可逆状态，因此蓄电池在开路状态下的开路电压并不等于蓄电池的电动势。

2. 开路电压

开路电压是指外电路中没有电流流过时，蓄电池正极和负极之间的电位差。开路电压的大小主要由其活性物质、电解质、蓄电池中所进行反应的性质和条件（如浓度、温度等）决定，与蓄电池的形状结构和尺寸大小无关。一般情况下，蓄电池的开路电压均小于它的电动势。

3. 工作电压

工作电压是指蓄电池接通负载后，在工作电流下放电时两个端子间的电位差，也称为放电电压。蓄电池的工作电压总是低于开路电压，当然也必然低于蓄电池的电动势，这是因为电流流过蓄电池内部时，必须克服极化内阻和欧姆内阻所造成的阻力。蓄电池放电初始时的工作电压称为初始电压。蓄电池的工作电压为

$$U_{oc}=E-IR_i=E-I(R_\Omega+R_f) \tag{2-1}$$

式中，U_{oc} 为蓄电池的工作电压；E 为蓄电池的电动势；I 为蓄电池的工作电流；R_i 为蓄电池的内阻；R_Ω 为蓄电池的欧姆内阻；R_f 为蓄电池的极化内阻。

蓄电池的工作电压受到放电制度的影响，即放电时间、放电电流、环境温度、放电终止电压等都会影响蓄电池的工作电压。

4. 标称电压

标称电压是指蓄电池在标准规定条件下工作时应达到的电压，是由厂家指定的用以标识蓄电池的适宜的电压近似值，也称为额定电压，可以用来区分不同的电化学体系电池。标称电压由单体正负极材料的类型和内部电解液的浓度决定。铅酸蓄电池的标称电压是2V，金属氢化物镍蓄电池的标称电压为1.2V，磷酸铁锂电池的标称电压为3.2V，锰酸锂和钴酸锂电池的标称电压为3.7V，三元聚合物锂离子电池的标称电压为3.7V，但随着蓄电池材料的改进，标称电压也在发生小的变化，最终以厂家给出的标称电压为准。

5. 放电终止电压

放电终止电压是指蓄电池正常放电时允许达到的最低电压。蓄电池的类型不同，放电条件不同，对蓄电池的容量和寿命的要求也不同，因而所规定的蓄电池放电的终止电压也不同。一般在低温或大电流放电时，终止电压可规定得低些；小电流长时间放电时，终止电压可规定得高些。这是因为低温、大电流放电时，电极的极化大，活性物质不能得到充分利用，蓄电池的电压下降较快；小电流放电时，电极的极化小，活性物质

能够得到较充分的利用，蓄电池的电压下降较慢。若蓄电池低于终止电压后继续放电，则为过放电，可能会破坏蓄电池的正常功能并/或引发危险事故。放电终止电压和放电率有关，放电电流直接影响放电终止电压。在规定的放电终止电压下，放电电流越大，蓄电池的容量越小。金属氢化物镍蓄电池的放电终止电压一般为1V，锂离子蓄电池的放电终止电压一般为3.0V。

6. 充电终止电压

充电终止电压是指按规定的充电制度，电流由恒流充电转为恒压充电时的最大电压值。不同电化学体系的蓄电池，充电终止电压也不同。如铅酸蓄电池的充电终止电压一般为2.7～2.8V，金属氢化物镍蓄电池的充电终止电压一般为1.5V，锂离子蓄电池的充电终止电压一般为4.25V。

放电终止电压和充电终止电压的具体数值应以厂家给出的值为准。

二、容量

蓄电池容量是指在一定的放电条件下可以从蓄电池放出的电量，单位为 A·h 或 kA·h，它等于放电电流与放电时间的乘积，1A·h 就是能在 1A 的电流下放电 1h。

单体蓄电池内活性物质的数量决定其含有的电荷量，而活性物质的含量则由蓄电池使用的材料和体积决定，通常蓄电池体积越大，容量越高。蓄电池的容量可以分为理论容量、额定容量、实际容量、比容量、剩余容量等。

1. 理论容量

理论容量是指假设活性物质全部参加蓄电池的成流反应所给出的电量，它可根据活性物质的质量按照法拉第定律计算求得。

成流反应是指蓄电池放电时，正、负极上发生的形成放电电流的主导的电化学反应。实际蓄电池体系往往很复杂，成流反应为其主导的电极反应，还可能存在一些副反应（如自放电），使活性物质利用率和蓄电池可逆性降低。

法拉第定律指出，电极上发生化学反应物质的质量与通入的电量成正比。电极的理论容量为

$$C_0 = \frac{m_0}{K}$$
$$K = \frac{M}{26.8n}$$
（2-2）

式中，C_0 为电极的理论容量；m_0 为参加蓄电池成流反应的活性物质的质量；K 为活性物质的电化当量；M 为活性物质的摩尔质量；n 为成流反应时的得失电子数。

不同蓄电池体系的理论容量只与参加电化学反应的活性物质有关，因此可以按反应的电当量来计算。当蓄电池的活性物质的质量确定以后，蓄电池的理论容量主要取决于活性物质的电化当量。电化当量越小，其理论容量就越大；电化当量越大，其理论容量就越小。典型物质的电化当量可通过查表获得。

2. 额定容量

额定容量是指设计和制造蓄电池时，规定或保证蓄电池在一定的放电条件（如温度、放电终止电压、放电倍率等）下应该放出的最低限度的容量，也是由制造商标明的蓄电池容量。

3. 实际容量

实际容量是指在一定的放电条件下蓄电池实际放出的电量。实际容量等于放电电流与放电时间的乘积。

蓄电池的实际容量取决于活性物质的数量及其利用率。由于内阻的存在以及其他各种原因，活性物质不可能完全被利用，即活性物质的利用率总是小于1，因此蓄电池的实际容量、额定容量总是低于理论容量。活性物质的利用率取决于蓄电池的放电制度和蓄电池的结构。高倍率大电流放电时，电极的极化增强，内阻增大，放电电压下降加快，导致实际放出的容量较低；低倍率小电流放电时，电极的极化较小，放电电压下降缓慢，蓄电池实际放出的容量较高，有时会高于额定容量。采用薄型电极和多孔电极以减小蓄电池内阻，均可以提高活性物质的利用率，从而提高蓄电池实际输出的容量。

4. 比容量

为了比较不同系列的蓄电池，常用比容量的概念。比容量是指单位体积或单位质量蓄电池所能给出的容量，分别称为体积比容量和质量比容量，单位为 A·h/L 或 A·h/kg。

应当注意的是，一个蓄电池的容量就是其中正极（或负极）的容量，而不是正极容量与负极容量之和。因为蓄电池工作时，通过正极和负极的电量总是相等的。实际蓄电池的容量取决于容量较小的电极。一般实际工作时，多为正极容量控制整个蓄电池的容量，而负极容量过剩。

5. 剩余容量

剩余容量是指在规定条件下使用（或放电或储存）后蓄电池中余留的容量。剩余容量的估计和计算受蓄电池前期使用的放电倍率、放电时间、储存时间、自放电率、环境等多种因素的影响。

三、能量

蓄电池的能量是指蓄电池在一定放电条件下对外做功所能输出的电能，单位为 W·h 或 kW·h。它影响电动汽车的续驶里程。蓄电池的能量主要分为理论能量、实际能量和比能量。

1. 理论能量

假设蓄电池在放电过程中始终处于平衡状态，其放电电压保持电动势的数值，并且活性物质的利用率为100%，放电容量为理论容量，则在此条件下蓄电池输出的能量为理论能量。理论能量等于蓄电池的理论容量与电动势的乘积。

2. 实际能量

实际能量是指蓄电池放电时实际输出的能量，它在数值上等于蓄电池实际放电电压、放电电流对放电时间的积分。在实际应用中，经常用蓄电池实际容量与蓄电池放电平均工作电压的乘积来对实际能量进行估算。因为活性物质不可能100%完全被利用，蓄电池的工作电压永远小于电动势，所以蓄电池的实际能量总是小于理论能量。

3. 比能量

比能量是指单位质量或单位体积的蓄电池所放出的能量，相应地称为质量比能量或体积比能量，也称为质量能量密度或体积能量密度，单位为 W·h/kg 或 W·h/L。

蓄电池的比能量分为理论比能量和实际比能量。理论比能量可以根据正、负极两种活性物质的电化当量（如果电解质参加蓄电池的成流反应，则需要加上电解质的电化当量）和蓄电池的电动势来计算，即

$$W_0 = \frac{1000}{K_+ + K_-} E \tag{2-3}$$

式中，W_0 为蓄电池的理论比能量；E 为蓄电池的电动势；K_+ 为正极活性物质的电化当量；K_- 为负极活性物质的电化当量。

能量密度是衡量蓄电池质量和体积大小的标准，是设计蓄电池时必须要考虑的重要指标之一。在电动汽车应用领域，单体蓄电池和蓄电池组的能量密度也是评价动力蓄电池是否满足应用需要的重要指标，因为质量能量密度可影响电动汽车的整车质量和续驶里程，体积能量密度可影响动力蓄电池在电动汽车上的布置空间。

由于各种因素的影响，蓄电池的实际能量密度远小于理论值。

四、功率

蓄电池的功率是指在一定放电制度下，单位时间内蓄电池所输出的能量，单位为 W 或 kW。蓄电池的功率决定了电动汽车的加速性能和爬坡能力。蓄电池的功率分为理论功率、实际功率和功率密度。

蓄电池的理论功率为

$$P_0 = IE \tag{2-4}$$

式中，P_0 为蓄电池的理论功率；I 为恒定的放电电流；E 为蓄电池的电动势。

蓄电池的实际功率为

$$P = IE - I^2 R_i \tag{2-5}$$

式中，P 为蓄电池的实际功率；R_i 为蓄电池的内阻。

功率密度是指单位质量或单位体积的蓄电池所输出的功率，相应地称为质量功率密度或体积功率密度，单位为 W/kg 或 W/L。

功率密度的大小表示蓄电池所能承受的工作电流的大小。蓄电池的功率密度大，表示它可以承受大电流放电。功率密度是评价单体蓄电池或蓄电池组是否满足电动汽车加速、爬坡能力和制动能量回收能力的重要指标。

五、内阻

蓄电池的内阻是指电流通过蓄电池内部时所受到的阻力，它包括欧姆内阻和极化内阻。

1. 欧姆内阻

欧姆内阻主要由电极材料、电解液、隔膜的电阻以及各组件的接触电阻组成。此外，蓄电池的欧姆内阻还与蓄电池的尺寸、结构、装配等因素有关，如果结构合理、装配紧凑，则电极间距就小，欧姆内阻也小。

2. 极化内阻

极化内阻是指蓄电池的正极和负极在进行电化学反应时由于极化引起的内阻，它包括电化学极化和浓差极化引起的电阻之和。极化内阻与活性物质的本性、电极的结构、蓄电池的制造工艺等有关，特别是与蓄电池的工作条件密切相关，放电电流和温度对其影响很大。放电电流不同，产生的电化学极化和浓差极化的值也不相同。大电流放电时，电化学极化和浓差极化均增加，造成极化内阻增加。低温下极化内阻也会增加，因此，极化内阻并不是一个常数，而是随着放电制度、放电温度等的改变而变化。

内阻是决定蓄电池性能的一个重要指标，它直接影响蓄电池的工作电压、工作电流、输出的能量和功率等，希望蓄电池的内阻越小越好。

六、放电电流

放电电流是指蓄电池放电时电流的大小。放电电流直接影响蓄电池的各项性能指标，例如放电电流的大小直接影响蓄电池的容量或能量。放电电流一般用放电率表示，放电率是指蓄电池放电时的时率，常用"时率"和"倍率"两种形式表示。

1. 时率

时率也称为小时率，是以放电时间（h）来表示的放电速率，或者说以一定的放电电流放完额定容量所需要的时间（h）。例如，蓄电池的额定容量为80A·h，以10A电流放电，则时率为80A·h/10A=8h，称蓄电池以8小时率放电；以20A电流放电，则时率为80A·h/20A=4h，称蓄电池以4小时率放电。由此可见，放电时率所表示的时间越短，所用的放电电流越大；放电时率所表示的时间越长，所用的放电电流越小。

2. 倍率

倍率是指在蓄电池规定时间内放出其额定容量（C）时所输出的电流值，它在数值上等于蓄电池额定容量的倍数。放电时率与放电倍数互为倒数。放电时间越短，即放电倍率越高，则放电电流越大。

倍率 = 额定容量 / 放电时间 = 放电电流 / 额定容量。根据放电倍率的大小，可分为低倍率（<0.5C）、中倍率（0.5～3.5C）、高倍率（3.5～7.0C）、超高倍率（>7.0C）。

例如：额定容量为10A·h的蓄电池，用5h放电，放电倍率为0.2C；用0.5h放电，放电倍率为2C。

额定容量为 100A·h 的蓄电池用 20A 放电时，其放电倍率为 0.2C。1C、2C、0.2C 是蓄电池放电速率，是表示放电快慢的一种量度。所用的容量 1h 放电完毕，称为 1C 放电；5h 放电完毕，则称为 1/5=0.2C 放电。一般可以通过不同的放电电流来检测蓄电池的容量。对于 24A·h 的蓄电池来说，2C 放电电流为 48A，0.5C 放电电流为 12A。

七、荷电状态

荷电状态（State of Charge，SOC）是指蓄电池在一定放电倍率下，剩余电量与相同条件下额定容量的比值，反映蓄电池容量变化的特性，是蓄电池使用过程中的重要参数。荷电状态值是一个相对值，一般用比例（%）的方式来表示，SOC 的数值为 $0 \leq SOC \leq 100\%$。SOC=100%，表示蓄电池为充满状态；SOC=0，表示蓄电池为全放电状态。因为蓄电池所能放出的容量受充放电倍率、温度、自放电、老化、充放电循环次数等因素的影响，所以表示蓄电池剩余电量的 SOC 也与这些因素有关。在实际应用中，经常要对蓄电池的 SOC 进行估算。一般蓄电池放电高效率区为（50%～80%）SOC。对蓄电池 SOC 值的估算已成为蓄电池管理的重要环节。

八、自放电率

自放电率是指蓄电池在存放期间容量的下降率，即蓄电池无负荷时自身放电使容量损失的速度，它表示蓄电池搁置后容量变化的特性。自放电率用单位时间容量降低的比例（%）表示，其表达式为

$$\eta_{\Delta c} = \frac{C_a - C_b}{C_a T_t} \times 100\% \tag{2-6}$$

式中，$\eta_{\Delta c}$ 为蓄电池自放电率；C_a 为蓄电池存储前的容量；C_b 为蓄电池存储后的容量；T_t 为蓄电池存储的时间，常用天、月计算。

自放电率除了与蓄电池体系自身特性有关外，还与环境温度、湿度等有关。

九、输出效率

动力蓄电池作为能量存储器，充电时把电能转化为化学能储存起来，放电时把电能释放出来。在这个可逆的电化学转换过程中，有一定的能量损耗。通常用蓄电池的容量效率和能量效率来表示。

1. 容量效率

容量效率是指蓄电池放电时输出的容量与充电时输入的容量之比，即

$$\eta_c = \frac{C_o}{C_i} \times 100\% \tag{2-7}$$

式中，η_c 为蓄电池的容量效率；C_o 为蓄电池放电时输出的容量；C_i 为蓄电池充电时输入的容量。

影响蓄电池容量效率的主要因素是副反应。当蓄电池充电时，有一部分电量消耗在水的分解上。此外，自放电、电极活性物质的脱落、结块、孔率收缩等也降低容量输出。

2. 能量效率

能量效率也称电能效率，是指蓄电池放电时输出的能量与充电时输入的能量之比，即

$$\eta_E = \frac{E_o}{E_i} \times 100\% \tag{2-8}$$

式中，η_E 为蓄电池的能量效率；E_o 为蓄电池放电时输出的能量；E_i 为蓄电池充电时输入的能量。

影响能量效率的原因是蓄电池存在内阻，它使蓄电池充电电压增加，放电电压下降。内阻的能量损耗以蓄电池发热的形式损耗掉。

十、使用寿命

使用寿命是指蓄电池在规定条件下的有效寿命期限。蓄电池发生内部短路或损坏而不能使用，以及容量达不到规范要求时蓄电池使用失效，这时蓄电池的使用寿命终止。蓄电池的使用寿命包括循环寿命和储存寿命。

1. 循环寿命

循环寿命是在指定的充放电终止条件下，以特定的充放电制度进行充放电，动力蓄电池在不能满足寿命终止标准前所能进行的循环数。循环寿命受放电深度、放电温度、充放电电流的影响比较明显，因此一般表示蓄电池的循环寿命的同时还要指出循环条件，如循环寿命 1000 次（在 100% 放电深度、常温、1C 条件下）。

各种蓄电池的循环寿命都是不同的，即使同一系列、同一规格的产品，循环寿命也可能有较大差异。影响蓄电池循环寿命的因素很多，除了正确使用和维护外，还有以下几点。

① 电极活性表面积在充放电循环过程中不断减小，使工作电流密度上升，极化增大。

② 电极上活性物质脱落或转移。

③ 在蓄电池工作过程中，某些电极材料发生腐蚀。

④ 在循环过程中电极上生成枝晶，造成蓄电池内部微短路。

⑤ 隔膜的老化和损坏。

⑥ 活性物质在充放电过程中发生不可逆晶型改变，使活性降低。

2. 储存寿命

储存寿命是指蓄电池自放电的大小通过容量下降到某一规定容量所经过的时间，也称为搁置寿命。

常用的蓄电池性能指标主要有蓄电池容量、能量、电压和荷电状态，这些指标一般

都会出现在纯电动汽车的基本配置中。

第三节 动力蓄电池结构类型与组合方法

一个单体蓄电池的电压只有几伏，但纯电动汽车驱动电机的电压往往是几百伏，因此纯电动汽车的动力蓄电池系统由成百上千个单体蓄电池构成，而且必须进行非常好的组合才能最大限度地发挥其功能。

一、动力蓄电池系统结构类型

动力蓄电池系统结构类型主要分为单体蓄电池、蓄电池模块（模组）、蓄电池包和蓄电池系统等，如图2-2所示。

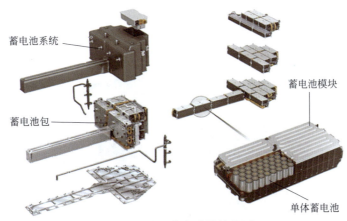

图2-2 动力蓄电池结构类型

（1）单体蓄电池 单体蓄电池是基本的电化学单位，是将化学能与电能进行相互转换的基本单元装置，通常包括电极、隔膜、电解质、外壳和端子，并被设计成可充电，也称为电芯。

（2）蓄电池模块 蓄电池模块是将一个以上单体蓄电池按照串联、并联或混联方式组合，作为电源使用的组合体，也称为蓄电池模组。

（3）蓄电池包 蓄电池包通常包括蓄电池组、蓄电池管理模块（不包含蓄电池管理系统）及相应附件（冷却部件、连接线缆等），具有从外部获得电能并可对外输出电能的单元。

（4）蓄电池系统 蓄电池系统是指一个或一个以上蓄电池包及相应附件（蓄电池管理系统、高压电路、低压电路、热管理设备及机械总成等）构成的能量存储装置。

纯电动汽车的动力蓄电池系统主要由电芯、电池管理系统、冷却系统、线束、结构件和外壳构成，如图2-3所示。

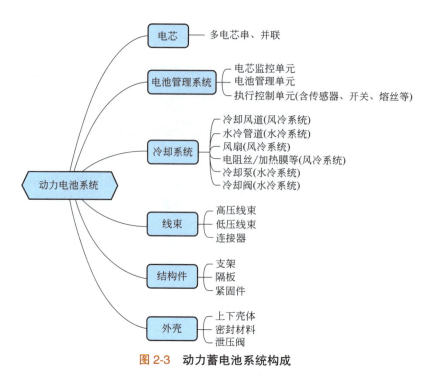

图 2-3　动力蓄电池系统构成

如图 2-4 所示为某电动汽车的动力蓄电池系统。

图 2-4　某电动汽车的动力蓄电池系统

二、动力蓄电池组合方式

动力蓄电池作为电动汽车的能量来源，单体蓄电池无法满足要求，需要根据实际输出的电压和容量要求，将几百个单体蓄电池通过串联、并联和混联的形式组成蓄电池组才能使用。串联的主要目的是增加蓄电池电压；并联的主要目的是增加蓄电池容量；混联的主要目的是既增加蓄电池电压，也增加蓄电池容量，是常用的一种组合方式。

1. 串联组合蓄电池组

如图 2-5 所示为蓄电池的串联，蓄电池正极和负极依次首尾相接，串联电压相加，但蓄电池串联后总容量不变。蓄电池串联使用适合电流不变、电压需要增大的场合。

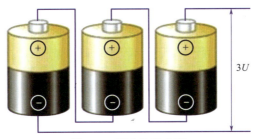

图 2-5 蓄电池的串联

如图 2-6 所示为蓄电池的串联电路，如果有 n 个单体蓄电池串联，每个单体蓄电池的开路电压为 U，内阻为 R_i，外电阻为 R，则 n 个单体蓄电池串联组合成的蓄电池组的电压为 nU，蓄电池组的总内阻为 nR_i，那么，串联组合后的蓄电池组的电流 I 为

$$I = \frac{nU}{R + nR_i} = \frac{nU}{R\left(1 + \frac{nR_i}{R}\right)} \qquad (2\text{-}9)$$

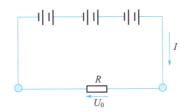

图 2-6 蓄电池的串联电路

2. 并联组合蓄电池组

如图 2-7 所示为蓄电池的并联，正极和正极连接，负极和负极连接，并联容量相加。蓄电池并联使用适合电压不变、电流需要增大的场合。无论是串联还是并联，蓄电池的输出功率都增加。

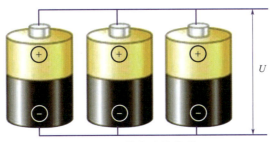

图 2-7 蓄电池的并联

如图 2-8 所示为蓄电池的并联电路，如果有 n 个单体蓄电池并联，每个单体蓄电池的开路电压为 U，内阻为 R_i，外电阻为 R，则 n 个单体蓄电池并联组合成的蓄电池组的电压为 U，蓄电池组的总内阻为 R_i/n，那么，并联组合后的蓄电池组的电流 I 为

$$I = \frac{U}{R + \frac{R_i}{n}} = \frac{U}{R\left(1 + \frac{R_i}{nR}\right)} \qquad (2\text{-}10)$$

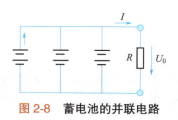

图 2-8 蓄电池的并联电路

要获得较大容量的蓄电池组,在单体蓄电池电压和外电阻不变的情况下,需要增加并联蓄电池数。

3. 混联组合蓄电池组

当需要同时输出较大的电压和较大的容量时,单一串联或并联组合形式就难以满足使用要求。这时可以根据实际的电压和容量要求,首先将 n 个单体蓄电池串联,然后将 m 个串联电池组并联组合成混联蓄电池组。

如图 2-9 所示为蓄电池的混联,分别为 3S 2P 和 3S nP。3S 2P 表示 3 个蓄电池串联,再进行两组并联。如果每个电芯的电压为 3.7V,容量为 2.4A·h,则 3S 2P 蓄电池组的电压为 11.1V,容量为 4.8A·h。3S nP 表示 3 个蓄电池串联,再进行 n 组并联。

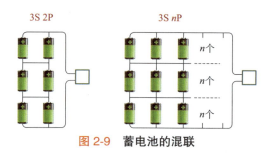

图 2-9 蓄电池的混联

如图 2-10 所示为蓄电池的混联电路,如果单体蓄电池的开路电压为 U,内阻为 R_i,外电阻为 R,则混联后的蓄电池组的电压为 nU,蓄电池组的总内阻为 nR_i/m,那么,混联组合后的蓄电池组的电流 I 为

$$I = \frac{nU}{R + \frac{nR_i}{m}} = \frac{nU}{R\left(1 + \frac{nR_i}{mR}\right)} \tag{2-11}$$

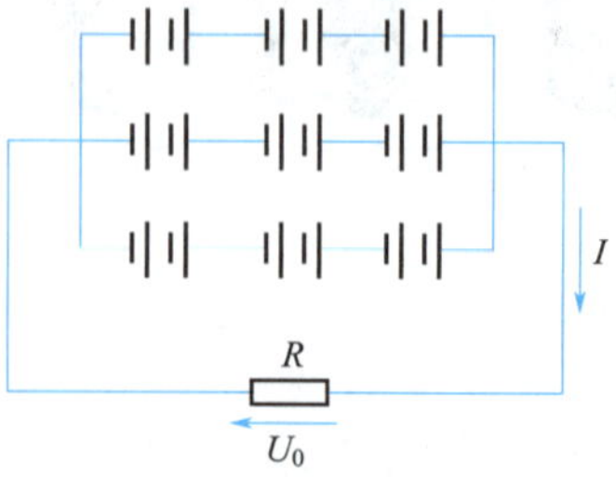

图 2-10 蓄电池的混联电路

例如,某纯电动汽车的动力蓄电池使用的是软包装锂离子蓄电池,单体蓄电池外形尺寸为 262mm×217mm×8mm,单体蓄电池质量为 0.9kg,单体蓄电池标称电压

为3.63V，单体蓄电池数量为192个，组合方式为96S 2P，组合后的蓄电池组电压为350V，能量为38kW·h。

为了获得高性能的蓄电池组，在进行蓄电池组合时，需要对单体蓄电池的性能进行严格筛选，特别是单体蓄电池的规格型号和性能一致性等。

如图2-11所示为某纯电动汽车动力蓄电池的组成。每个单体蓄电池的电压为3.7V，容量为53A·h，每个模块都有12个单体蓄电池，结构上采用两两并联再串联的结构，即"2并6串"，整个蓄电池包由16个蓄电池模块串联构成。

(a) 单体蓄电池　　(b) 蓄电池模块　　(c) 蓄电池包

图 2-11　某纯电动汽车动力蓄电池的组成

16个蓄电池模块串联成动力蓄电池，其布置方式如图2-12所示，总电压为3.7V×6×16=355V。

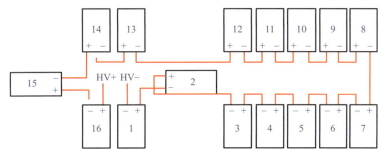

图 2-12　蓄电池模块布置方式

动力蓄电池系统由外壳、控制单元和蓄电池模块等构成。外壳的上半部分一般为塑料材质，下半部分为金属材质，为了保证电磁兼容性而包有一层铝。动力蓄电池系统配备了两个高压接口和一个低压接口，如图2-13所示。高压接口用于连接电机控制器和充电机；低压接口用于给车载低压电器送电。

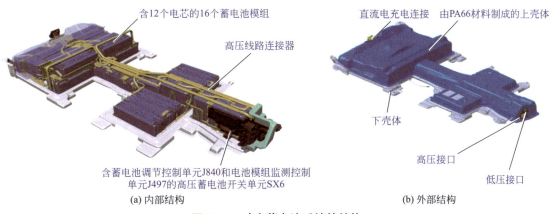

(a) 内部结构　　(b) 外部结构

图 2-13　动力蓄电池系统的结构

动力蓄电池外壳上半部分和下半部分用螺栓和胶黏剂密封,上半部壳体和下半部壳体采用螺栓连接及粘接方式连接到一起,如图2-14所示。最后对粘接处进行密封性检查,以确保不会出现水或气体泄漏的情况。

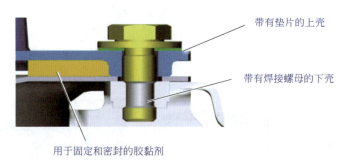

图2-14 动力蓄电池外壳上半部分和下半部分的连接

动力蓄电池通过与车辆相连的两条接地连接,实现壳体对车辆的电位平衡,如图2-15所示。

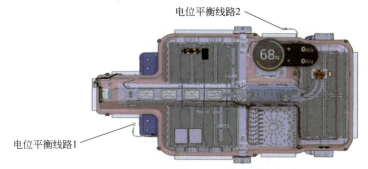

图2-15 动力蓄电池的电位平衡线路

安装在壳体内的动力蓄电池一般被固定在车下,如图2-16所示。

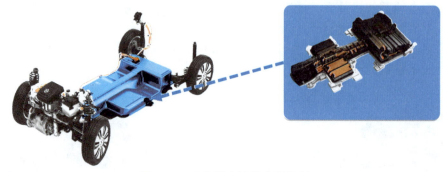

图2-16 动力蓄电池的安装位置

三、动力蓄电池布局

纯电动汽车动力蓄电池布局主要有网格布局、形状布局和适应模块形状布局三种方式,如图2-17所示。适应模块形状布局可以充分利用纯电动汽车的空间,缩小动力蓄电池系统体积,在很多车型上得到应用。

图 2-17 纯电动汽车动力蓄电池布局

第四节 锂离子蓄电池

锂离子蓄电池是利用锂离子作为导电离子，在正极和负极之间移动，通过化学能和电能相互转换实现充放电的蓄电池。目前，锂离子蓄电池是纯电动汽车的主要储能装置。

一、锂离子蓄电池类型

锂离子蓄电池可以按照形状和正极材料进行分类。

1. 根据锂离子蓄电池形状分类

根据锂离子蓄电池的形状，可以分为圆柱形锂离子蓄电池、方形锂离子蓄电池和软包锂离子蓄电池。

（1）圆柱形锂离子蓄电池　圆柱形锂离子蓄电池是指具有圆柱形蓄电池外壳和连接元件（电极）的蓄电池，如图 2-18 所示。特斯拉电动汽车使用的是圆柱形锂离子蓄电池。

比较典型的圆柱形锂离子蓄电池有 18650 和 21700。18650 蓄电池是日本索尼公司生产的一种标准性的锂离子蓄电池型号，其中 18 表示直径为 18mm，65 表示长度为 65mm，0 表示为圆柱形蓄电池；18650 单体蓄电池容量为 2.2～3.6A·h，单体蓄电池质量为 45～48g；蓄电池系统能量密度为 250W·h/kg。21700 蓄电池由特斯拉与松下联合研发，21 表示蓄电池直径为 21mm，70 表示长度为

图 2-18 圆柱形锂离子蓄电池

70mm，0 表示为圆柱形蓄电池；21700 单体蓄电池容量为 3.0～4.8A·h，单体蓄电池质量为 60～65g；蓄电池系统能量密度为 300W·h/kg。

圆柱形锂离子蓄电池采用非常成熟的卷绕工艺，生产自动化水平高，批量化生产成本较低，同时保持较好的良品率和成组一致性。在应用层面，圆柱形锂离子蓄电池由于其结构特性，成组后单体蓄电池之间仍保留有一定的空隙，利于散热，但其单体体积较小。为实现长续驶里程目标，相应蓄电池总量需求更多，因此大大增加了系统连接及管控难度。同时，由于钢壳蓄电池的自重较大，因此其质量能量密度提升空间受限。

（2）方形锂离子蓄电池　方形锂离子蓄电池是指具有长方形蓄电池外壳和连接元件（电极）的蓄电池，如图 2-19 所示。由于方形锂离子蓄电池电芯连接比圆形蓄电池容易，所以国内电动汽车用动力蓄电池以方形锂离子蓄电池为主。

图 2-19　方形锂离子蓄电池

方形锂离子蓄电池以铝壳为主，其规格尺寸多为根据搭载车型需求进行定制开发，设计相对灵活，具有很强的适配性，但也使得该结构单体蓄电池批量化生产工艺难以统一，降低自动化水平进程。在应用层面，方形锂离子蓄电池外壳更趋向于轻量化铝合金材质，结构设计更为简单，因此相对于圆柱形锂离子蓄电池，质量能量密度有所提升。成组后其排列方式更为紧凑，空间利用率较高，并且其外壳材质具有一定的强度，因此成组难度较小，但相应地对于热安全管控技术提出更高要求。

（3）软包锂离子蓄电池　软包锂离子蓄电池是指具有复合薄膜制成的蓄电池外壳和连接元件（电极）的蓄电池，如图 2-20 所示。

图 2-20　软包锂离子蓄电池

软包锂离子蓄电池采用重量更轻且韧度更高的铝塑膜材料，同时单体蓄电池内部装配为叠片式结构，其规格尺寸目前也以定制化开发为主。

软包锂离子蓄电池具有以下优势。

① 安全性能好。软包锂离子蓄电池较少漏液，鼓气严重时会裂开，在一定程度上可以降低因内压过大而导致爆炸的风险。

② 重量轻。软包锂离子蓄电池的重量比同等容量的钢壳方形锂离子蓄电池约轻40%，比铝壳方形锂离子蓄电池约轻20%。

③ 单位体积电能容量大。软包锂离子蓄电池较同等规格尺寸的钢壳锂离子蓄电池可多容纳电能约50%，较铝壳锂离子蓄电池多出20%～30%。

④ 循环性能好。软包锂离子蓄电池的循环寿命更长，100次循环衰减比铝壳锂离子蓄电池少4%～7%。

⑤ 设计灵活。可根据客户需求定制外形。普通铝壳的厚度一般只能做到4mm，而铝塑膜软包的厚度可以低至0.5mm。

软包锂离子蓄电池也有缺点，主要是生产工艺复杂，单体蓄电池一致性和良品率相对较低。

2020年，我国锂离子蓄电池总装机量为61.8 GW·h，其中方形锂离子蓄电池装机量为49.9GW·h，占80.7%；圆柱形锂离子蓄电池装机量为8.4GW·h，占13.6%；软包锂离子蓄电池装机量为3.5GW·h，占5.7%。

由此可见，我国电动汽车动力蓄电池以方形为主。方形锂离子蓄电池典型结构如图2-21所示。

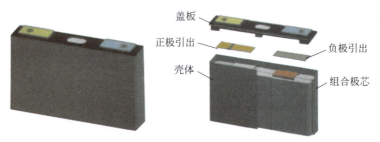

图2-21 方形锂离子蓄电池典型结构

2. 根据锂离子蓄电池正极材料进行分类

根据锂离子蓄电池正极材料的不同，锂离子蓄电池主要分为磷酸铁锂电池、锰酸锂电池、钛酸锂电池、钴酸锂电池和三元锂电池等。

(1) 磷酸铁锂电池　磷酸铁锂电池是指用磷酸铁锂作为正极材料的锂离子蓄电池。磷酸铁锂具有橄榄石晶体结构，其理论容量为170mA·h/g，在没有掺杂改性时其实际容量已高达110mA·h/g。通过对磷酸铁锂进行表面修饰，其实际容量可高达165mA·h/g，已经非常接近理论容量，工作电压为3.4V左右。磷酸铁锂电池的优点是稳定性好，安全可靠，环保并且价格低；缺点是电阻率较大，电极材料利用率低。

(2) 锰酸锂电池　锰酸锂电池是指用锰酸锂作为正极材料的锂离子蓄电池。锰酸锂具有尖晶石结构，其理论容量为148mA·h/g，实际容量为90～120mA·h/g，工作电压范围为3～4V。锰酸锂电池的优点是锰资源丰富，价格便宜，安全性好，比较容易制备；缺点是理论容量低，与电解质相容性不好，在深度充放电的过程中蓄电池容量衰减快。

(3) 钛酸锂电池　钛酸锂电池是一种用钛酸锂作负极材料,可与锰酸锂、三元材料或磷酸铁锂等正极材料组成 2.4V 或 1.9V 的锂离子二次电池。此外,它还可以用作正极,与金属锂或锂合金负极组成 1.5V 的锂二次电池。钛酸锂具有高安全性、高稳定性、长寿命和绿色环保的特点。钛酸锂电池工作电压为 2.4V,最高电压为 3.0V。

(4) 钴酸锂电池　钴酸锂电池是指用钴酸锂作为正极材料的锂离子蓄电池。钴酸锂电池的优点是电化学性能优越,易加工,性能稳定,一致性好,比容量高,综合性能突出;缺点是安全性较差,成本高。钴酸锂主要应用在小电池方面,如手机、计算机电池等。

(5) 三元锂电池　三元锂电池是指使用镍钴锰酸或镍钴铝作为正极材料,石墨作为负极材料的锂电池。与磷酸铁锂电池不同,三元锂电池电压平台很高,这也就意味着在相同的体积或重量下,三元锂电池的比能量、比功率更大。除此之外,在大倍率充电和耐低温性能等方面,三元锂电池也有很大的优势。特斯拉的 Model S 采用的松下 18650 电池组成的蓄电池组就是三元锂电池。

三元锂电池以镍钴锰路线为主,而且不断提高镍的比例。从镍:钴:锰比例为 3:3:3(表示各占 1/3)转变到 6:2:2,再转变到 8:1:1,称为"811 电池"。

国内纯电动汽车目前使用的主流电池以三元锂电池和磷酸铁锂电池为主,它们的正极材料不同,如图 2-22 所示。

图 2-22　三元锂电池和磷酸铁锂电池

三元锂电池能量密度高,但安全性较低,循环寿命短,成本高;磷酸铁锂电池能量密度低,但安全性好,循环寿命长,成本低。锂电池技术在不断更新和突破,未来究竟哪种蓄电池更适合电动汽车上使用,还有待实际检验。

2020 年我国动力蓄电池装机量达到 61.8GW·h,其中三元锂电池装机量为 38.6GW·h,占 62.5%;磷酸铁锂电池装机量为 21.7GW·h,占 35.1%;锰酸锂及其他电池装机量为 1.5GW·h,占 2.4%。目前磷酸铁锂电池的装机量正在追赶三元锂电池,一方面,搭载磷酸铁锂电池的车型越来越多,比如宏光 Mini、特斯拉 Model 3 低配版、比亚迪汉 EV、比亚迪秦 EV 均采用磷酸铁锂电池;另一方面,受益于比亚迪"刀片电池"全系换装的带动,更多车企都在申报配套磷酸铁锂电池的乘用车。

二、锂离子单体蓄电池的结构

锂离子单体蓄电池主要由正极、负极、隔膜、外壳和内部的电解液等组成,如图 2-23 所示。

图 2-23 锂离子蓄电池的基本结构

1. 正极

正极材料作为锂离子蓄电池中锂离子的唯一供给者，对锂离子蓄电池能量密度的提高及成本的降低起着决定性作用。被广泛采用的正极材料主要有磷酸铁锂、锰酸锂、钴酸锂和三元材料等。特斯拉 Model 3 的动力蓄电池使用的正极材料是镍钴铝三元材料；比亚迪 e6 的动力蓄电池使用的正极材料是磷酸铁锂 / 镍钴锰三元材料。

磷酸铁锂的分子式为 $LiFePO_4$，理论比容量为 170mA·h/g，其特点是安全性好，循环寿命长，放电电压平稳，原料丰富，价格低廉，已成为电动汽车动力蓄电池重要的正极材料。磷酸铁锂材料的充放电曲线如图 2-24 所示。

锰酸锂的分子式为 $LiMn_2O_4$，理论比容量为 148mA·h/g，其特点是充放电的倍率性能非常好，但比容量偏低，多与 NCA/NCM 混合使用。

三元材料的分子式为 $LiNi_xCo_yMn_zO$，调节 Ni、Co、Mn 三种元素的比例可以衍生出不同的氧化镍钴锰锂材料，例如 Ni：Co：Mn=1：1：1 的 NCM333 材料，Ni：Co：Mn=4：2：4 的 NCM424 材料，Ni：Co：Mn=5：2：3 的 NCM523 材料，Ni：Co：Mn=6：2：2 的 NCM622 材料，Ni：Co：Mn=8：1：1 的 NCM811 材料等，通常把 Ni 含量 <60% 的材料称为常规三元材料；Ni 含量 ≥ 60% 的材料称为高

镍三元材料。

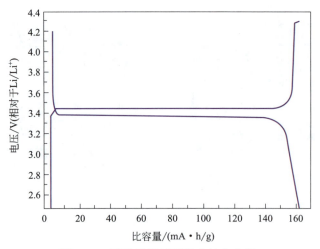

图 2-24 磷酸铁锂材料的充放电曲线

常规三元材料体现了 LiCoO$_2$、LiNiO$_2$、LiMnO$_2$ 三种材料各自的优势，具有成本低、容量高、循环寿命长、结构稳定、热稳定性好等优点，是目前应用于电动汽车动力蓄电池主流的正极材料。其中 NCM333 材料比容量≥155mA·h/g，是现有三元材料中循环寿命最长、安全性能最好的产品，适用于 120～180W·h/kg 的长寿命型电池体系；NCM523 材料比容量≥165mA·h/g，适用于 150～240W·h/kg 的电池体系。常规三元材料充放电曲线如图 2-25 所示。

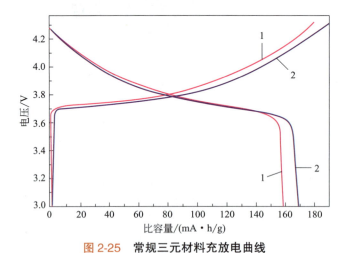

图 2-25 常规三元材料充放电曲线

1—NCM333；2—NCM523

随着 Ni 含量的提高，高镍三元材料的比容量大幅提升。NCM622 产品可逆容量≥175mA·h/g，NCM811 和镍钴铝（NCA）产品可逆容量≥190mA·h/g，适合应用于 260～350W·h/kg 的高比能量电池体系。但镍含量高的材料阳离子混排程度增加，结构稳定性变差，表面碱含量高，易吸水，直接导致极片加工工艺难度增加，电池循环性能和倍率性能变差，以及高温产气等严重问题，因此，高镍三元材料的生产和电池制造均有较高的技术门槛。高镍三元材料充放电曲线如图 2-26 所示。

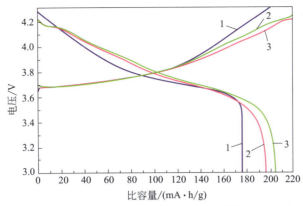

图 2-26　高镍三元材料充放电曲线

1—NCM622；2—NCA；3—NCM811

锂离子蓄电池中，正极材料提供活性物质，理想的正极材料需要具备以下特征。

① 正极材料有较大的吉布斯自由能，从而保证蓄电池有较高的输出电压。

② 锂离子在正极材料中脱嵌过程中的吉布斯自由能变化量要小，即电极电位对锂离子嵌入量的依赖性要小，保证蓄电池的输出电压稳定。

③ 正极材料能够容纳相当数量的锂离子脱出和嵌入，保证蓄电池有较高的比容量。

④ 正极材料的摩尔体积和分子量较小，保证蓄电池拥有较高的体积能量密度和质量能量密度。

⑤ 正极材料中存在通畅的锂离子迁移通道，进而保证材料具有较高的锂离子扩散系数。此外，正极材料还要有良好的电子导电性，保证蓄电池良好的大倍率性能。

⑥ 充放电过程中，正极材料的结构改变小，保证电化学反应的可逆进行和蓄电池的良好循环性能。

⑦ 在充放电电压范围内，正极材料不与电解液发生化学或物理反应。

⑧ 原料丰富，制备工艺简单，成本低，环境友好。

2. 负极

负极材料影响锂离子蓄电池的安全性，负极材料有碳材料、石墨材料和钛酸锂等。目前，广泛应用的碳基负极材料，将锂离子在负极表面的沉积/溶解转变为在碳材料中的嵌入/脱出，大幅度地减少锂枝晶的形成，提高锂离子蓄电池的安全性。特斯拉 Model 3 的动力蓄电池使用的负极材料是石墨+硅；比亚迪 e6 的动力蓄电池使用的负极材料是石墨。

理想的锂离子蓄电池负极材料应具备以下特征。

① 锂离子嵌入/脱出电位尽可能低，使蓄电池有较高的输出电压，以提高蓄电池的能量密度。

② 锂离子能够尽可能多地在材料中可逆脱嵌，保证蓄电池的比容量值。

③ 在蓄电池的循环过程中，材料的结构没有或很少发生改变，以确保蓄电池的循环性能。

④ 具有较高的电子和离子电导率，保证电子和锂离子在材料中的快速传输，以提高蓄电池的功率密度。

⑤ 氧化还原电位变化小，可保持蓄电池能较平稳地进行充电和放电。

⑥ 材料在电解液中稳定，不溶解，且具有良好的表面结构，能够与电解质形成稳定的固体电解质界面膜。

⑦ 价格低，资源丰富，环境友好。

3. 隔膜

隔膜是夹在蓄电池正极片和负极片之间起电子绝缘作用并提供锂离子迁移微通道的薄膜，是影响蓄电池性能的重要组件。

隔膜起着分离正极和负极的功能，避免蓄电池正极和负极直接接触短路，又能起着锂离子传导和绝缘的功能。目前，应用比较广泛的隔膜主要有聚乙烯（Poly Ethylene，PE）隔膜、聚丙烯（Poly Propylene，PP）隔膜、PP-PE-PP三层隔膜、无纺布复合隔膜、凝胶隔膜、表面涂覆的复合隔膜等。

没有哪种隔膜能适用于所有的蓄电池材料体系和蓄电池型号。为使动力蓄电池发挥最佳的性能，需要根据具体的蓄电池设计以及蓄电池制造的工艺和设备水平选配适合的隔膜。为保证动力蓄电池的安全性，隔膜的孔隙率不能太高，以30%～45%为宜。单体容量较高的能量型蓄电池不宜使用过薄的隔膜；而功率型蓄电池可以考虑孔隙率较高、较薄的隔膜。

4. 电解液

电解液是锂离子蓄电池中锂离子传输的载体。一般由锂盐和有机溶剂组成。电解液在锂电池正、负极之间起到传导锂离子的作用。溶有电解质锂盐的有机溶剂提供锂离子，电解质锂盐有 $LiPF_6$、$LiClO_4$、$LiBF_4$ 等，有机溶剂主要由碳酸二乙酯（Diethyl Carbonate，DEC）、碳酸丙烯酯（Propylene Carbonate，PC）、碳酸乙烯酯（Ethylene Carbonate，EC）、碳酸二甲酯（Dimethyl Carbonate，DMC）等其中的一种或几种混合组成。

优良的锂离子蓄电池电解液应满足以下要求。

① 液态温度范围宽，在 -20～$80℃$ 范围内为液体。

② 有较高的离子电导率，室温下应大于 6mS/cm。

③ 对电极、隔膜的润湿性好。

④ 电化学稳定性好，有较宽的电化学窗口。

⑤ 与正负极材料兼容性好，能形成稳定的固体电解质界面膜。

⑥ 化学稳定性好，与正负极材料、集流体、隔膜等基本不发生反应。

⑦ 热稳定性较好。

⑧ 安全性好，不易燃。

⑨ 对环境友好。

电解液与蓄电池之间的对应性强，使用时根据不同厂商蓄电池设计的电化学性能要求，配套使用不同配方的电解液。

5. 外壳

外壳用于蓄电池封装，主要包括铝壳、铝塑膜、盖板、极耳、绝缘片等。

在锂离子蓄电池成本结构中，正极材料约占33%，负极材料约占10%，电解液约占 12%，隔膜约占 30%，其他约占 15%。

三、锂离子蓄电池的工作原理

锂离子蓄电池的工作原理就是指其充放电原理。当对蓄电池进行充电时，蓄电池的正极上有锂离子生成，生成的锂离子经过电解液运动到负极。而作为负极的碳呈层状结构，它有很多微孔，到达负极的锂离子就嵌入碳层的微孔中，嵌入的锂离子越多，充电容量越高。

单体锂离子蓄电池的最高充电终止电压为 4.2V，不能过充，否则会因正极的锂离子丢失太多而使蓄电池报废。对锂离子蓄电池充电时，应采用专用的恒流、恒压充电器，先恒流充电至锂离子蓄电池两端电压为 4.2V 后，转入恒压充电模式；当恒压充电电流降至 100mA 时，应停止充电。

由于锂离子蓄电池的内部结构原因，放电时锂离子不能全部移向正极，必须保留一部分锂离子在负极，以保证下次充电时锂离子能够畅通地嵌入通道。否则，蓄电池寿命会缩短。为了保证石墨层中放电后留有部分锂离子，就要严格限制放电终止最低电压，也就是说锂离子蓄电池不能过放电。单体锂离子蓄电池的放电终止电压通常为 3.0V，最低不能低于 2.5V。蓄电池放电时间长短与蓄电池容量、放电电流大小有关。

如图 2-27 所示为锂离子蓄电池的工作原理。蓄电池充电时，正极上锂原子电离成锂离子和电子（脱嵌），锂离子经过电解液运动到负极，得到电子，被还原成锂原子嵌入碳层的微孔中（插入）；蓄电池放电时，嵌在负极碳层中的锂原子失去电子（脱插）成为锂离子，通过电解液，又运动回正极（嵌入）；锂离子蓄电池的充放电过程，也就是锂离子在正负极间不断嵌入和脱嵌的过程，同时伴随着等当量电子的嵌入和脱嵌。锂离子数量越多，充放电容量就越高。

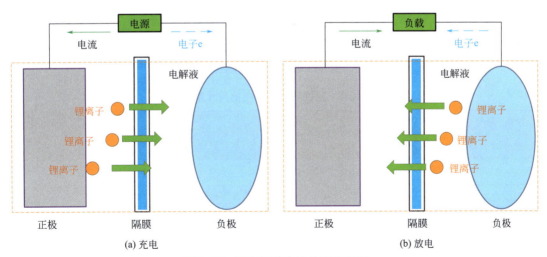

图 2-27　锂离子蓄电池的工作原理

以 $LiCoO_2$ 为正极材料、石墨为负极材料的锂离子蓄电池，正、负极的电化学反应为

$$LiCoO_2 \rightleftharpoons Li_{1-x}CoO_2 + xLi^+ + xe$$

$$6C + xLi^+ + xe \rightleftharpoons Li_xC_6$$

蓄电池的总反应为

$$LiCoO_2 + 6C \rightleftharpoons Li_{1-x}CoO_2 + Li_xC_6$$

蓄电池反应过程中既没有消耗电解液，也不产生气体，只是锂离子在正负极间移动，所以锂离子蓄电池的结构可以做成完全封闭的。此外，正常条件下，蓄电池充放电过程中没有其他副反应，所以锂离子蓄电池充电效率很高，甚至达到100%。

四、锂离子蓄电池的尺寸要求

锂离子蓄电池的外形尺寸应该符合《电动汽车用动力蓄电池产品规格尺寸》（GB/T 34013—2017）的要求。

1. 单体蓄电池规格尺寸

单体蓄电池规格尺寸包括圆柱形、方形和软包的单体蓄电池规格尺寸。

（1）圆柱形单体蓄电池规格尺寸　圆柱形单体蓄电池的主要结构形式如图2-28所示，其尺寸系列见表2-1。其中N_1为圆柱形单体蓄电池的直径；N_3为不包含极柱的单体蓄电池高度。

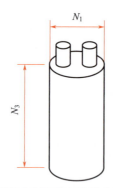

图2-28　圆柱形单体蓄电池的主要结构形式

表2-1　圆柱形单体蓄电池尺寸系列

序号	外形尺寸/mm	
	N_1	N_3（不包含极柱）
1	18	65
2	21	70
3	26	65/70
4	32	70/134

（2）方形单体蓄电池规格尺寸　方形单体蓄电池的主要结构形式如图2-29所示，其尺寸系列见表2-2。其中N_1为方形单体蓄电池的厚度；N_2为方形单体蓄电池的宽度；N_3为不包含极柱的单体蓄电池高度。

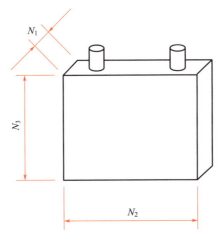

图 2-29 方形单体蓄电池的主要结构形式

表 2-2 方形单体蓄电池尺寸系列

序号	外形尺寸 /mm		
	N_1	N_2	N_3（不包含极柱）
1	20	65	138
2	20/27	70	107/120/131
3	12/20	100	141/310
4	12/20	120	80/85
5	27	135	192/214
6	20/27/40/53/57/79/86	148	91/95/98/129/200/396
7	12/20/32/40/45/48/53/71	173	85/110/125/137/149/166/184/200
8	32/53	217	98

（3）软包单体蓄电池规格尺寸　软包单体蓄电池的主要结构形式如图 2-30 所示，其尺寸系列见表 2-3。其中 N_1 为软包单体蓄电池的厚度；N_2 为软包单体蓄电池的宽度；N_3 为不包含极柱的单体蓄电池高度。

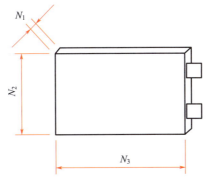

图 2-30 软包单体蓄电池的主要结构形式

表2-3 软包单体蓄电池尺寸系列

序号	外形尺寸 /mm		
	N_1	N_2	N_3（不包含极柱）
1	—	100	302/310
2	—	118	85/243/342
3	—	148	91
4	—	161	227/240/291
5	—	190	236/245
6	—	217	127/262
7	—	228	268

2. 蓄电池模块尺寸

蓄电池模块的结构形式如图2-31所示，其尺寸系列见表2-4。其中 N_1 为蓄电池模块的厚度；N_2 为蓄电池的宽度；N_3 为蓄电池模块的高度。

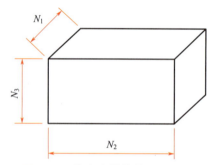

图2-31 蓄电池模块的结构形式

表2-4 蓄电池模块尺寸系列

序号	外形尺寸 /mm		
	N_1	N_2	N_3
1	211～515	141	211/235
2	252～590	151	108/119/130/141
3	157	159	269
4	285～793	178	130/163/177/200/216/240/255/265
5	270～793	190	47/90/110/140/197/225/250
6	191/590	220	108/294
7	547	226	144
8	269～319	234	85/297

续表

序号	外形尺寸/mm		
	N_1	N_2	N_3
9	280	325	207
10	18～27，330～672	367	114/275/429
11	242～246	402	167
12	162～861	439	363

对于动力蓄电池产业，贯彻实施蓄电池规格尺寸要求体系，将有助于促进动力蓄电池产业实现更大规模的制造、应用、梯次利用和回收，同时有利于大幅度降低成本，助推产业更加健康、稳定和快速地发展。

五、锂离子蓄电池的要求

锂离子蓄电池的要求分为单体蓄电池的要求、蓄电池模块的要求以及蓄电池总成的要求。

1. 单体蓄电池的要求

对锂离子单体蓄电池具有以下要求。

（1）外观　在良好的光线条件下，用目测法检查单体蓄电池的外观，外壳不得有变形及裂纹，表面平整、干燥、无碱痕、无污物且标志清晰。

（2）极性　用电压表检查蓄电池的极性时，蓄电池极性应与标志的极性符号一致。

（3）外形尺寸及质量　单体蓄电池的外形尺寸及质量应符合生产企业提供的技术条件。

（4）室温放电容量　单体蓄电池按规定方法进行试验时，其放电容量应不低于额定容量，并且不超过额定容量的110%，同时所有测试对象初始容量极差不大于初始容量平均值的5%。

2. 蓄电池模块的要求

对锂离子蓄电池模块具有以下要求。

（1）外观　在良好的光线条件下，用目测法检查蓄电池模块的外观，外观不得有变形及裂纹，表面平整干燥、无外伤，且排列整齐、连接可靠、标志清晰等。

（2）极性　用电压表检查蓄电池模块的极性时，蓄电池极性应与标志的极性符号一致。

（3）外形尺寸及质量　蓄电池模块的外形尺寸及质量应符合生产企业提供的技术条件。

（4）室温放电容量　蓄电池模块按规定方法进行试验时，其放电容量应不低于额定值，并且不超过额定容量的110%，同时所有测试对象初始容量极差不大于初始容量平均值的7%。

(5) 室温倍率放电容量　按照厂家提供电池类型分别进行试验，高能量蓄电池模块按规定方法进行试验时，其放电容量应不低于初始容量的 90%，高功率蓄电池模块按规定方法进行试验时，其放电容量应不低于初始容量的 80%。

(6) 室温倍率充电性能　蓄电池模块按规定方法试验时，其放电容量应不低于初始容量的 80%。

(7) 低温放电容量　蓄电池模块按规定方法试验时，其放电容量应不低于初始容量的 70%。

(8) 高温放电容量　蓄电池模块按规定方法试验时，其放电容量应不低于初始容量的 90%。

(9) 荷电保持与容量恢复能力　蓄电池模块按规定方法试验时，其室温荷电保持率应不低于初始容量的 85%，容量恢复应不低于初始容量的 90%。

(10) 耐振动性　蓄电池模块按规定方法进行耐振动性试验时，不允许出现放电电流锐变、电压异常、蓄电池壳变形、电解液溢出等现象，并保持连接可靠、结构完好。

(11) 储存　蓄电池模块按规定方法试验时，容量恢复应不低于初始容量的 90%。

(12) 安全性　蓄电池模块按规定方法进行短路、过放电、过充电、加热、针刺、挤压等试验时，应不爆震、不起火、不漏液。

具体试验方法参照《电动汽车用动力蓄电池电性能要求及试验方法》（GB/T 31486—2015）和《电动汽车用动力蓄电池安全要求》（GB 38031—2020）。

3. 蓄电池总成的要求

对锂离子蓄电池总成主要有以下技术要求。

(1) 锂离子蓄电池的一致性　锂离子蓄电池的一致性是指组成锂离子蓄电池模块和总成的单体蓄电池性能的一致性特性。这些性能主要包括实际电能、阻抗、电极的电气特性、电气连接、温度特性差异、衰变速度等多种复杂因素。这些因素的差异，将直接影响运行过程中输出电参数的差异。组成锂离子蓄电池模块和总成的蓄电池的一致性特性应在规定的负荷条件及荷电状态下进行试验。锂离子蓄电池的一致性特性分为充电状态一致性特性和放电状态一致性特性。若没有具体规定，应以放电状态测试的一致性特性为锂离子蓄电池模块或总成的一致性特性。

锂离子蓄电池的一致性划分为 5 个等级，见表 2-5。一致性指数超过 5 级的为不合格产品。

表 2-5　锂离子蓄电池一致性等级和规范

一致性等级	1 级	2 级	3 级	4 级	5 级
一致性指数	≤5F	≤8F	≤11F	≤14F	≤18F

(2) 正极和负极输出连接　组成锂离子蓄电池总成的锂离子蓄电池模块正极和负极连接可采用螺栓连接方式或可插拔连接器连接方式。正极和负极连接处应有清晰的极性标志。正极采用红色标志和红色电缆，负极采用黑色标志和黑色电缆。

(3) 接口和协议　组成锂离子蓄电池总成的蓄电池管理系统的接口和协议包括电路

接口和接口协议、通信接口和通信协议。其中电路接口和接口协议包括充电控制导引接口和接口协议、单体蓄电池电压监测电路接口和接口协议、充放电控制电路接口和接口协议、I/O 充放电接口电路和接口协议；通信接口和通信协议包括内部通信接口和通信协议、充放电通信接口和通信协议、用户通信接口和通信协议。蓄电池总成接口和通信协议应符合相关标准的规定。

（4）额定电能　当采用标称电压相同的锂离子蓄电池模块组成锂离子蓄电池总成时，蓄电池总成的额定电能值等于组成动力锂离子蓄电池总成中电能最小的蓄电池模块的电能与模块数量的乘积。当采用不同标称电压的蓄电池模块组成蓄电池总成时，蓄电池总成的额定电能等于由蓄电池模块的额定电能除以蓄电池模块标称电压最小值与蓄电池总成标称电压的乘积。

（5）电源功率消耗　特指组成锂离子蓄电池总成的蓄电池管理系统电路消耗的峰值功率，应符合制造厂商提供的产品技术文件的规定。

（6）标称电压　采用锂离子蓄电池模块组成的锂离子蓄电池总成的标称电压可参考表 2-6。

表 2-6　采用锂离子蓄电池模块组成的锂离子蓄电池总成的标称电压

模块数量 / 个	12V 系列	24V 系列	36V 系列	48V 系列	72V 系列
2	24V	48V	72V	96V	144V
3	36V	72V	—	144V	216V
4	48V	96V	144V	—	288V
5	60V	120V	—	240V	360V
6	72V	144V	—	288V	432V
7	—	—	—	366V	—
8	96V	—	288V	384V	—
9	—	—	—	432V	—
10	120V	240V	—	480V	—
11	—	—	396V	—	—
12	144V	288V	—	—	—
13	—	312V	—	—	—
14	—	336V	—	—	—
15	—	—	—	—	—
16	—	384V	—	—	—

（7）使用寿命　锂离子蓄电池总成的使用寿命分为标准循环使用寿命和工况循环使用寿命。磷酸铁锂蓄电池标准循环使用寿命要大于或等于 1200 次；锰酸锂蓄电池标准循环使用寿命应大于或等于 800 次。电动汽车用锂离子蓄电池总成的工况循环使用寿命可采用行驶里程数来表示。

六、锂离子蓄电池的应用实例

目前纯电动汽车使用的动力蓄电池主要是锂离子蓄电池。如雪佛兰 Bolt 纯电动汽车动力蓄电池是由 288 个 LG 方形电芯制成,如图 2-32 所示。单体电芯标称容量为 55A·h,标称电压为 3.75V,系统电能为 59.4kW·h（288×55A·h×3.75V）；电池系统体积为 285L,质量为 435kg,体积能量密度为 208W·h/L,质量能量密度为 136W·h/kg。

图 2-32 雪佛兰 Bolt 纯电动汽车动力蓄电池

特斯拉 Model S 动力蓄电池由 7104 节 18650 锂电池组成,如图 2-33 所示,16 个蓄电池模块串联而成,每个蓄电池模块采用 6S 72P 组合,即 6 个电芯串联,共 74 组。如果每个电芯 3.7V,则动力蓄电池组总电压为 355V。

图 2-33 特斯拉 Model S 动力蓄电池组

比亚迪推出的刀片电池如图 2-34 所示。传统的磷酸铁锂电池包含三层结构：单体、模组和电池包,其中单体和模组的支撑固定结构件会占据很大一部分空间。而刀片电池直接将单体电池拉长,固定在电池包的边框上。在刀片电池里,电池单体成为结构件的一部分,既是供电部件,又是电池包的梁,省去了模组和大部分支撑结构,空间利用率大大提升。同样的电池体积里,现在可以塞下比以前多得多的单体电池。据比亚迪给出的数据，对电池包的重塑使刀片电池单位体积能量密度提升50%，相当于原来满充能行驶400km的电动汽车，如今能行驶600km。由于刀片电池也是磷酸铁锂电池，所以安全性非常好。

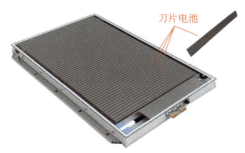

图2-34　比亚迪推出的刀片电池

刀片电池与普通磷酸铁锂电池、三元锂离子电池的外形比较如图2-35所示。

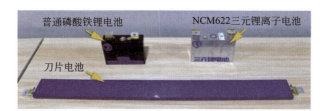

图2-35　刀片电池与普通磷酸铁锂电池、三元锂离子电池的外形比较

奥迪e-tron纯电动SUV的动力蓄电池采用LG的锂离子软包电芯，电量为95kW·h，36个模组；蓄电池组质量为699kg，蓄电池组系统密度为136W·h/kg。蓄电池组大部分的外形是扁平的，以适应车辆底部的滑板式平台，这已成为纯电动汽车的标准，如图2-36所示。由于电芯是软包，因此外面用铝板固定。橙色的是低压采集线束；铜排是高压动力线。单个模组上白色的是模组内电压和温度采集线。

如图2-37所示为奥迪WQA纯电动汽车搭载的动力蓄电池，其类型为三元锂离子电池，电芯数量为200个，模组数量为5个，电池能量为66.5kW·h，最大电压为420V；NEDC综合工况续驶里程为486km，电能消耗量为15.7kW·h/100km。

(a) 外形

图2-36

061

(b) 内部结构

图 2-36　奥迪 e-tron 纯电动 SUV 的动力蓄电池

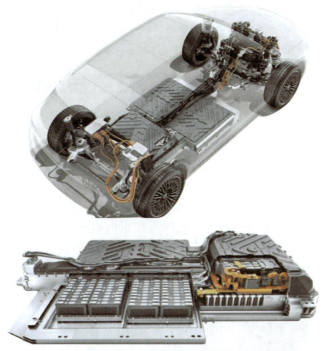

图 2-37　奥迪 WQA 纯电动汽车搭载的动力蓄电池

第五节
动力蓄电池的测试技术

动力蓄电池的测试主要包括充电性能测试、放电性能测试、储存性能测试、耐振动性测试、电安全测试、机械安全测试、环境安全测试、循环寿命测试等。本书介绍的主要是锂离子蓄电池的测试。

一、蓄电池充电性能测试

充电性能测试的目的是测量单体蓄电池，蓄电池充电性能测试主要包括蓄电池充电方法和室温倍率充电性能测试。

1. 蓄电池充电方法

蓄电池充电方法规定了单体蓄电池充电方法和蓄电池模块充电方法，以此作为不同试验过程中充电的标准方法。

（1）单体蓄电池充电方法　室温下，单体蓄电池先以 $1I_1$（A）（1 小时率放电电流，其数值等于 C_1；C_1 为 1 小时率额定容量）电流放电至企业技术条件中规定的放电终止电压，搁置 1h（或企业提供的不高于 1h 的搁置时间），然后按企业提供的充电方法进行充电。若企业未提供充电方法，则依据以下方法充电：对于锂离子蓄电池，以 $1I_1$（A）电流恒流充电至企业技术条件中规定的充电终止电压时转恒压充电，至充电电流降至 $0.05I_1$（A）时停止充电，充电后搁置 1h（或企业提供的不高于 1h 的搁置时间）。

（2）蓄电池模块充电方法　室温下，蓄电池模块先以 $1I_1$（A）电流放电至任一单体蓄电池电压达到放电终止电压，搁置 1h（或企业提供的不高于 1h 的搁置时间），然后按企业提供的充电方法进行充电。若企业未提供充电方法，则依据以下方法充电：对于锂离子蓄电池，以 $1I_1$（A）电流恒流充电至企业技术条件中规定的充电终止电压时转恒压充电，至充电电流降至 $0.05I_1$（A）时停止充电，充电后搁置 1h（或企业提供的不高于 1h 的搁置时间）。

2. 室温倍率充电性能测试

室温倍率充电性能测试的目的是测量蓄电池模块在室温下的倍率充电性能，模拟蓄电池在电动汽车上大电流充电的工作状态，并评估是否满足设计要求。

按照如下步骤进行室温倍率充电性能测试。

① 室温下，蓄电池模块以 $1I_1$（A）电流放电至任一单体蓄电池电压达到放电终止电压，静置 1h。

② 室温下，蓄电池模块以 $2I_1$（A）（最大电流不超过 400A）电流充电，直至任意一个单体蓄电池电压达到充电终止电压，或达到企业规定的充电终止条件，并且总充电时间不超过 30min，静置 1h。

③ 室温下，蓄电池模块以 $1I_1$（A）电流放电至任一单体蓄电池电压达到放电终止电压。

④ 计量放电容量（单位为 A·h）。

对室温倍率充电性能测试的要求是：放电容量应不低于初始容量的 80%。

二、蓄电池放电性能测试

蓄电池放电性能测试的目的是测量蓄电池在室温、低温、高温和不同倍率的放电性能，模拟蓄电池在电动汽车上的各种放电性能，并评估是否满足设计要求。

蓄电池放电性能测试包括室温放电容量测试、低温放电容量测试、高温放电性能测试和倍率放电性能测试。

1. 室温放电性能测试

单体蓄电池按照如下步骤进行室温放电性能测试。
① 单体蓄电池按规定充满电。
② 室温下，单体蓄电池以 $1I_1$（A）电流放电至企业技术条件中规定的放电终止电压。
③ 计算放电容量（单位为 A·h）。
④ 重复步骤①～③五次，若连续三次试验结果的极差小于额定容量的3%，可提前结束试验，取最后三次试验结果平均值。

对单体蓄电池室温放电性能的要求是：放电容量应不低于额定容量，并且不超过额定容量的110%，同时所有测试的10个测试对象的初始容量极差不大于初始容量平均值的5%。

蓄电池模块按照如下步骤进行室温放电性能测试。
① 蓄电池模块按规定充满电。
② 室温下，蓄电池模块以 $1I_1$（A）电流放电至任一单体蓄电池电压达到放电终止电压。
③ 计算放电容量（单位为 A·h）。
④ 重复步骤①～③五次，若连续三次试验结果的极差小于额定容量的3%，可提前结束试验，取最后三次试验结果平均值。

对蓄电池模块室温放电性能测试的要求是：放电容量应不低于额定容量，并且不超过额定容量的110%，同时所有测试的10个测试对象的初始容量极差不大于初始容量平均值的7%。

2. 低温放电性能测试

蓄电池模块按照如下步骤进行低温放电性能测试。
① 蓄电池模块按规定充满电。
② 蓄电池模块在（-20±2）℃下搁置24h。
③ 蓄电池模块在（-20±2）℃下，以 $1I_1$（A）电流放电至任意单体蓄电池达到企业技术条件中规定的放电终止电压（该电压值不低于室温放电终止电压的80%）。
④ 计算放电容量（单位为 A·h）。

锂离子蓄电池模块低温放电性能的要求是：放电容量应不低于初始容量的70%。

3. 高温放电性能测试

蓄电池模块按照如下步骤进行高温放电性能测试。
① 蓄电池模块按规定充满电。
② 蓄电池模块在（55±2）℃下搁置5h。
③ 蓄电池模块在（55±2）℃下，以 $1I_1$（A）电流放电至任意单体蓄电池达到室温放电终止电压。
④ 计算放电容量（单位为 A·h）。

锂离子蓄电池模块高温放电性能测试的要求是：放电容量应不低于初始容量的90%。

4. 倍率放电性能测试

倍率放电性能要求分别考察能量型蓄电池和功率型蓄电池。能量型蓄电池指最大允许持续输出电功率和其在 1C 倍率放电能量时比值低于 10 的蓄电池；反之则为功率型蓄电池。

能量型蓄电池模块按照如下步骤进行室温倍率放电性能测试。

① 蓄电池模块按规定充满电。

② 室温下，蓄电池模块以 $3I_1$（A）（最大电流不超过 400A）电流放电至任一单体蓄电池电压达到放电终止电压。

③ 计算放电容量（单位为 A·h）。

能量型蓄电池模块对倍率放电性能测试的要求是：放电容量应不低于初始容量的 90%。

功率型蓄电池模块按照如下步骤进行室温倍率放电性能测试。

① 蓄电池模块按规定充满电。

② 室温下，蓄电池模块以 $8I_1$（A）（最大电流不超过 400A）电流放电至任一单体蓄电池电压达到放电终止电压。

③ 计算放电容量（单位为 A·h）。

功率型蓄电池模块对倍率放电性能测试的要求是：放电容量应不低于初始容量的 80%。

三、蓄电池储存性能测试

蓄电池储存性能测试的目的是测量蓄电池模块室温和高温环境下的荷电保持于容量恢复能力及储存性能，模拟电动汽车长时间存放后运行的工作状态，以确定蓄电池的维护保养时间和方式，并评估是否满足设计要求。

1. 荷电保持及容量恢复能力测试

蓄电池模块按照如下步骤进行室温荷电保持与容量恢复能力测试。

① 蓄电池模块按规定充满电。

② 蓄电池模块在室温下储存 28 天。

③ 室温下，蓄电池模块以 $1I_1$（A）电流放电至任一单体蓄电池电压达到放电终止电压。

④ 计算荷电保持容量（单位为 A·h）。

⑤ 蓄电池模块再充满电。

⑥ 室温下，蓄电池模块以 $1I_1$（A）电流放电至任一单体蓄电池电压达到放电终止电压。

⑦ 计算恢复容量（单位为 A·h）。

蓄电池模块按照如下步骤进行高温荷电保持与容量恢复能力测试。

① 蓄电池模块按规定充满电。

② 蓄电池模块在（55±2）℃下储存 7 天。

③ 蓄电池模块在室温下搁置 5h 后，以 $1I_1$（A）电流放电至任一单体蓄电池电压达

到放电终止电压。

④ 计算荷电保持容量（单位为 A·h）。

⑤ 蓄电池模块再充满电。

⑥ 室温下，蓄电池模块以 $1I_1$（A）电流放电至任一单体蓄电池电压达到放电终止电压。

⑦ 计算恢复容量（单位为 A·h）。

锂离子蓄电池模块的室温及高温荷电保持率应不低于初始容量的 85%，容量恢复应不低于初始容量的 90%。

2. 储存性能测试

蓄电池模块按照如下步骤进行储存性能测试。

① 蓄电池模块按规定充满电。

② 蓄电池模块在室温下，以 $1I_1$（A）电流放电 30min。

③ 蓄电池模块在（45±2）℃下储存 28 天。

④ 蓄电池模块在室温下搁置 5h。

⑤ 蓄电池模块再充满电。

⑥ 室温下，蓄电池模块以 $1I_1$（A）电流放电至任一单体蓄电池电压达到放电终止电压。

⑦ 计算放电容量（单位为 A·h）。

锂离子蓄电池模块储存性能测试的要求是：容量恢复应不低于初始容量的 90%。

四、蓄电池耐振动测试

蓄电池耐振动测试的目的是验证蓄电池耐振动性能，模拟蓄电池发生振动时可能出现的安全风险和电性能衰减，从而评估样品是否满足设计要求。

蓄电池模块按照如下步骤进行耐振动测试。

① 蓄电池模块按规定充满电。

② 将蓄电池模块紧固到振动试验台上，按下述条件进行线性扫描振动试验。

a. 放电电流：$1/3I_1$（A）。

b. 振动方向：上下单振动。

c. 最大加速度：30m/s²。

d. 扫描循环：10 次。

e. 振动时间：3h。

③ 振动试验过程中，观察有无异常现象出现。

蓄电池耐振动测试的要求是：不允许出现放电电流锐变、电压异常、蓄电池壳变形、电解液溢出等异常现象，并保持连接可靠，结构完好。

五、蓄电池电安全测试

蓄电池电安全测试包括过放电测试、过充电测试、外部短路测试。

1. 过放电测试

过放电测试的目的是验证单体蓄电池（或蓄电池模块）电滥用性能，模拟蓄电池发生过放电时可能出现的安全风险，从而评估样品是否满足设计要求。

单体蓄电池按照以下步骤进行过放电测试。

① 单体蓄电池（或蓄电池模块）按规定充满电。

② 单体蓄电池（或蓄电池模块）以 $1I_1$（A）电流放电 90min。

③ 完成以上试验步骤后，应在试验环境温度下观察 1h。

单体蓄电池（或蓄电池模块）过放电测试的要求是：不起火，不爆炸。

2. 过充电测试

过充电测试的目的是验证单体蓄电池（或蓄电池模块）电滥用性能，模拟蓄电池发生过充电时可能出现的安全风险，从而评估样品是否满足设计要求。

单体蓄电池（或蓄电池模块）按照以下步骤进行过充电测试。

① 单体蓄电池（或蓄电池模块）按规定充满电。

② 以 $1I_1$（A）电流恒流充电至（任一单体蓄电池）电压达到企业技术条件中规定的充电终止电压的 1.5 倍，或者充电时间达 1h 后，停止充电。

③ 完成以上试验步骤后，应在试验环境温度下观察 1h。

单体蓄电池（或蓄电池模块）过充电测试的要求是：不起火，不爆炸。

3. 外部短路测试

外部短路测试的目的是验证单体蓄电池（或蓄电池模块）电滥用性能，模拟蓄电池发生外部短路时可能出现的安全风险，从而评估样品是否满足设计要求。

单体蓄电池（或蓄电池模块）按照以下步骤进行外部短路测试。

① 单体蓄电池（或蓄电池模块）按规定充满电。

② 将单体蓄电池正极端子和负极端子（或蓄电池模块）经外部短路 10min，外部线路电阻应小于 5mΩ。

③ 完成以上试验步骤后，应在试验环境温度下观察 1h。

单体蓄电池（或蓄电池模块）外部短路测试的要求是：不起火，不爆炸。

六、蓄电池机械安全测试

蓄电池机械安全测试主要包括挤压测试和针刺测试。

1. 挤压测试

挤压测试的目的是验证单体蓄电池（或蓄电池模块）机械滥用性能，模拟蓄电池发生挤压时可能出现的安全风险，从而评估样品是否满足设计要求。

单体蓄电池按照以下步骤测进行挤压测试。

① 单体蓄电池按规定充满电。

② 按下列条件进行试验。

a. 挤压方向：垂直于蓄电池极板方向施压，如图 2-38 所示。

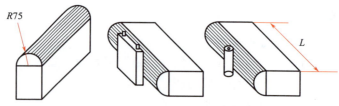

图 2-38　单体挤压板和挤压示意

　　b. 挤压板形式：半径 75mm 的半圆柱体，半圆柱体的长度（L）大于被挤压蓄电池的尺寸。
　　c. 挤压速度：（5±1）mm/s。
　　d. 挤压程度：电压达到 0V 或变形量达到 30% 或挤压力达到 200kN 后停止挤压。
　③ 观察 1h。
　单体蓄电池挤压性能的要求是：不起火，不爆炸。
　蓄电池模块按照以下步骤测进行挤压测试。
　① 单体蓄电池按规定充满电。
　② 按下列条件进行试验。
　　a. 挤压板形式：半径 75mm 的半圆柱体，半圆柱体的长度（L）大于被挤压蓄电池的尺寸，但不超过 1m。
　　b. 挤压方向：与蓄电池模块在整车布局上最容易受到挤压的方向相同。如果最容易受到挤压的方向不可获得，则垂直于单体蓄电池排列方向施压，如图 2-39 所示。

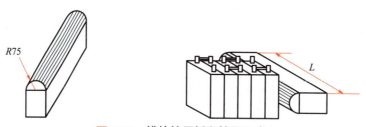

图 2-39　模块挤压板和挤压示意

　　c. 挤压速度：（5±1）mm/s。
　　d. 挤压程度：蓄电池模块变形量达到 30% 或挤压力达到蓄电池模块重量的 1000 倍和表 2-7 所列数值较大者。

表 2-7　挤压力的选取

挤压面接触单体数 n	挤压力 /kN
1	200
2～5	$100n$
>5	500

　　e. 保持 10min。
　③ 观察 1h。
　蓄电池模块挤压性能测试的要求是：不起火，不爆炸。

2. 针刺测试

针刺测试的目的是验证单体蓄电池（或蓄电池模块）机械滥用性能，模拟蓄电池发生针刺时可能出现的安全风险，从而评估样品是否满足设计要求。

单体蓄电池按照以下步骤测进行针刺测试。

① 单体蓄电池按规定充满电。

② 用 $\phi 5\sim 8mm$ 的耐高温钢针（针尖的圆锥角度为 45°～60°，针的表面光洁、无锈蚀、无氧化层及油污），以（25±5）mm/s 的速度，从垂直于蓄电池极板的方向贯穿，贯穿位置宜靠近所刺面的几何中心，钢针停留在蓄电池中。

③ 观察 1h。

单体蓄电池针刺性能测试的要求是：不起火，不爆炸。

蓄电池模块按照以下步骤测进行针刺测试。

① 蓄电池模块按规定充满电。

② 用 $\phi 6\sim 10mm$ 的耐高温钢针（针尖的圆锥角度为 45°～60°，针的表面光洁、无锈蚀、无氧化层及油污），以（25±5）mm/s 的速度，从垂直于蓄电池极板的方向，依次贯穿至少 3 个单体蓄电池，如图 2-40 所示，钢针停留在蓄电池中。

图 2-40　针刺示意

③ 观察 1h。

蓄电池模块针刺性能测试的要求是：不起火，不爆炸。

七、蓄电池环境安全测试

蓄电池环境安全测试主要有加热测试、海水浸泡测试、温度循环测试、低气压测试。

1. 加热测试

加热测试的目的是验证单体蓄电池（或蓄电池模块）热滥用性能，模拟蓄电池发生温度急剧上升时可能出现的安全风险，从而评估样品是否满足设计要求。

单体蓄电池（或蓄电池模块）按照以下步骤测进行加热测试。

① 单体蓄电池（或蓄电池模块）按规定充满电。

② 将单体蓄电池（或蓄电池模块）放入温度箱，温度箱按照 5℃/min 的速率由室温升至（130±2）℃，并保持此温度 30min 后停止加热。

③ 观察 1h。

单体蓄电池（或蓄电池模块）加热测试的要求是：不起火，不爆炸。

2. 海水浸泡测试

海水浸泡测试的目的是验证单体蓄电池（或蓄电池模块）海水滥用性能，模拟蓄电池发生海水浸泡时可能出现的安全风险，从而评估样品是否满足设计要求。

单体蓄电池（或蓄电池模块）按照以下步骤测进行海水浸泡测试。

① 单体蓄电池（或蓄电池模块）按规定充满电。

② 将单体蓄电池（或蓄电池模块）浸入 3.5% 的氯化钠溶液（质量分数，模拟常温下的海水成分）中 2h。

③ 水深应完全没过单体蓄电池（或蓄电池模块）。

单体蓄电池（或蓄电池模块）海水浸泡测试的要求是：不起火，不爆炸。

3. 温度循环测试

温度循环测试的目的是验证单体蓄电池（或蓄电池模块）热滥用性能，模拟蓄电池发生持续的温度变化时可能出现的安全风险，从而评估样品是否满足设计要求。

单体蓄电池（或蓄电池模块）按照以下步骤测进行加热测试。

① 单体蓄电池（或蓄电池模块）按规定充满电。

② 单体蓄电池（或蓄电池模块）放入温度箱中，温度箱按照表 2-8 和图 2-41 进行调节，循环次数为 5 次。

③ 观察 1h。

表 2-8 温度循环试验一个循环的温度和时间

温度 /℃	时间增量 /min	累计时间 /min	温度变化率 /(℃/min)
25	0	0	0
-40	60	60	13/12
-40	90	150	0
25	60	210	13/12
85	90	300	2/3
85	110	410	0
25	70	480	6/7

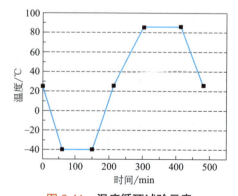

图 2-41 温度循环试验示意

单体蓄电池（或蓄电池模块）温度循环测试的要求是：不起火，不爆炸。

4. 低气压测试

低气压测试的目的是验证单体蓄电池（或蓄电池模块）气压滥用性能，模拟蓄电池发生气压急剧下降时可能出现的安全风险，从而评估样品是否满足设计要求。

单体蓄电池（或蓄电池模块）按照以下步骤测进行低气压测试。

① 单体蓄电池（或蓄电池模块）按规定充满电。

② 单体蓄电池（或蓄电池模块）放入低气压箱中，调节试验箱中气压为 11.6kPa，温度为室温，静置 6h。

③ 观察 1h。

单体蓄电池（或蓄电池模块）低气压测试的要求是：不起火，不爆炸。

八、蓄电池循环寿命测试

蓄电池循环寿命测试的目的是验证蓄电池的标准循环寿命和工况循环寿命，并评估是否满足设计要求。

1. 标准循环寿命测试

蓄电池按照以下步骤进行标准循环寿命测试。

① 以 $1I_1$（A）放电至企业规定的放电终止电压。

② 搁置不低于 30min 或企业规定的搁置条件。

③ 按充电方法对蓄电池进行充电。

④ 搁置不低于 30min 或企业规定的搁置条件。

⑤ 以 $1I_1$（A）放电至企业规定的放电终止条件，记录放电电量。

⑥ 按照②～⑤连续循环 500 次，若放电容量高于初始容量的 90%，则终止试验；若放电容量低于初始容量的 90%，则继续循环 500 次。

⑦ 计量室温放电容量和放电能量。

蓄电池标准循环寿命测试的要求是：循环次数达到 500 次时，放电容量应不低于初始容量的 90%，或者循环次数达到 1000 次时，放电容量应不低于初始容量的 80%。

2. 工况循环寿命测试

纯电动乘用车用能量型蓄电池循环测试由两部分组成，充电部分按充电方法进行，放电部分按照表 2-9 所示的主放电工况进行，由主放电工况组成的 SOC 波动示意如图 2-42 所示。

表 2-9　纯电动乘用车用能量型蓄电池主放电工况试验步骤

时间增量 /s	累计时间 /s	电流 /A	△SOC/%
5	5	$3I_1$	-0.417
3	8	$-I_1$	-0.333

续表

时间增量/s	累计时间/s	电流/A	△SOC/%
6	14	$-I_1/3$	-0.278
40	54	$I_1/3$	-0.648
30	84	$I_1/2$	-1.065
10	94	I_1	-1.343

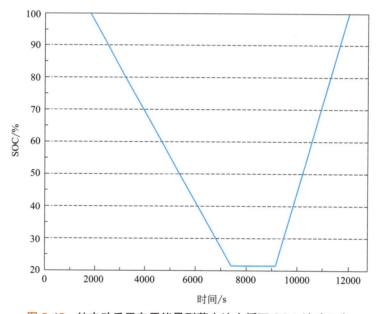

图 2-42　纯电动乘用车用能量型蓄电池大循环 SOC 波动示意

按照以下步骤进行纯电动乘用车能量型蓄电池的工况循环寿命测试。

① 按充电方法进行充电。

② 搁置 30min。

③ 运行主放电工况直到 20% SOC 或者企业规定的最低 SOC 值，或企业规定的放电终止条件。

④ 搁置 30min。

⑤ 重复步骤①~④共 xh（x 约为 20 且循环次数为如图 2-42 所示大循环的整数倍）。

⑥ 搁置 2h。

⑦ 重复步骤①~⑥共 6 次。

⑧ 按照容量和能量测试方法测试容量和能量。

⑨ 计算总放电能量与电池初始能量的比值。

⑩ 重复步骤①~⑨，直至总放电能量与蓄电池初始能量的比值达 500。

纯电动乘用车用能量型蓄电池的工况循环寿命的测试要求是：总放电能量与蓄电池初始能量的比值达到 500 时，计算放电容量。

纯电动商用车用能量型蓄电池循环测试由两部分组成，充电部分按照充电方法进行,放电部分按照表 2-10 所示的主放电工况进行,由主放电工况组成的 SOC 波动示意如图 2-43 所示。

表 2-10 纯电动商用车用能量型蓄电池主放电工况试验步骤

时间增量 /s	累计时间 /s	电流 /A	△SOC/%
23	23	I_1	-0.639
8	31	$I_1/3$	-0.713
23	54	$-I_1/3$	-0.500
26	80	$0.1I_1$	-0.572

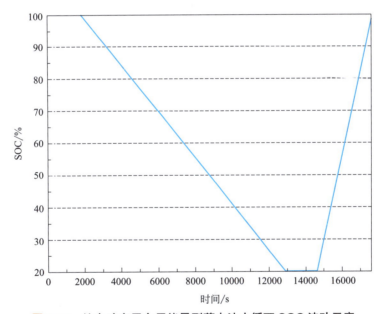

图 2-43 纯电动商用车用能量型蓄电池大循环 SOC 波动示意

纯电动商用车用能量型蓄电池按照以下步骤进行工况循环寿命测试。

① 按照充电方法进行充电。

② 搁置 30min。

③ 运行主放电工况直到 20% SOC 或者企业规定的最低 SOC 值,或企业规定的放电终止条件。

④ 搁置 30min。

⑤ 重复步骤①~④共 xh(x 约为 20 且循环次数为如图 2-43 所示大循环的整数倍)。

⑥ 搁置 2h。

⑦ 重复步骤①~⑥共 6 次。

⑧ 按照容量和能量测试方法测试容量和能量。

⑨ 计算总放电能量与蓄电池初始能量的比值。

⑩ 重复步骤①～⑨，直至总放电能量与蓄电池初始能量的比值达 500。

纯电动商用车用能量型蓄电池的工况循环寿命的测试要求是：总放电能量与蓄电池初始能量的比值达到 500 时，计算放电容量。

有关动力蓄电池包和系统的测试，可参见《电动汽车用锂离子动力蓄电池包和系统　第 1 部分：高功率应用测试规程》（GB/T 31467.1—2015）、《电动汽车用锂离子动力蓄电池包和系统　第 2 部分：高能量应用测试规程》（GB/T 31467.2—2015）和《电动汽车用动力蓄电池安全要求》（GB 38031—2020）。

第六节　动力蓄电池匹配

动力蓄电池是纯电动汽车的能量来源，纯电动汽车所有的能量消耗都来自动力蓄电池。因此所选择的动力蓄电池的类型、质量和各种技术参数都会影响纯电动汽车的整车性能，是纯电动汽车的关键部件之一。

一、动力蓄电池的匹配原则

动力蓄电池类型的选择要符合纯电动汽车的运行要求。纯电动汽车要求动力蓄电池具有较高的比能量和比功率，以满足纯电动汽车续驶里程和动力性的要求，同时也希望动力蓄电池具有与汽车使用寿命相当的充放电循环寿命，拥有高效率、良好的性价比以及免维护特性。目前可用于纯电动汽车的动力蓄电池主要是锂离子蓄电池。

动力蓄电池的电压等级要与驱动电机电压等级相一致且满足驱动电机电压变化的要求。同时，由于电动空调、电动真空泵和电动转向助力泵等附件也消耗一定的电能，所以动力蓄电池组的总电压要大于驱动电机的额定电压。

动力蓄电池一般有能量型与功率型两种，为满足纯电动汽车的行驶要求，应采用能量型动力蓄电池，匹配时主要考查动力蓄电池的能量，即动力蓄电池应具有较大的容量，以增加纯电动汽车的续驶里程。动力蓄电池容量与其功率成正比，容量越大，其输出的功率越大，所以其输出功率均能满足整车电力系统的要求，因此主要是根据其续驶里程来确定动力蓄电池容量，并且确定的动力蓄电池容量还须符合市场现有产品的标准，通过对现有产品反复验证进行设计。

二、动力蓄电池的参数匹配

动力蓄电池的参数匹配主要包括蓄电池能量或容量、蓄电池数目、蓄电池电压等参数。

纯电动汽车动力蓄电池的参数匹配分两种情况：一种是根据等速（60km/h）工况的续驶里程进行匹配；另一种是根据循环工况法（NEDC）的续驶里程进行匹配。

1. 根据等速（60km/h）工况的续驶里程进行匹配

动力蓄电池组是由一个或多个蓄电池模块组成的单一机械总成；蓄电池模块是一组相连的单体蓄电池的组合；单体蓄电池是构成蓄电池的最小单元，一般由正极、负极和电解质等组成。

（1）动力蓄电池组容量　动力蓄电池组容量取决于纯电动汽车的续驶里程，动力蓄电池组容量越大，纯电动汽车续驶里程越长，但整车重量和成本随之增加。因此合理匹配动力蓄电池组的容量可大大提高整车的性能。

纯电动汽车在水平路面上巡航行驶所消耗的功率为

$$P_{md} = \frac{u_d}{3600\eta_t}\left(mgf + \frac{C_D A u_d^2}{21.15}\right) \tag{2-12}$$

式中，P_{md} 为纯电动汽车巡航行驶时所消耗的功率；u_d 为纯电动汽车巡航行驶速度；m 为纯电动汽车整车重量；f 为滚动阻力系数；η_t 为传动系统效率；C_D 为风阻系数；A 为迎风面积。

动力蓄电池组能量应满足

$$E_z \geqslant \frac{mgf + \frac{C_D A u_d^2}{21.15}}{3600\xi_{SOC}\eta_t\eta_e\eta_d(1-\eta_a)}S \tag{2-13}$$

式中，E_z 为动力蓄电池组能量；ξ_{SOC} 为蓄电池放电深度；η_e 为驱动电机及控制器整体效率，是指驱动电机转轴输出功率除以控制器输入功率乘以100%；η_d 为蓄电池放电效率；η_a 为汽车附件能量消耗比例系数；S 为纯电动汽车等速（60km/h）续驶里程。

动力蓄电池组能量与容量的关系为

$$E_z = \frac{U_z C_z}{1000} \tag{2-14}$$

式中，U_z 为动力蓄电池组电压；C_z 为动力蓄电池组容量。

动力蓄电池组容量应满足

$$C_z \geqslant \frac{mgf + \frac{C_D A u_d^2}{21.15}}{3600\xi_{SOC}\eta_t\eta_e\eta_d(1-\eta_a)U_z}S \tag{2-15}$$

（2）动力蓄电池模块数目　动力蓄电池模块数目必须满足驱动电机供电、纯电动汽车行驶时所需的峰值功率和续驶里程的要求。

动力蓄电池组的最低工作电压应能满足驱动电机系统的最小工作电压，由此需要的动力蓄电池模块数目为

$$N_1 \geqslant \frac{U_{e\min}}{U_{zd}} \tag{2-16}$$

式中，N_1 为满足驱动电机系统最小工作电压所需要的动力蓄电池模块数目；$U_{e\min}$ 为驱动电机的最小工作电压；U_{zd} 为动力蓄电池组单体模块电压。

满足纯电动汽车行驶时所需的峰值功率要求的动力蓄电池模块数目为

$$N_2 = \frac{P_{e\max}}{P_{b\max} \eta_e N_0} \tag{2-17}$$

式中，N_2 为满足驱动电机峰值功率要求的动力蓄电池模块数目；$P_{b\max}$ 为单体蓄电池最大输出功率；N_0 为蓄电池模块所包含的单体蓄电池的数目。

单体蓄电池最大输出功率为

$$P_{b\max} = \frac{2U_b^2}{9R_{b0}} \tag{2-18}$$

式中，U_b 为单体蓄电池开路电压；R_{b0} 为单体蓄电池等效内阻。

满足纯电动汽车续驶里程要求的蓄电池模块数目为

$$N_3 = \frac{1000SP_{md}}{v_0 \eta_e U_{zd} C_z} \tag{2-19}$$

式中，N_3 为满足电动汽车续驶里程要求的蓄电池模块数目。

实际蓄电池组模块数量为

$$N_z \geqslant \max\{N_1 \quad N_2 \quad N_3\} \tag{2-20}$$

式中，N_z 为实际蓄电池组模块数目。

2. 根据循环工况法（NEDC）的续驶里程进行匹配

以 NEDC 循环工况为例进行说明。NEDC 循环工况主要包括匀速行驶、加速行驶和减速行驶。

NEDC 循环工况由 4 个市区基本循环和 1 个市郊循环组成，理论试验距离为 11.022km，试验时间为 1180s，如图 2-44 所示。图中① 0～780s 代表市区循环；② 780～1180s 代表市郊循环；③代表市区基本循环。

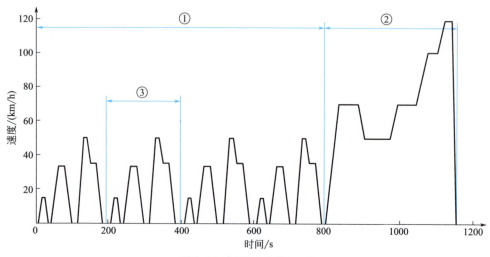

图 2-44 NEDC 循环工况

市区基本循环如图 2-45 所示。

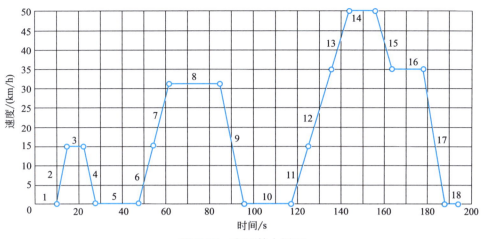

图 2-45 市区基本循环

市区基本循环试验参数见表 2-11。

表 2-11 市区基本循环试验参数

运转次序	操作状态	工况序号	加速度/(m/s²)	速度/(km/h)	操作时间/s	工况时间/s	累计时间/s
1	停车	1	0	0	11	11	11
2	加速	2	1.04	0→15	4	4	15
3	等速	3	0	15	8	8	23
4	减速	4	-0.83	15→0	5	5	28
5	停车	5	0	0	21	21	49
6	加速	6	0.69	0→15	6	12	55
7	加速	6	0.79	15→32	6	12	61
8	等速	7	0	32	24	24	85
9	减速	8	-0.81	32→0	11	11	96
10	停车	9	0	0	21	21	117
11	加速	10	0.69	0→15	6	26	123
12	加速	10	0.51	15→35	11	26	134
13	加速	10	0.46	35→50	9	26	143
14	等速	11	0	50	12	12	155
15	减速	12	-0.52	50→35	8	8	163
16	等速	13	0	35	15	15	178
17	减速	14	-0.97	35→0	10	10	188
18	停车	15	0	0	7	7	195

一个市区基本循环时间是195s，其中停车60s，占30.77%；加速42s，占21.54%；等速59s，占30.26%；减速34s，占17.44%。一个市区基本循环的理论行驶距离是1017m；平均车速为18.77km/h。

市郊循环如图2-46所示。

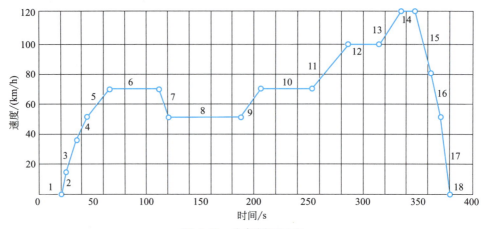

图 2-46 市郊循环工况

市郊循环试验参数见表2-12。

表 2-12 市郊循环试验参数

运转次序	操作状态	工况序号	加速度/(m/s²)	速度/(km/h)	操作时间/s	工况时间/s	累计时间/s
1	停车	1	0	0	20	20	20
2	加速	2	0.69	0→15	6	41	26
3	加速		0.51	15→35	11		37
4	加速		0.42	35→50	10		47
5	加速		0.40	50→70	14		61
6	等速	3	0	70	50	50	111
7	减速	4	-0.69	70→50	8	8	119
8	等速	5	0	50	69	69	188
9	加速	6	0.43	50→70	13	13	201
10	等速	7	0	70	50	50	251
11	加速	8	0.24	70→100	35	35	286
12	等速	9	0	100	30	30	316
13	加速	10	0.28	100→120	20	20	336
14	等速	11	0	120	10	10	346
15	减速	12	-0.69	120→80	16	34	362
16	减速		-1.04	80→50	8		370
17	减速		-1.39	50→0	10		380
18	停车	13	0	0	20	20	400

一个市郊循环时间是400s，其中停车40s，占10%；加速109s，占27.25%；等速209s，占52.25%；减速42s，占10.50%。一个市郊循环的理论行驶距离是6956m；平均车速为62.60km/h。

满足纯电动汽车匀速行驶动力蓄电池所需能量为

$$E_{m_4} = \frac{mgf + \dfrac{C_D A u^2}{21.15}}{3600\eta_t} S_d \qquad (2-21)$$

式中，E_{m_4} 为纯电动汽车在水平路面上匀速行驶的能量需求；S_d 为纯电动汽车匀速行驶的续驶里程。

纯电动汽车在水平路面上加（减）速行驶工况的功率需求为

$$P_{m_5} = \frac{u(t)}{3600\eta_t}\left[mgf + \frac{C_D A u^2(t)}{21.15} + \delta m a_j\right] \qquad (2-22)$$

式中，P_{m_5} 为纯电动汽车加（减）速行驶工况的功率需求；$u(t)$ 为纯电动汽车行驶速度；δ 为纯电动汽车旋转质量换算系数；a_j 为纯电动汽车加（减）速度。

纯电动汽车行驶速度为

$$u(t) = u_0 + 3.6 a_j t \qquad (2-23)$$

式中，u_0 为起始速度；t 为加速时间。

纯电动汽车加（减）速行驶工况的能量需求为

$$E_{m_5} = \frac{P_{m_5} S_j}{u(t)} \qquad (2-24)$$

式中，E_{m_5} 为纯电动汽车加（减）速行驶工况的能量需求；S_j 为纯电动汽车加（减）速行驶里程。

纯电动汽车加（减）速行驶里程为

$$S_j = \frac{u_j^2 - u_0^2}{25920 a_j} \qquad (2-25)$$

式中，u_j 为加速终了速度。

市区基本循环试验参数及能量需求见表2-13。利用式（2-21）～式（2-25），可以求出表2-13中的能量需求。

表2-13 市区基本循环试验参数及能量需求

运转次序	操作状态	加速度/(m/s²)	速度/(km/h)	操作时间/s	能量需求/kW·h
1	停车	0	0	11	0
2	加速	1.04	0→15	4	
3	等速	0.00	15	8	
4	减速	-0.83	15→0	5	
5	停车	0.00	0	21	0

续表

运转次序	操作状态	加速度/(m/s²)	速度/(km/h)	操作时间/s	能量需求/kW·h
6	加速	0.69	0→15	6	
7	加速	0.79	15→32	6	
8	等速	0.00	32	24	
9	减速	-0.81	32→0	11	
10	停车	0.00	0	21	0
11	加速	0.69	0→15	6	
12	加速	0.51	15→35	11	
13	加速	0.46	35→50	9	
14	等速	0.00	50	12	
15	减速	-0.52	50→35	8	
16	等速	0.00	35	15	
17	减速	-0.97	35→0	10	
18	停车	0.00	0	7	0

根据表2-13中的能量需求，可得在一个市区基本循环中，为维护纯电动汽车匀速行驶和加速行驶，动力蓄电池需要输出的能量；纯电动汽车制动时，制动产生的能量中可供动力蓄电池使用的能量，再考虑制动能量回收率，则可求出纯电动汽车完成一个标准市区基本循环运行，动力蓄电池必须提供的能量；再乘以4，就可以得到纯电动汽车完成4个标准市区基本循环运行，动力蓄电池必须提供的能量。

市郊循环试验参数及能量需求见表2-14。利用式（2-21）～式（2-25），可以求出表2-14中的能量需求。

表2-14 市郊循环试验参数及能量需求

运转次序	操作状态	加速度/(m/s²)	速度/(km/h)	操作时间/s	能量需求/kW·h
1	停车	0	0	20	0
2	加速	0.69	0→15	6	
3	加速	0.51	15→35	11	
4	加速	0.42	35→50	10	
5	加速	0.40	50→70	14	
6	等速	0	70	50	
7	减速	-0.69	70→50	8	
8	等速	0	50	69	

续表

运转次序	操作状态	加速度/(m/s²)	速度/(km/h)	操作时间/s	能量需求/kW·h
9	加速	0.43	50→70	13	
10	等速	0	70	50	
11	加速	0.24	70→100	35	
12	等速	0	100	30	
13	加速	0.28	100→120	20	
14	等速	0	120	10	
15	减速	-0.69	120→80	16	
16	减速	-1.04	80→50	8	
17	减速	-1.39	50→0	10	
18	停车	0	0	20	0

根据表 2-14 中的能量需求，可得在市郊工况循环中，为维护纯电动汽车匀速行驶和加速行驶，动力蓄电池需要输出的能量；纯电动汽车制动时，制动产生的能量中可供动力蓄电池使用的能量，再考虑制动能量回收率，则可求出纯电动汽车完成市郊循环运行，动力蓄电池必须提供的能量。

纯电动汽车完成 NEDC 循环运行，动力蓄电池必须提供的能量 E_m 等于纯电动汽车完成 4 个标准市区基本循环运行动力蓄电池必须提供的能量 + 纯电动汽车完成市郊循环运行动力蓄电池必须提供的能量。

如图 2-47 所示为某纯电动汽车一个 NEDC 循环所需要的动力蓄电池能量。

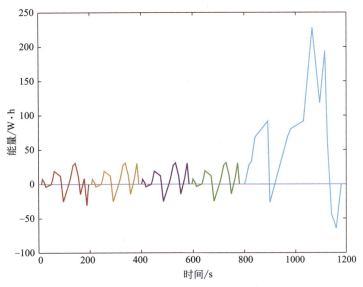

图 2-47　某纯电动汽车一个 NEDC 循环所需要的动力电池能量

纯电动汽车一个 NEDC 循环的行驶距离为 11.022km，假设要求纯电动汽车循环工

况续驶里程为 S（km），则动力蓄电池至少需要配置的能量为

$$E_z = \frac{SE_m}{11.022} \qquad (2\text{-}26)$$

动力蓄电池满足 NEDC 循环工况续驶里程至少需要配置的容量为

$$C_z = \frac{1000SE_m}{11.022U_z} \qquad (2\text{-}27)$$

实际纯电动汽车动力蓄电池匹配时，除了要考虑车辆附件的功率需求外，还要考虑传动系统效率、驱动电机效率、蓄电池放电效率、蓄电池放电深度等。一般在理论数值的基础上加 10%～20% 的余量，以确保匹配的动力蓄电池能充分满足纯电动汽车的续驶里程要求。

如果纯电动汽车的技术指标中既有 NEDC 工况续驶里程的要求，又有等速工况续驶里程的要求，则动力蓄电池容量需求取两者的最大值。

第七节 蓄电池管理系统

电动汽车动力蓄电池是由成百上千个单体蓄电池组合而成的，必须对这些单体蓄电池进行管理，才能发挥最大的作用。

一、蓄电池管理系统的定义

蓄电池管理系统（Battery Management System，BMS）是连接动力蓄电池和电动汽车的重要纽带，其精准的控制和管理为动力蓄电池的完美应用保驾护航，如图 2-48 所示。

图 2-48　蓄电池管理系统实物

蓄电池管理系统（BMS）是指监视蓄电池的状态（电压、电流、温度、荷电状态等），可以为蓄电池提供通信、安全、电芯均衡及管理控制，并提供与应用设备通信接

口的系统。蓄电池管理系统通过控制蓄电池的充放电过程，实现对蓄电池的保护，提升蓄电池综合性能，它在电动汽车上的位置如图2-49所示。

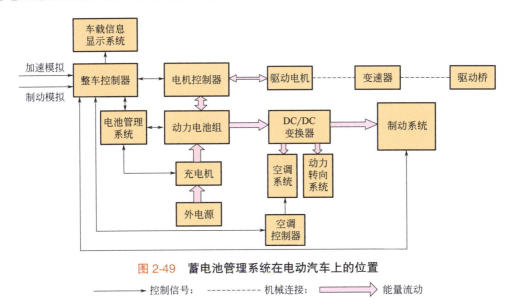

图2-49　蓄电池管理系统在电动汽车上的位置

蓄电池管理系统和动力蓄电池组一起组成蓄电池包整体，与蓄电池管理系统有通信关系的两个部件分别是整车控制器和充电机。蓄电池管理系统向上通过CAN（Controller Area Network，控制器局域网络）总线与电动汽车整车控制器通信，上报蓄电池包状态参数，接收整车控制器指令，配合整车需要，确定功率输出；向下监控整个蓄电池包的运行状态，保护蓄电池包不受过放、过热等非正常运行状态的侵害，充电过程中，与充电机交互，管理充电参数，监控充电过程正常完成。

二、蓄电池管理系统的组成

蓄电池管理系统主要由检测模块、均衡电源模块和控制模块三部分组成，如图2-50所示。

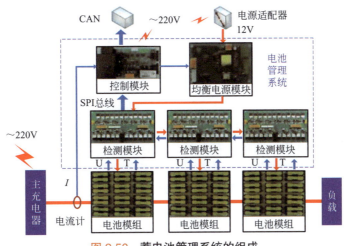

图2-50　蓄电池管理系统的组成

1. 检测模块

检测模块能够对蓄电池组中各单体蓄电池的电压、电流、温度等关键状态参数进行准确和实时的检测，并通过串行外设接口（Serial Peripheral Interface，SPI）总线上报给控制模块。

2. 均衡电源模块

均衡电源模块能够平衡单体蓄电池间的电压差异，解决蓄电池组"短板效应"。

3. 控制模块

控制模块能够根据既定策略完成控制功能，实现 SOC 估计，同时将蓄电池状态数据通过 CAN 总线发送给整车其他的电子控制单元。

蓄电池管理系统和动力蓄电池组一起组成蓄电池包整体，与蓄电池管理系统有通信关系的两个部件分别是整车控制器和充电机。蓄电池管理系统向上通过 CAN 总线与电动汽车整车控制器通信，上报蓄电池包状态参数；接收整车控制器指令，配合整车需要，确定功率输出；向下监控整个蓄电池包的运行状态，保护蓄电池包不受过放、过热等非正常运行状态的侵害；充电过程中，与充电机交互，管理充电参数，监控充电过程正常完成。

如图 2-51 所示为某电动汽车的动力蓄电池组及其蓄电池管理系统。

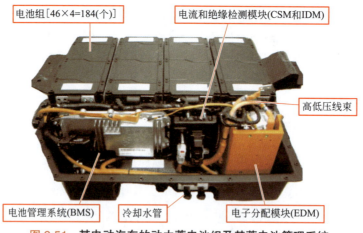

图 2-51　某电动汽车的动力蓄电池组及其蓄电池管理系统

三、蓄电池管理系统的功能

蓄电池管理系统包括以下功能。

（1）蓄电池参数检测　蓄电池参数检测包括总电压、总电流、单体蓄电池电压检测（防止出现过充、过放甚至反极现象）、温度检测（最好每串蓄电池、关键电缆接头等均有温度传感器）、烟雾探测（监测电解液泄漏等）、绝缘检测（监测漏电）、碰撞检测等。

（2）蓄电池状态估计　蓄电池状态包括荷电状态（State of Charge，SOC）或放电深度（Depth of Discharge，DOD）、健康状态（State of Health，SOH）、功能状态（State of Function，SOF）、能量状态（State of Energy，SOE）、故障及安全状态（Safety of Status，SOS）等。

（3）充电控制　BMS 中有一个充电管理模块，它能够根据蓄电池的特性、温度高低以及充电机的功率等级，控制充电机给蓄电池进行安全充电。

（4）热管理　根据蓄电池组内温度分布信息及充放电需求，决定主动加热/散热的强度，使得蓄电池尽可能工作在最适合的温度，充分发挥蓄电池的性能。

（5）蓄电池均衡　蓄电池不一致分为容量不一致、电阻不一致和电压不一致。特别是容量不一致性的存在，使得蓄电池组的容量小于组中最小单体蓄电池的容量。蓄电池均衡根据单体蓄电池信息，采用主动或被动、耗散或非耗散等均衡方式，尽可能使蓄电池组容量接近于最小单体蓄电池的容量。

（6）在线故障诊断　在线故障诊断包括故障检测、故障类型判断、故障定位、故障信息输出等。故障检测是指通过采集到的传感器信号，采用诊断算法诊断故障类型，并进行早期预警。蓄电池故障是指蓄电池组、高压电回路、热管理等各个子系统的传感器故障，执行器故障（如接触器、风扇、泵、加热器等），以及网络故障、各种控制器软硬件故障等。蓄电池组本身故障是指过压（过充）、欠压（过放）、过电流、超高温、内短路、接头松动、电解液泄漏、绝缘能力降低等。

（7）蓄电池安全控制与报警　蓄电池安全控制包括热系统控制、高压电安全控制。BMS 诊断到故障后，通过网络通知整车控制器，并要求整车控制器进行有效处理（超过一定阈值时 BMS 也可以切断主回路电源），以防止高温、低温、过充、过放、过电流、漏电等对蓄电池和人身的损害。

（8）网络通信　BMS 需要与整车控制器等网络节点通信；同时，BMS 在车辆上拆卸不方便，需要在不拆壳的情况下进行在线标定、监控、自动代码生成和在线程序下载（程序更新而不拆卸产品）等，一般的车载网络均采用 CAN 总线技术。

（9）信息存储　用于存储关键数据，如 SOC、SOH、SOF、SOE、累积充放电安时数、故障码和一致性等。

（10）电磁兼容　由于电动汽车使用环境恶劣，要求 BMS 具有好的抗电磁干扰能力，同时要求 BMS 对外辐射小。

蓄电池管理系统的具体组成和功能应以实际车型的蓄电池管理系统为准。电动汽车中的真实 BMS 可能只有上面提到的部分功能。

四、蓄电池管理系统的要求

蓄电池管理系统的要求分为一般要求和技术要求。

1. 一般要求

① 蓄电池管理系统应能检测蓄电池电和热相关的数据，至少应包括蓄电池单体或者蓄电池模块的电压、蓄电池组回路电流和蓄电池包内部温度等参数。

② 蓄电池管理系统应能对动力蓄电池的荷电状态、最大充放电电流（或者功率）等状态参数进行实时估算。

③ 蓄电池管理系统应能对蓄电池系统进行故障诊断，并可以根据具体故障内容进行相应的故障处理，如故障码上报、实时警示和故障保护等。

④ 蓄电池管理系统应有与车辆的其他控制器基于总线通信方式的信息交互功能。

⑤ 蓄电池管理系统应用在具有可外接充电功能的电动汽车上时，应能通过与车载充电机或者非车载充电机的实时通信，或者其他信号交互方式实现对充电过程的控制和管理。

2. 技术要求

（1）绝缘电阻　蓄电池管理系统与动力蓄电池相连的带电部件和其壳体之间的绝缘电阻值应不小于 $2M\Omega$。

（2）绝缘耐压性能　蓄电池管理系统应能经受规定要求的绝缘耐压性能试验，在试验过程中应无击穿或闪络等破坏性放电现象。

（3）状态参数测量精度　蓄电池管理系统所检测状态参数的测量精度要求见表 2-15。

表 2-15　蓄电池管理系统所检测状态参数的测量精度要求

参数	总电压值	电流值	温度值	单体（模块）电压值
精度要求	≤ ±2% FS	≤ ±3% FS	≤ ±2℃	≤ ±0.5% FS

注：应用在具有可外接充电功能的电动汽车上时，电流值精度同时应满足小于或等于 ±1.0A（当电流值小于 30A 时）。

（4）SOC 值估算精度　SOC 值估算精度要求不大于 10%。按照规定方法进行试验后，分别比较在不同 SOC 值范围内蓄电池管理系统上报的 SOC 值与 SOC 测试真值的偏差。

（5）蓄电池故障诊断　蓄电池管理系统对于蓄电池系统进行故障诊断的基本项目和可扩展项目分别见表 2-16 及表 2-17。表 2-16 中所列的故障诊断项目是基本要求。根据整车功能设计和蓄电池系统的具体需要，蓄电池管理系统的具体诊断内容可以不限于表 2-16 和表 2-17 所列项目。

表 2-16　蓄电池管理系统故障诊断基本要求项目

序号	故障状态	蓄电池管理系统的故障诊断项目①
1	蓄电池温度大于温度设定值 1	蓄电池温度高
2	蓄电池温度小于温度设定值 2	蓄电池温度低
3	单体（模块）电压大于电压设定值 1	单体（模块）电压高
4	单体（模块）电压小于电压设定值 2	单体（模块）电压低
5	单体（模块）一致性偏差大于设定条件	单体（模块）一致性偏差大②
6	充电电流（功率）大于最大充电电流（功率）值	充电电流（功率）大
7	放电电流（功率）大于最大放电电流（功率）值	放电电流（功率）大

①制造商可以自行规定故障项目的具体名称、故障等级划分以及相关故障条件的设定值。
②蓄电池系统具有均衡功能时，该项目不作为基本要求项目。

表 2-17 蓄电池管理系统可扩展的故障诊断项目

序号	故障状态	蓄电池管理系统的故障诊断项目
1	蓄电池温度大于温度设定值 1	绝缘薄弱
2	SOC 值大于 SOC 设定值 1	SOC 高
3	SOC 值小于 SOC 设定值	SOC 低
4	总电压小于总电压设定值 1（与放电电流、温度等参数有关）	总电压低
5	总电压大于总电压设定值 2（与充电电流、温度等参数有关）	总电压高
6	外部通信接口电路故障	外部通信接口故障
7	内部通信接口电路故障	内部通信接口故障
8	蓄电池系统内部温度差大于温度差设定值	蓄电池系统温差大
9	内部通信总线脱离	内部通信网络故障
10	蓄电池连接电阻大于电阻设定值（或者其他等效的判断条件）	蓄电池连接松动

（6）过电压运行　蓄电池管理系统应能在规定的过电压下正常工作，且满足规定状态参数测量精度的要求。

（7）欠电压运行　蓄电池管理系统应能在规定的欠电压下正常工作，且满足规定状态参数测量精度的要求。

（8）高温运行　蓄电池管理系统应能经受规定的高温运行试验，在试验过程中及试验后应能正常工作，且满足规定状态参数测量精度的要求。

（9）低温运行　蓄电池管理系统应能经受规定的低温运行试验，在试验过程中及试验后应能正常工作，且满足规定状态参数测量精度的要求。

（10）耐高温性能　蓄电池管理系统应能经受规定的高温试验，在试验后应能正常工作，且满足规定状态参数测量精度的要求。

（11）耐低温性能　蓄电池管理系统应能经受规定的低温试验，在试验后应能正常工作，满足规定状态参数测量精度的要求。

（12）耐温度变化性能　蓄电池管理系统应能经受规定的温度变化试验，在试验后应能正常工作，满足规定状态参数测量精度的要求。

（13）耐盐雾性能　蓄电池管理系统应能经受规定的盐雾试验，在试验后应能正常工作，且满足规定状态参数测量精度的要求。厂家如果能够证明蓄电池电子部件或蓄电池控制单元实车安装在车辆内部或者具备防尘、防水条件的蓄电池包内部，可不要求该零部件进行耐盐雾性能试验。试验条件的差异性内容需在试验报告中说明。

（14）耐湿热性能　蓄电池管理系统应能经受规定的湿热试验，在试验后应能正常工作，且满足规定状态参测量精度的要求。

（15）耐振动性能　蓄电池管理系统应能经受规定的振动试验，在试验后应能正常工作，且满足规定状态参数测量精度的要求。

(16) 耐电源极性反接性能　蓄电池管理系统应能经受规定的电源极性反接试验，在试验后应能正常工作，且满足规定状态参数测量精度的要求。

(17) 电磁辐射抗扰性　蓄电池管理系统按规定进行电磁辐射抗扰性试验，在试验过程中及试验后应能正常工作，且满足规定状态参数测量精度的要求。

五、蓄电池管理系统的工作模式

蓄电池管理系统的工作模式主要有下电模式、待机模式、放电模式、充电模式、故障模式等。

（1）下电模式　下电模式是整个系统的低压与高压部分处于不工作状态的模式。在下电模式下，BMS控制的所有高压接触器均处于断开状态；低压控制电源处于不供电的状态。下电模式属于省电模式。

（2）待机模式　BMS在此模式下不处理任何数据，能耗极低，能快速启动。准备模式下，系统所有的接触器均处于未吸合状态。在该模式下，系统可接受外界的点火锁、整车控制器、电机控制器、充电插头开关等部件发出的硬线信号或受CAN报文控制的低压信号来驱动各高压接触器，从而使BMS进入所需工作模式。

（3）放电模式　BMS在待机模式下检测放电WAKEUP信号后，接收整车控制器发来的动力蓄电池运行状态指令和接触器的动作指令，并执行相关指令，完成BMS上电及预充电流程，进入放电模式。

（4）充电模式　当BMS检测充电唤醒信号时，系统即进入充电模式。在该模式下主正、主负继电器闭合，同时为保证低压控制电源持续供电，DC/DC变换器需处于工作状态。

（5）故障模式　BMS在任何模式下检测到故障，均进入故障模式，同时上报故障状态和相关故障码。故障模式是控制系统中常出现的一种状态。由于电动汽车动力蓄电池的使用关系到用户的人身安全，因而系统对于各种相应模式总是采取安全第一的原则。BMS对于故障的响应还需根据故障等级而定，当其故障级别较低时，系统可采取报错或发出轻微报警信号的方式告知驾驶员；而当故障级别较高，甚至伴随有危险时，系统采取直接断开高压接触器的控制策略。

六、动力蓄电池的热管理

电动汽车自燃是非常大的安全隐患。产生电动汽车自燃的重要原因之一就是动力蓄电池，因此动力蓄电池的热管理非常重要，如果温度过高，会影响蓄电池的寿命和安全性，应将动力蓄电池的温度保持在20～35℃之间。

电动汽车对动力蓄电池的热管理具有以下要求。

① 保证单体蓄电池最适宜的工作温度范围，避免单体蓄电池整体或局部温度过高，能够使蓄电池在高温环境中有效散热，低温环境中迅速加热或保温。

② 减小单体蓄电池尤其是大尺寸单体蓄电池内部不同部位的温度差异，保证单体蓄电池温度分布均匀。

③ 满足电动汽车轻量化、紧凑性的具体要求，安装和维护方便，可靠性好且成本

低廉。

④ 有害气体产生时的有效通风,以及与温度等相关参数相一致的热测量与监控。

动力蓄电池的冷却主要分为风冷和液冷两大类。

风冷的典型代表是日产聆风(Leaf)纯电动汽车,采用鼓风机(专门为动力蓄电池冷却用)驱动空气,通过空调制冷系统的蒸发器后变成冷风,再去冷却动力蓄电池,如图 2-52 所示。该技术比较成熟,由于空气的比热容较小,带走的热量较少,主要适用于动力蓄电池散热量较小的情况。

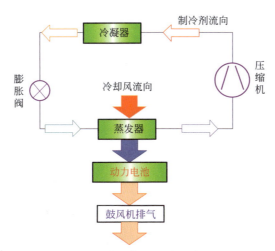

图 2-52 动力蓄电池的风冷原理

如图 2-53 所示为采用风冷式的某电动汽车动力蓄电池组。

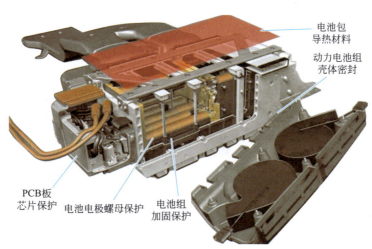

图 2-53 采用风冷式的某电动汽车动力蓄电池组

冷却液冷却的典型代表是特斯拉纯电动汽车,在整个空调系统上添加中间换热器,中间换热器内部有两个流道,一个流道内部流动的是冷却液,另一个流道流动的是制冷剂,两者进行热交换。冷却液经过换热后变成低温冷却液流入动力蓄电池中,对动力蓄电池进行冷却,如图 2-54 所示。目前该冷却技术比较成熟,获得广泛应用。由于冷却液的比容积大,因此能够带走更多的散热量,主要针对大容量的动力蓄电池。

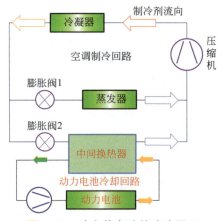

图 2-54　动力蓄电池的液冷原理

如图 2-55 所示为某纯电动汽车动力蓄电池的热管理示意。当蓄电池温度过高时，开启蓄电池冷却器，对蓄电池进行冷却；当蓄电池温度过低时，开启热交换器，对蓄电池进行加热。

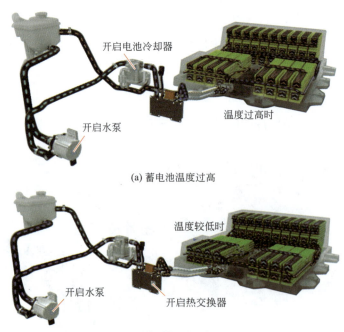

(a) 蓄电池温度过高

(b) 蓄电池温度过低

图 2-55　某纯电动汽车动力蓄电池的热管理示意

七、动力蓄电池的不一致性

动力蓄电池作为电动汽车的动力电源使用时，由于高功率、大容量的要求，单体锂离子蓄电池并不能满足要求，所以需要对锂离子蓄电池进行串、并联组合使用。然而，单体蓄电池之间的不一致性常常造成蓄电池组在循环过程中出现容量衰减过快、寿命较短等问题。选择性能尽可能一致的单体蓄电池用来成组，对锂离子蓄电池在动力蓄电池中的推广应用具有重要意义。

1. 不一致性的定义

锂离子蓄电池组的不一致性是指同一规格型号的单体蓄电池组成蓄电池组后，其电压、电量、容量及其衰退率、内阻及其变化率、寿命、温度、自放电率等参数存在一定的差别。

单体蓄电池在制造出来后，初始性能本身存在一定差异。随着蓄电池的使用，这些性能差异不断累积，同时由于各单体蓄电池在蓄电池组内的使用环境不完全相同，也导致了单体蓄电池的不一致性逐步放大，从而加速蓄电池性能衰减，并最终引发蓄电池组过早失效。

2. 不一致性的分类

蓄电池不一致性主要分为容量不一致性、电压不一致性和电阻不一致性。

（1）容量不一致性　容量不一致性主要包括初始容量不一致性和实际容量不一致性。

初始容量不一致性是指蓄电池组在出厂前的分选试验后单体蓄电池的初始容量不一致。蓄电池初始容量与蓄电池衰减特性有关，受蓄电池储存温度、荷电状态等因素影响。尽管蓄电池在出厂前的分选试验可以较好地保证单体蓄电池初始容量的一致性，但是初始容量不一致并不是电动汽车蓄电池成组应用的主要矛盾，因为在使用过程中可以通过单体蓄电池单独充放电来调整单体蓄电池的初始容量。

实际容量不一致性是指蓄电池在放电过程中所剩余的电量不相等。蓄电池的实际容量不一致主要与蓄电池的初始容量、放电电流和单体蓄电池内阻等有关。蓄电池实际容量还显著受到蓄电池循环次数影响，越接近蓄电池寿命周期后期，实际容量不一致性就越明显。

（2）电压不一致性　电压不一致性的主要影响在于并联组中蓄电池的互充电，当并联组中一节蓄电池电压低时，其他蓄电池将给电压低的蓄电池充电。在这种连接方式下，较低电压蓄电池的容量小幅增加的同时，较高电压蓄电池的容量将急剧下降，能量将损耗在互充电过程中而达不到预期的对外输出。若低电压蓄电池和正常蓄电池一起使用，将成为蓄电池组的负载，影响其他蓄电池的工作，进而影响整个蓄电池组的寿命。因此，在蓄电池组不一致性明显增加的深放电阶段，不能再继续使用低压蓄电池，否则会造成低容量蓄电池过放电，影响蓄电池的使用寿命。

（3）内阻不一致性　蓄电池内阻不一致使得蓄电池组中每个单体蓄电池在放电过程中热损失的能量不一样，最终影响单体蓄电池的能量状态。

3. 提高蓄电池不一致性的途径

蓄电池组的一致性是相对的，不一致性是绝对的。提高蓄电池不一致性的途径主要有生产过程的控制、配组过程的控制、使用和维护过程的控制。

（1）生产过程的控制　生产过程的控制主要从原材料和生产工艺两方面进行。原材料方面尽量选取同一批次的原材料，保证原材料颗粒大小、性能的一致性。生产工艺上要对整个生产过程进行严格的调控，例如保证浆料搅拌均匀、不长时间放置，控制涂布机的走速，保证涂布的厚度、均匀度，极片外观检查、称重分档，控制注液量及化成、分容、储存条件等。

(2) 配组过程的控制　配组过程的控制主要是指对蓄电池进行分选，蓄电池组采用统一类型、统一规格、统一型号的蓄电池，并且要对蓄电池的电压、容量、内阻等进行测定，保证蓄电池初始性能的一致性。

(3) 使用和维护过程的控制　对蓄电池进行实时监控。配组时对蓄电池进行一致性筛选，可保证在蓄电池组使用初期的一致性。在使用过程中对蓄电池进行实时监控，可实时观察到使用过程中的一致性问题。也可以进行实时监控，对极端参数蓄电池进行及时调整或者更换，保证蓄电池组的不一致性不会随时间而扩大。

(4) 引入均衡管理系统　采用适当的均衡策略和均衡电路对蓄电池进行智能管理。目前常见的均衡策略包括基于外电压的均衡策略、基于SOC的均衡策略和基于容量的均衡策略。而均衡电路按能量消耗方式可以分为被动均衡和主动均衡。其中主动均衡能够实现蓄电池间的无损能量流动，是国内外研究的热点。主动均衡中常用的方法有电池旁路法、开关电容法、开关电感法、DC/DC变换法等。

(5) 对蓄电池进行热管理　对蓄电池进行热管理除了尽量将蓄电池组的工作温度保持在最优的范围之内外，还要尽量保证单体蓄电池之间温度条件的一致，从而有效地保证各单体蓄电池之间的性能一致性。采用合理的控制策略，在输出功率允许的情况下，尽量减小蓄电池放电深度，同时避免蓄电池的过充电，可延长蓄电池组的循环寿命。加强对蓄电池组的维护，间隔一定时间对蓄电池组进行小电流维护性充电，还要注意清洁。

总之，提高蓄电池的一致性是一个系统全面的工程，需要从蓄电池的设计、生产、质量控制、应用、维护等多方面共同考虑。

4. 锂离子蓄电池配组方法

锂离子蓄电池配置方法主要有电压配组法、静态容量配组法、内阻配组法、多参数配组法和动态特性配组法。

(1) 电压配组法　电压配组法可分为静态电压配组法和动态电压配组法。静态电压配组法又叫做空载配组法，不带负载，只考虑蓄电池本身，测量被筛选单体蓄电池在静置数十天后满电荷状态储存的自放电率以及满荷电状态下不同储存期内蓄电池的开路电压，此方法操作最简单，但不准确。动态电压配组法考察蓄电池带负载时的电压情况，但没有考虑到负载变化等因素，因此也不准确。

(2) 静态容量配组法　静态容量配组法是在设定的条件下对蓄电池进行充放电，由放电电流和放电时间来计算容量，按容量大小对蓄电池进行配组。这种方法简便易行，但它只能反映蓄电池在特定条件容量相同，不能说明蓄电池的完整工作特性，有一定的局限性。

(3) 内阻配组法　内阻配组法主要考虑单体蓄电池的内阻，这种方法能够实现快速测量，但是因为蓄电池的内阻会随放电过程的进行而改变，要进行内阻的准确测定有一定的难度。

(4) 多参数配组法　多参数配组法是同时考虑容量、内阻、电压、自放电率等多个外部条件对蓄电池进行综合评定，可以分选出一致性较好的蓄电池组。但这种方法的前提是单参数分选时要准确，同时耗时过长。

(5) 动态特性配组法　动态特性配组法是利用蓄电池的充放电特性曲线来分选蓄

池进行配组。充放电曲线能够体现蓄电池的大部分特性，利用动态特性配组法能够保证蓄电池各种性能指标的一致性。但这种方法蓄电池的配组利用率降低，不利于蓄电池组成本的降低。标准曲线或基准曲线的确定也是其实施过程中的难点。

八、实例拆解分析

比亚迪秦 EV500 动力蓄电池如图 2-56 所示，对其进行拆解分析。

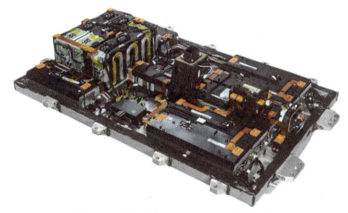

图 2-56　比亚迪秦 EV500 动力蓄电池

1. 方形铝壳集成工艺

在揭开蓄电池包的超薄非金属上盖以及二氧化硅气凝胶防火隔热层之后，可以清楚地看到蓄电池包整体的布置结构，其中最直观可见的便是蓄电池包的集成工艺。集成工艺在动力蓄电池的研发中非常重要，必须满足机械防护、热安全防护、热管理、环境防护等全方面安全要求的前提下，追求轻量化及优化成本。

与特斯拉所采用的圆柱形电芯方式不同，比亚迪采用了国内普及率更高的方形铝壳，如图 2-57 所示。

图 2-57　方形铝壳集成工艺

镁铝合金材质打造的方形电芯壳体，与圆柱形蓄电池所采用的不锈钢壳体相比，重量更轻，成本更低，有利于提高电芯的能量密度，而且制造成本也更低。方形的封装工艺，也有助于缩小电芯间的缝隙，让整体尺寸更加紧凑，而圆柱电芯必然要在电芯间留出三角形的空隙，降低了空间利用率。方壳结构还可以容纳更多电解液，电芯极片膨胀应力更低，蓄电池寿命更长。

2. 蓄电池模组

比亚迪秦 EV500 采用了比亚迪自主研发的镍钴锰三元电池，也就是在钴酸锂基础上，经过改进，以镍钴锰作为蓄电池正极材料，并合理配比镍钴锰的比例。在优化成本、保证安全的同时，使得蓄电池具有容量高、热稳定性能好、充放电压宽等优良的电化学性能。并且有效提高蓄电池能量密度，达到 160.9W·h/kg，结合 56.4kW·h 的能量，实现 NEDC 综合工况续驶里程为 420km，60km/h 等速工况续驶里程为 500km。如图 2-58 所示为蓄电池模组。

图 2-58　蓄电池模组

蓄电池模组的成组方式充分考虑到了散热和轻量化的需求，采用两侧铝制短板加弹性钢带捆扎的方式，自适应电池在充放电过程中的膨胀，如图 2-59 所示。同时多种规格的模组可以实现灵活的布局，适应不同车型的需要。在车体中部尽量扁平，单层布局，增加车内高度空间。

图 2-59　蓄电池模组的成组方式

在细节设计上，主回路连接和它的信号采集部分使用了铝排，在同样导电能力的情况下，重量相比使用铜材质可以降低一半以上，而且成本也能得到控制。在引出极上采用了铜排而非铝排，这是因为铝排的硬度较低，在高温、高应力的情况下，铝会发生塌缩，并且塌缩之后不易回弹，一热一冷会导致缝隙加大，接触电阻上升，带来安全隐患，如图 2-60 所示。

图 2-60　细节设计

在铜铝不同材质的连接上，比亚迪采用了一种叫做电磁脉冲焊的技术。相对于现在常用的铜铝直接碾压连接或超声波焊接技术，电磁脉冲焊的工艺难度比较大，虽然成本也会相应提高，但效果是非常好的，是目前比较先进的技术。

在每一个蓄电池极柱和极柱之间，也用激光把铝制汇流排和极柱熔焊在一起，保证可靠性，如图 2-61 所示。并且在汇流排上设计有一个凹陷，用来吸收机械振动以及电击膨胀带来的应力。如果是直铝排，随着蓄电池的老化膨胀，相邻蓄电池的极柱间距会增大，拉伸应力会影响焊点的可靠性。

图 2-61　蓄电池极柱之间的连接

在信号连接的部分，比亚迪采用了柔性电路板，如图 2-62 所示。相对于传统采样线束的方案，集成度更高，也更轻薄。如果仔细观察，会发现柔性电路板上有细丝状的布线，称为采样线熔断线。它的作用是在碰撞时，可能会挤压采样线束造成短路，进而引起采样线起火，这些细丝便会在短路时由于过流而发生熔断，从而切断短路回路，确保整个线束的安全和蓄电池模块的安全。

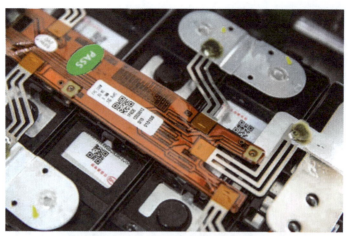

图 2-62　信号连接

3. 蓄电池管理系统

由于采用了锂离子电池，为了保证蓄电池始终处在一个比较合适的温度范围内进行工作，比亚迪为其配备了一套独立的蓄电池智能温控管理系统，以确保动力蓄电池在复杂的温度环境之下可以获得稳定可靠的性能，如图 2-63 所示。这套智能温控管理系统通过液体介质保温和降温，能有效保证蓄电池温度均一性。在冷却方式上，比亚迪在蓄电池内增加了散热回路，通过板式换热器与空调回路相连，蓄电池进出水和蓄电池级耳处都布有温度传感器，结合蓄电池温度实时调节空调压缩机的功率来控制蓄电池进水温度及流量，以此来控制蓄电池处于适宜工作温度。

图 2-63　蓄电池智能温控管理系统

在加热方式上，比亚迪在蓄电池散热回路里串联 PTC 水加热器，通过调节水加热器的功率，控制进水温度及流量，以此来控制蓄电池在冬季也能工作在适宜温度，确保充电速度和放电动力性，如图 2-64 所示。并且通过蓄电池管理系统，实时监测蓄电池状态，对低温、过充、过放、过温等进行保护，从而延长蓄电池寿命。当温度过低或过高时，会限制充放电功率，而当温度严重过低或过高时，会禁止充放电，从而保护蓄电池。

图 2-64　PTC 水加热器

4. 蛇形水冷扁管

用来冷却以及加热的水道管路布置在不同蓄电池模组的底部或者侧面，同时注意到，蓄电池包中的水管采用了口琴管，这种口琴管很薄，壁厚为 0.8～1mm，相比于传统的壁厚为 1.6～2mm 的铝合金水管，重量更轻。采用的这种横向弯折蛇形设计，从工艺角度上讲更难，尤其是在弯曲部分的外圈，材料内外侧的拉伸率相差比较大，容易发生褶皱和裂纹，对材料以及工艺的要求非常高。这种管路设计与方形蓄电池配合较好，管路完全贴在蓄电池侧壁，最大化接触面积，如图 2-65 所示。

图 2-65　蛇形水冷扁管

这种设计既保证了每块电芯都能被冷却到，同时相对于用整块铝板设计的冷却水道，实现了非常好的轻量化效果。

5. 组装工艺

整个蓄电池包在总装的过程中，对工艺的控制非常严格。特别是在每一个水冷管的连接点，每一个接插件的连接点，每一个高压电气的连接点，以及结构固定的点上面基本上都有两到三道工序需要确认。

举个例子，一些低压的接插件负责蓄电池的信号采集，如果蓄电池管理系统丢失了单体电压信号或者单体温度信号，就不能继续可靠地工作，也就无法完全保证蓄电池的安全。一般的接插件只有一个锁扣，锁紧之后会有锁止声音作为提示。而比亚迪不仅有声音作为确认，同时还有一个副锁扣，只有一级锁扣接插到位时，才可以将副锁扣闭合，两级的锁止设计非常到位。另外，高压电气的连接也是整个蓄电池包组装中最核心、最关键的一点，尤其是在主回路连接的可靠性和低内阻设计上。比亚迪的蓄电池包在主回路的长距离连接上采用了耐高温的聚酰亚胺压封的铜排，并且设计了很多立体弯折，从而在受到震动或是受热膨胀时，通过这些弯折来吸收长度的变化，避免将载荷转移到连接螺钉上，如图2-66所示。

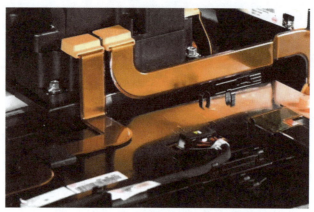

图2-66　蓄电池包在主回路的长距离连接

虽然从接触内阻的角度来讲，单螺钉的接触内阻就满足发热要求，但比亚迪依然坚持用双螺钉的设计方案，从而大幅提高可靠性；而且在螺钉的拧紧确认上，有三种颜色的色标，这意味着进行了三遍确认。第一遍为自动拧紧轴拧紧，并打上红色标记，后两遍为人工利用扭矩扳手复检，分别打上黄色和白色标记，如图2-67所示。

图2-67　双螺钉的接触内阻

另外，整个蓄电池包内的大部分管线都采用了尼龙网状编制管套，特别是与蓄电池包壳体及内部器件接触的管线，在保护线束、避免磨损的同时，也起到降低噪声的作用，如图2-68所示。

总之，比亚迪秦EV500在整个蓄电池包的轻量化和可靠性上做了非常多的努力，并且通过改良电芯配比、优化蓄电池管理系统以及主动热管理技术，提高蓄电池的能量密度，从而提高车辆的动力、操控以及续航性能。尤其是在安全性方面的设计上，从更多细致出发,最大限度保护用户的行车安全。

图 2-68　尼龙网状编制管套

第八节　动力蓄电池荷电状态估算方法

　　动力蓄电池荷电状态(SOC)不是一个可以直接测量获得的值,而是需要通过电压、电流、温度等状态量的实时测量值通过设计的算法来进行间接估算。动力蓄电池SOC估算方法主要有开路电压法、内阻法、安时法、负载电压法、卡尔曼滤波法、模糊推理法和神经网络法等。

　　(1) 开路电压法　开路电压与SOC值在一定条件下呈比例关系。开路电压法就是通过实验得出的比例关系来估算SOC值。开路电压法对SOC值的估算精度高,且简单易行,但是缺点也很明显,只能准确估算电池静置0.5～1.5h之后的SOC值,所以一般不在蓄电池管理系统中单独应用,而常常用来补充其他算法。

　　(2) 内阻法　蓄电池的内阻和剩余电量之间也存在一定的数学关系,在充电过程中,随着蓄电池电量的增加,蓄电池内阻也会增大;在放电过程中,蓄电池内阻会随着电量降低而减小。通过观测蓄电池内阻的值来估算当前蓄电池的SOC值的方法就是内阻法。内阻法虽然没有蓄电池必须静置一段时间之后才能准确估算SOC值的限制,但是蓄电池内部结构十分复杂,很难进行准确的测量,所以蓄电池内阻的应用就受到了限制,比如对于一些外界工作环境很复杂的情况下就无法应用,在电动汽车的蓄电池管理系统中一般不使用蓄电池内阻法。

　　(3) 安时法　安时法就是将电流对时间进行积分,对蓄电池容量的改变进行检测,继而对SOC值进行估算的一种方法。电流在时间上的积分实际上就是充入或放出的电量,如果把蓄电池看作一个封闭的系统,只需要累积计算进出蓄电池的电量,然后把计算结果与蓄电池满电状态电量相比较,就能够获得蓄电池具有的剩余电量。因为大部分外界条件都不会对其造成影响,故安时法易于实现。

　　(4) 负载电压法　当蓄电池从静置状态转为放电状态时,测量到的蓄电池端电压就会变为负载电压。当蓄电池的放电电流恒定时，SOC 值与蓄电池负载电压之间的数学关系很大程度上类似于 SOC 值与蓄电池开路电压之间的数学关系。负载电压法的优点很多，比如恒流放电时估算精度很高，克服开路电压法只能静置测量的缺点，可以对蓄电池组的 SOC 值进行实时估算。但是由于电动汽车在运行时工况复杂，蓄电池不可能长期处于恒流放电的工况，因此在电动汽车上，一般都不会把负载电压法当成是主要算法来使用，负载电压法通常是用来判断是否结束对蓄电池的充放电。

（5）卡尔曼滤波法　卡尔曼滤波法解决了一个古老的问题：怎样从不准确的数据中得到准确的信息，更确切地说，也就是当输入的数据不准确的时候，如何选取一个最好的数据作为输入系统的最新状态量来更新系统数据。这种方法非常适合应用于电动汽车上，动力蓄电池的 SOC 受到多种因素的影响，并且会随着用户驾驶模式的改变而不断发生变化。卡尔曼滤波的目的是从数据流中去除噪声干扰，通过预测新的状态和其不确定性，然后用新的测量值校准预测值来实现 SOC 估算。理论上卡尔曼滤波法能够在估算过程中保持非常高的精度，而且可以很有效地修正误差。卡尔曼滤波法的缺点是其需要进行大量的运算和具备准确的蓄电池数学模型来确保 SOC 估算的精确性。

（6）模糊推理法和神经网络法　模糊推理法和神经网络法都属于人工智能领域，是发展出来的两个分支。神经网络是一种模拟人脑神经元系统的互联模式而建模的计算机体系结构，它能模仿人脑信息处理、记忆和学习的过程，然后产生一个具有自动识别能力的系统。使用神经网络法进行 SOC 估算实际上就是通过大量的数据训练分析当前的 SOC 值。模糊推理是从含糊、模棱两可或者不精确地信息中提炼出确切结论的简单的方法，与神经网络法相结合可以较为准确地估算 SOC 的值。由于很多因素都会对蓄电池的剩余电量产生影响，导致对估算蓄电池剩余电量建立的数学模型非常庞大复杂，因此神经网络法以及模糊逻辑推理越来越受到重视，正日益成为热点研究方法。

这些 SOC 估算方法主要应用于估算单体蓄电池的 SOC 值，但是在实际应用过程中，蓄电池组由多个单体蓄电池串联、并联或混联组成，单体蓄电池在受到蓄电池本身不利因素影响的同时，也会受到外界环境条件变化的影响和蓄电池组充放电过程中不一致性的影响，从而导致实时估算蓄电池的 SOC 值变得更加困难。所以，通常在估算蓄电池 SOC 值时，并不会只使用一种方法，通常是同时使用 2～3 种基本的 SOC 估算方法，结合不同估算方法的优点，通过互补来弥补单独一种估算方法的缺点，这样估算出的 SOC 值往往更为准确。准确估算蓄电池 SOC 是实现蓄电池管理系统的关键。

下面介绍基于安时 - 开路电压补偿法的 SOC 估算方法和基于卡尔曼滤波的 SOC 估算方法。

一、基于安时 - 开路电压补偿法的 SOC 估算方法

安时 - 开路电压补偿法是以安时法为主，以开路电压法为辅。因为安时法简单稳定、不易受到蓄电池本身影响的优点使其适用于大多数蓄电池，并且实时测量时可达到较高的精度，只需观测系统的外部特性，而不需分析蓄电池内部复杂反应。而开路电压法优点是对于蓄电池静置状态下的 SOC 值估算非常精确，很好地弥补了安时法对估算初值要求高的缺点，因此安时 - 开路电压法是优于两者单独估算的一种方法，只要对影响安时法估算的各项因素提出补偿方法，就可以保证很高的估算精度。

1. 对 SOC 初值的估算

SOC 初值估算的精度很大程度上影响实时 SOC 值估算的准确程度，由于安时法无法消除初值误差，因此使用开路电压法进行 SOC 初值的估算。因为蓄电池两端电动势等于蓄电池的开路电压，所以每次电动汽车启动时都对蓄电池两端电动势进行测量，然后通过实验得出的开路电压与蓄电池电量的数学关系式即可估算出初始 SOC 值。电动汽车在启动前动力蓄电池处于静置状态，所以通过这种方法估算出的动力蓄电池剩余电量的精度很高，非常有效地解决了安时法无法准确估算蓄电池 SOC 初值的问题。

2. 对充放电倍率的补偿方法

可以利用经验公式来补偿蓄电池运行时电流剧烈波动导致的实际容量变化，经验公式为

$$I^n t = K \tag{2-28}$$

式中，I 为放电电流；t 为放电时间；n 为蓄电池类型常数；K 为活性物质常数。

只要测出蓄电池在两种不同的放电电流 I_1 和 I_2 的放电时间 t_1 和 t_2，就可以用解联立方程的方法求出常数 n 和 K 的值。求解 n 和 K 的方程分别为

$$n = \frac{\lg t_2 - \lg t_1}{\lg I_1 - \lg I_2} \tag{2-29}$$

$$\lg K = n \lg I_1 + \lg t_1 \tag{2-30}$$

蓄电池容量为

$$C_t = It = I^{1-n} K \tag{2-31}$$

式中，C_t 为蓄电池容量。

设最佳放电电流为 I_0，以电流 I 放电的蓄电池容量为 C_I，则

$$\begin{aligned} C_N &= I_0^{1-n} K \\ C_I &= I^{1-n} K \end{aligned} \tag{2-32}$$

式中，C_N 为以电流 I_0 放电的蓄电池容量。

充放电倍率补偿系数为

$$\eta_1 = \frac{C_I}{C_N} = \left(\frac{I}{I_0}\right)^{1-n} \tag{2-33}$$

充放电倍率对蓄电池 SOC 补偿的估算公式为

$$\mathrm{SOC} = \mathrm{SOC}_0 - \frac{1}{C_N} \int_{t_0}^{t_1} \eta_1 I \mathrm{d}t \tag{2-34}$$

式中，SOC_0 为初始 SOC 值。

3. 对温度的补充方法

温度补偿系数常用的公式为

$$\eta_2 = 1 - 0.008 |T_B - T| \tag{2-35}$$

式中，η_2 为温度补偿系数；T_B 为标准温度 20℃；T 为设定温度。

温度因素对于蓄电池 SOC 的补偿公式为

$$C_T = \eta_2 C_B \tag{2-36}$$

式中，C_T 为温度 T 时的蓄电池容量；C_B 为温度 20℃时的蓄电池容量。

4. 对蓄电池老化的补偿方法

把蓄电池老化的过程利用线性方法来表述，设蓄电池老化的容量修正系数为 η_3，则蓄电池老化对 SOC 的补偿公式为

$$C_2 = \eta_3 C_N \tag{2-37}$$

式中，C_2 为循环充放电后蓄电池容量衰减后的总容量。

考虑各种影响 SOC 估算精度的因素补偿后，安时 - 开路电压法估算的蓄电池 SOC 为

$$SOC = SOC_0 - \frac{1}{C_N} \int_{t_0}^{t_1} \eta_1 \eta_2 \eta_3 I \mathrm{d}t \tag{2-38}$$

二、基于卡尔曼滤波的 SOC 估算方法

基于卡尔曼滤波的 SOC 估算是最常用的方法之一。

1. 建立蓄电池等效数学模型

蓄电池是蓄电池管理系统中的主体，不管应用何种方法进行 SOC 估算，必须搭建合理的蓄电池模型。蓄电池模型一般用等效电路模型来搭建。等效电路模型是通过使用电压源、电阻、电容等常用器件组成的等效电路来模拟蓄电池的外特性，模型直观，易于理解。如果对模型参数辨识准确，能够达到较高的精度，则是一种较为理想的蓄电池外特性模型。蓄电池等效电路模型主要有 Rint 模型、Thevenin 模型、PNGV 模型等，如图 2-69 所示。

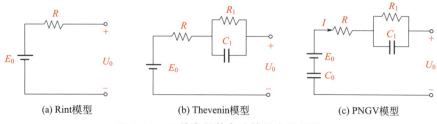

图 2-69 三种常见蓄电池等效电路模型

（1）Rint 模型　Rint 模型是最简单的蓄电池等效电路模型，仅由蓄电池电动势 E_0、电阻 R 和端电压 U_0 组成，如图 2-69（a）所示。该模型简单易懂，电阻 R 在蓄电池充满的状态下通过开路电压和电流便可计算得到。由于该模型没有考虑蓄电池的极化特性，忽略了很多因素，如 SOC、温度等的影响，因此，模型精度较低。

（2）Thevenin 模型　Thevenin 模型是在 Rint 模型的基础上加入了一阶 RC 网络来描述蓄电池的极化特性，如图 2-69（b）所示。若温度一定，蓄电池电动势 E_0 与 SOC 有

固定的映射关系；R_1 与 C_1 组成一阶 RC 网络来描述蓄电池的极化效应，R_1 表示极化内阻，C_1 表示极化电容。该模型可近似表示蓄电池在有无负载时端电压的变化情况，在恒流充放电的情况下精度较高。但模型中的参数值受蓄电池 SOC、充放电速率及循环寿命等的影响，并不是恒定的，模型的精度有待提高。

（3）PNGV 模型　PNGV 模型是《FreedomCAR 功率辅助型电池测试手册》中提出的标准电池性能模型，如图 2-69（c）所示。PNGV 模型在 Thevenin 模型的基础上加入了一个电容 C_0，C_0 是由开路电压随负载电流的时间累积而产生变化的量。由于 PNGV 模型加入了电容 C_0，其两端的电压由于长时间对电流的积分导致模型的误差越来越大，但在交变电流的情况下可大致抵消累积误差，比较适合于纯电动汽车的应用。PNGV 模型和 Thevenin 模型均为一阶 RC 模型，由于蓄电池内部的化学反应过程复杂，只用一阶 RC 网络很难进行精确的描述。

为了提高 Thevenin 模型精度，需要对模型进行改进。改进模型是在原有 Thevenin 模型的基础上，增加二阶 RC 网络，能更准确地描述蓄电池极化特性。改进后的 Thevenin 蓄电池等效电路模型如图 2-70 所示。图中：U_{oc} 为蓄电池开路电压，在一定的温度下与蓄电池 SOC 有固定的映射关系；R_0 为蓄电池的欧姆内阻；R_1 和 R_2 分别为蓄电池的极化内阻；C_1 和 C_2 分别为蓄电池的极化电容；R_1 和 C_1 组成的回路时间常数较大，用来描述电流突变时端电压缓慢变化的阶段；R_2 和 C_2 组成的回路时间常数较小，用来描述电流突变时端电压较快变化的阶段；V_b 为蓄电池的端电压；I 为等效模型电路中的电流；U_1 和 U_2 分别为两个 RC 网络两端的电压。

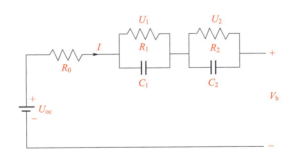

图 2-70　改进后的 Thevenin 蓄电池等效电路模型

根据蓄电池等效电路模型，由基尔霍夫电压定律可得

$$U_{oc}-V_b=U_0+U_1+U_2 \tag{2-39}$$

式中，U_0 为欧姆电阻两端电压。

根据蓄电池等效电路模型，能够得到蓄电池等效数学模型为

$$\begin{aligned}
&\mathrm{SOC}=\mathrm{SOC}_0-\frac{1}{C_n}\int_{t_0}^{t_1}I\mathrm{d}t\\
&I=C_1\frac{\mathrm{d}U_1}{\mathrm{d}t}+\frac{U_1}{R_1}\\
&I=C_2\frac{\mathrm{d}U_2}{\mathrm{d}t}+\frac{U_2}{R_2}\\
&I=\frac{U_0}{R_0}
\end{aligned} \tag{2-40}$$

式中，SOC_0 为 t_0 时刻 SOC 值；SOC 为 t_1 时刻 SOC 值；C_n 为蓄电池的额定容量；I 为蓄电池当前放电电流。

2. 建立蓄电池参数辨识的数学模型

蓄电池充放电时内部的化学反应较为复杂，此过程是时变且非线性的，因此很难通过理论分析得到蓄电池的各参数。由于蓄电池系统的时变性，随着蓄电池 SOC、温度、SOH（蓄电池健康状态）等变化，模型参数也会不断变化，因此参数离线辨识的精度有限且工作量大。为了提高蓄电池 SOC 估算的精度，提高估算模型的适应能力，有必要对模型参数进行在线辨识。

递推最小二乘法（RLS）的原理是当被辨识的系统正在运行时，每得到一组新的数据，即用新得到的数据代入递推公式对前次估计的结果进行修正，从而得到新的估计值。即当前时刻的估计值 = 上一时刻的估计值 + 修正项。

在 RLS 算法中，协方差矩阵 P_k 在递推过程中不断递减，修正能力也越来越弱，递推后期可能出现"滤波饱和"的现象，这是因为 RLS 算法对新旧数据等同对待。为解决这个问题，可以引入一个遗忘因子 λ（取值在 0.95～0.99 之间），以增加新数据的影响，减弱旧数据的影响，即遗忘因子递推最小二乘法（FFRLS）。遗忘因子递推最小二乘法的递推公式为

$$\begin{aligned} K_k &= P_{k-1}\psi_k \left(\psi_k^T P_{k-1}\psi_k + \lambda\right)^{-1} \\ \hat{\theta}_k &= \hat{\theta}_{k-1} + K_k \left(y_k - \psi_k^T \hat{\theta}_{k-1}\right) \\ P_k &= \frac{1}{\lambda}\left(I - K_k \psi_k^T\right) P_{k-1} \end{aligned} \quad (2\text{-}41)$$

式中，$\hat{\theta}_k$、$\hat{\theta}_{k-1}$ 分别为第 k、$k-1$ 时刻的状态估计值；y_k 为第 k 时刻的实际观测值；$\psi_k^T \hat{\theta}_{k-1}$ 为第 k 时刻对观测值的预测；K_k 为第 k 时刻的增益因子；P_k 为第 k 时刻的协方差矩阵；λ 为遗忘因子；I 为单位矩阵。

遗忘因子递推最小二乘法的递推过程如下。

① 初始化，设定初始状态估计值 $\hat{\theta}_0$、初始协方差矩阵 P_0。
② 增益因子更新，根据式（2-41）中第 1 个公式计算当前时刻增益因子 K_k。
③ 状态估计值更新，根据式（2-41）中第 2 个公式计算当前时刻状态估计值 $\hat{\theta}_k$。
④ 协方差矩阵更新，根据式（2-41）中第 3 个公式计算当前时刻协方差矩阵 P_k。

在整个递推过程中，没有涉及矩阵的求逆运算，因此遗忘因子递推最小二乘法具有简单实用、递推过程可靠的优点。

为了对蓄电池 SOC 进行估算，需要对如图 2-70 所示蓄电池等效电路模型中的 R_0、R_1、R_1、C_1、C_2 五个参数进行辨识。为了能用 FFRLS 对蓄电池等效电路模型参数进行在线辨识，必须建立与如图 2-70 所示蓄电池等效电路模型相对应的最小二乘形式的数学模型。

对式（2-39）进行拉普拉斯变换后可得

$$Y(s) = \left(\frac{R_1}{1 + R_1 C_1 s} + \frac{R_2}{1 + R_2 C_2 s} + R_0\right) I(s) \quad (2\text{-}42)$$

式中，$Y(s)=U_{oc}(s)-V_b(s)$。

蓄电池开路电压与端电压之差对电流的传递函数为

$$G(s)=\frac{Y(s)}{I(s)}=\left(\frac{R_1}{1+R_1C_1s}+\frac{R_2}{1+R_2C_2s}+R_0\right) \tag{2-43}$$

令 $\tau_1=R_1C_1$，$\tau_2=R_2C_2$，则式（2-43）得

$$G(s)=\frac{R_0s^2+\dfrac{R_0\tau_1+R_0\tau_2+R_1\tau_1+R_2\tau_2}{\tau_1\tau_2}s+\dfrac{R_0+R_1+R_2}{\tau_1\tau_2}}{s^2+\dfrac{\tau_1+\tau_2}{\tau_1\tau_2}s+\dfrac{1}{\tau_1\tau_2}} \tag{2-44}$$

采用双线性变换的方法对式（2-44）进行离散化，即将 s 域转换成 z 域，令

$$s=\frac{2}{T}\times\frac{1-z^{-1}}{1+z^{-1}} \tag{2-45}$$

式中，T 为取样周期。

式（2-43）传递函数的离散化形式为

$$G(z^{-1})=\frac{k_3+k_4z^{-1}+k_5z^{-2}}{1-k_1z^{-1}-k_2z^{-2}} \tag{2-46}$$

式中，$k_1=\dfrac{8-2n_5}{4+2n_4+n_5}$；$k_2=\dfrac{2n_4-n_5-4}{4+2n_4+n_5}$；$k_3=\dfrac{4n_1+2n_2+n_3}{4+2n_4+n_5}$；$k_4=\dfrac{2n_3-8n_1}{4+2n_4+n_5}$；

$k_5=\dfrac{4n_1-2n_2+n_3}{4+2n_4+n_5}$；$n_1=R_0$；$n_2=\dfrac{R_0\tau_1+R_0\tau_2+R_1\tau_2+R_2\tau_1}{\tau_1\tau_2}$；$n_3=\dfrac{R_0+R_1+R_2}{\tau_1\tau_2}$；$n_4=\dfrac{\tau_1+\tau_2}{\tau_1\tau_2}$；

$n_5=\dfrac{1}{\tau_1\tau_2}$。

由式（2-46）可得频域表达式离散化后的差分方程形式为

$$y_k=k_1y_{k-1}+k_2y_{k-2}+k_3I_k+k_4I_{k-1}+k_5I_{k-2} \tag{2-47}$$

令 $\theta=[k_1,k_2,k_3,k_4,k_5]^T$，$\psi_k=[y_{k-1},y_{k-2},I_k,I_{k-1},I_{k-2}]^T$，并假设 k 时刻监测蓄电池的传感器的采样误差为 e_k，则最小二乘形式为 $y_k=\psi_k^T\theta+e_k$，即可以用 FFRLS 算法的递推式（2-41）得到 $k_1\sim k_5$。

由式（2-47）结合已由 FFRLS 算法得到的 $k_1\sim k_5$ 参数值可以解得

$$\begin{aligned}
R_0&=\frac{k_3+k_5-k_4}{1+k_1-k_2}\\
a&=\tau_1\tau_2=\frac{1+k_1-k_2}{4(1-k_1-k_2)}\\
b&=\tau_1+\tau_2=\frac{1+k_1}{1-k_1-k_2}\\
c&=R_0+R_1+R_2=\frac{k_3+k_4+k_5}{1-k_1-k_2}\\
d&=R_0\tau_1+R_0\tau_2+R_1\tau_2+R_2\tau_1=\frac{k_3-k_5}{1-k_1-k_2}
\end{aligned} \tag{2-48}$$

由式（2-48）可以解得

$$\begin{aligned}
\tau_1 &= \frac{b + \sqrt{b^2 - 4a}}{2} \\
\tau_2 &= \frac{b - \sqrt{b^2 - 4a}}{2} \\
R_1 &= \frac{c\tau_1 + R_0\tau_2 - d}{\tau_1 - \tau_2} \\
R_2 &= c - R_0 - R_1 \\
C_1 &= \frac{\tau_1}{R_1} \\
C_2 &= \frac{\tau_2}{R_2}
\end{aligned} \tag{2-49}$$

最终即可以得到全部五个参数：R_0、R_1、R_2、C_1、C_2。

3. 建立蓄电池 SOC 估算的数学模型

卡尔曼滤波理论是对动力系统的状态做出最小方差意义上的最优估计。整个算法由滤波递推计算和滤波增益递推计算两部分组成，其应用于蓄电池 SOC 估算时，蓄电池被看成动力系统，SOC 被看成系统的一个内部状态，通过算法实现从数据流中除去噪声干扰，通过预测新的状态和它的不确定性，然后用新的测量值校准预测值来实现。带有卡尔曼滤波的蓄电池 SOC 预测模型的精度可以得到明显改善。

卡尔曼滤波方法适用于各种蓄电池，与其他方法相比，尤其适合于电流波动比较剧烈的电动汽车动力蓄电池 SOC 的估计，它不仅给出 SOC 的估计值，还给出 SOC 的估计误差。该算法在估算过程中能保持很好的精度，并且对初始值的误差有很强的修正作用，因此使用起来更加方便，应用该方法进行蓄电池 SOC 估算具有以下优势：任何时刻均适用；有助于修正初始值；有助于克服传感器精度不足的问题；有助于消除电磁干扰的影响。

经典的卡尔曼滤波器需要满足的线性模型为

$$\begin{aligned}
x_k &= Ax_{k-1} + Bu_{k-1} + \omega_{k-1} \\
z_k &= Hx_k + v_k
\end{aligned} \tag{2-50}$$

式中，x_k 为 k 时刻系统特征的状态变量；A 为状态 $k-1$ 时刻到 k 时刻的转移矩阵；u_{k-1} 为 $k-1$ 时刻的激励变量；B 为状态 $k-1$ 时刻到 k 时刻的增益矩阵；z_k 为观测变量；H 为状态向量对观测向量的增益；ω_{k-1} 为状态 $k-1$ 时刻到 k 时刻的随机噪声向量；v_k 为观测噪声向量。

式（2-50）中第 1 个方程称为状态方程，第 2 个方程称为量测方程。可以看出，在经典卡尔曼滤波器中，状态变量、激励变量、观测变量之间是线性的。由于蓄电池开路电压和 SOC 之间存在明显的非线性关系，因此经典卡尔曼滤波器不再适用，需要使用扩展卡尔曼滤波器。

扩展卡尔曼滤波算法的状态方程和量测方程分别为

$$x_k = f(x_{k-1}, u_{k-1}, \omega_{k-1})$$
$$z_k = h(x_k, v_k) \tag{2-51}$$

若要利用扩展卡尔曼滤波器算法进行蓄电池 SOC 估算，需要确定所选用蓄电池模型的状态方程和量测方程。

令 $\dfrac{\mathrm{d}u}{\mathrm{d}t} = \dfrac{u_k - u_{k-1}}{T}$，且采样周期为 $T=1\mathrm{s}$，将式（2-40）近似离散化后可以得到离散方程为

$$\begin{aligned}
\mathrm{SOC}_k &= \mathrm{SOC}_{k-1} - i_{k-1}\frac{1}{C_n} \\
u_k^1 &= i_{k-1}\frac{R_1}{1+R_1C_1} + \frac{R_1C_1}{1+R_1C_1}u_{k-1}^1 \\
u_k^2 &= i_{k-1}\frac{R_2}{1+R_2C_2} + \frac{R_2C_2}{1+R_2C_2}u_{k-1}^2 \\
u_k^0 &= i_{k-1}R_0
\end{aligned} \tag{2-52}$$

式中，SOC_k、SOC_{k-1} 分别为第 k、$k-1$ 时刻的 SOC 值；i_{k-1} 为第 $k-1$ 时刻的电流；u_k^1、u_{k-1}^1 分别为第 k、$k-1$ 时刻 R_1、C_1 两端的电压；u_k^2、u_{k-1}^2 分别为第 k、$k-1$ 时刻 R_2、C_2 两端的电压；u_k^0 为第 k 时刻 R_0 两端的电压。

蓄电池模型的状态方程为

$$x_k = Ax_{k-1} + Bi_{k-1} + \omega_{k-1} \tag{2-53}$$

式中，$x_k = \begin{bmatrix} \mathrm{SOC}_k \\ u_k^1 \\ u_k^2 \\ u_k^0 \end{bmatrix}$；$A = \begin{bmatrix} 1 & 0 & 0 & 0 \\ 0 & \dfrac{R_1C_1}{1+R_1C_1} & 0 & 0 \\ 0 & 0 & \dfrac{R_2C_2}{1+R_2C_2} & 0 \\ 0 & 0 & 0 & 0 \end{bmatrix}$；$B = \begin{bmatrix} -\dfrac{1}{C_N} \\ \dfrac{R_1}{1+R_1C_1} \\ \dfrac{R_2}{1+R_2C_2} \\ R_0 \end{bmatrix}$；$\omega_{k-1}$ 为随机噪声向量。

当蓄电池在充放电时，蓄电池的端电压与蓄电池的平衡电动势、2 个 RC 网络的电压以及欧姆内阻两端的电压有关，存在如下的电路关系式。

$$V_b = U_{oc} - U_1 - U_2 - U_0 \tag{2-54}$$

式中，U_{oc} 与 SOC 存在非线性的函数关系，即

$$U_{oc} = g(\mathrm{SOC}_k) \tag{2-55}$$

SOC 与蓄电池开路电压之间的关系是一个非线性函数，可以用一个高阶多项式来近似表示，首先选择阶数，一般是 7～9 阶，然后通过拟合确定系数。

利用扩展卡尔曼滤波器算法对蓄电池 SOC 进行估算，递推过程如下。

① 初始化。设置状态变量初值 x_0，协方差矩阵初值 P_0。

② 计算 k 时刻状态变量的估计值。

$$\hat{x}_k = Ax_{k-1} + Bi_{k-1} + \omega_{k-1} \quad (2\text{-}56)$$

③ 计算协方差矩阵的先验值。

$$\hat{P}_k = AP_{k-1}A^T + Q_{k-1} \quad (2\text{-}57)$$

④ 计算卡尔曼增益。

$$K_k = \hat{P}_k H_k^T \left(H_k \hat{P}_{k-1} H_k^T + R_k \right)^{-1}$$
$$H_{k[i,j]} = \frac{\partial h_{[i]}}{\partial x_{[j]}}[\hat{x}_k, 0] \quad (2\text{-}58)$$

⑤ 根据卡尔曼增益修正状态变量的估算值。

$$x_k = \hat{x}_k + K_k \left(u_k + H_k \hat{x}_k \right) \quad (2\text{-}59)$$

⑥ 协方差矩阵更新。

$$P_k = \left(I - K_k H_k \right) \hat{P}_k \quad (2\text{-}60)$$

第⑥步执行完成后,时间指标 k 增加 1,然后回到第①步,继续计算。至此,一种基于蓄电池模型及扩展卡尔曼滤波器的蓄电池 SOC 估算的递推算法得到实现。

如图 2-71 所示为磷酸铁锂电池 SOC 估算仿真曲线,图中蓝色线为真实 SOC,红色线为估算 SOC。估算方法采用卡尔曼滤波法,可以看出,两者具有较好的一致性。

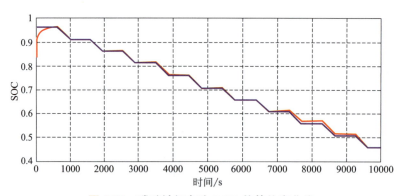

图 2-71　磷酸铁锂电池 SOC 估算仿真曲线

第九节　动力蓄电池梯次利用

随着电动汽车保有量的快速增加和动力蓄电池的寿命逐渐到期,动力蓄电池梯次利用及资源回收越来越受到重视。从电动汽车上退役的动力蓄电池一般具有初始容量 60%～80% 的剩余容量,并且具有一定的寿命,目前主要有两种可行的处理方法:其一是梯次利用,即将退役的动力蓄电池用在储能等其他领域作为电能的载体使用,从而充分发挥剩余价值;其二是拆解回收,即将退役的动力蓄电池进行放电和拆解,提炼原材料，从而实现循环利用。

一、动力蓄电池梯次利用的定义

动力蓄电池梯次利用是指将电动汽车不能再使用的动力蓄电池（或其中的动力蓄电池包 / 蓄电池模块 / 单体蓄电池）应用到其他领域的过程，可以一级利用，也可以多级利用，如图 2-72 所示。

图 2-72　动力蓄电池的梯次利用

二、动力蓄电池梯次利用方向

动力蓄电池梯次利用方向很多，可以替代传统铅酸蓄电池，作为通信备用电源、新能源路灯、低速电动车、电动自行车等；也可以开发微电网市场，用作微电网储能系统、移动式充电车、家用微电网储能柜、电网用户侧储能系统等。如图 2-73 所示为动力蓄电池梯次利用示意。

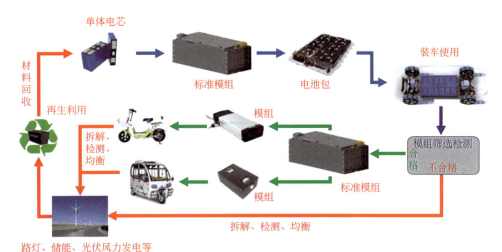

图 2-73　动力蓄电池梯次利用示意

三、动力蓄电池梯次利用的性能分析

动力蓄电池梯次利用要进行以下性能分析。

（1）安全性　从现有研究和使用情况看，没有发现梯次利用电源产品在安全性方面与新电池制造的电源产品存在明显差异，与铅酸蓄电池也没有明显差异。

（2）电源整体性能　通过可梯次利用电源筛选、配组标准的控制，可以保证梯次利用电源产品在电压等级、有效容量、充放电性能等主要性能指标与新电池制造的电源产品基本一致。

（3）使用寿命　从理论上分析，如果按剩余容量80%退役，电动汽车使用5年，梯次利用场景为通信备用电源测算，磷酸铁锂电池梯次利用产品的使用寿命（5年）与铅酸蓄电池相同。三元锂离子电池梯次利用产品的使用寿命（2～3年）比铅酸蓄电池电源短。

（4）经济性　按现有市场价格测算，磷酸铁锂电池梯次利用电源产品的销售价格与铅酸蓄电池产品基本持平。如果两者的使用寿命相同，则两种产品的经济性也是持平的。如果磷酸铁锂电池的使用寿命更长，则经济性更优。

四、动力蓄电池梯次利用步骤

退役动力蓄电池梯次利用通常包括以下步骤：蓄电池回收、蓄电池拆解、蓄电池筛选、蓄电池重组、蓄电池集成与运行维护。其中蓄电池拆解是非常重要的环节。

从理论上讲，动力蓄电池包、蓄电池模块、单体蓄电池都可以进行梯次利用。但从退役动力蓄电池的实际情况分析，蓄电池包直接梯次利用，存在电压等级不匹配、蓄电池管理系统不兼容、内部蓄电池一致性差、具有安全隐患等问题，很少被采用。单体蓄电池由于拆解成本高，蓄电池电极容易在拆解过程中被损坏、检测重新配组成本高等问题，也很少被采用。蓄电池模块梯次利用的方式常被采用。蓄电池模块梯次利用需要对动力蓄电池包（组）和模块进行拆解。

1. 动力蓄电池包（组）的拆解

动力蓄电池包（组）按以下方法进行拆解。

① 采用专用起吊工具和起吊设备将动力蓄电池包（组）起吊至专用拆解工装台。

② 拆除动力蓄电池包（组）外壳，根据组合方式，拆解方式如下：对外壳为螺栓式组合连接的动力蓄电池包（组），应根据螺栓的类型及规格，采用相应的工具或设备进行拆解；对外壳为金属焊接或塑封式连接的动力蓄电池包（组），应采用专业的切割设备拆解，并精确控制切割位置及切入深度；对外壳为嵌入式连接的动力蓄电池包（组），宜采用专业的机械化切割设备拆解。

③ 外壳拆除后，应先拆除托架、隔板等辅助固定部件。

④ 应使用绝缘工具拆除高压线束、线路板、蓄电池管理系统、高压安全盒等功能部件。

⑤ 根据动力蓄电池模块的位置和固定方式，拆除相关固定件、冷却系统等部件，采用专用取模器移除模块。

⑥ 动力蓄电池包（组）拆解过程中要注意避免拆除的螺栓等部件与高低压连接触头位置的接触，以免造成短路起火，同时要备用专用磁吸工具取出脱落在缝隙中的金属件。

2. 动力蓄电池模块的拆解

动力蓄电池模块按以下方法进行拆解。

① 宜采用专用模块拆解设备对模块进行安全、环保拆解。

② 采用专用起吊工具和起吊设备将动力蓄电池模块起吊至专用拆解工装台或模块拆解设备进料口。

③ 拆除动力蓄电池模块外壳，根据组合方式，拆解方式如下：对外壳为螺栓式组合连接的动力蓄电池模块，应根据螺栓的类型及规格，在专用模组工装夹具的辅助下定位，采用相应的工具进行拆解；对外壳为金属焊接或塑封式连接的动力蓄电池模块，应根据焊位或封装口角度，宜采用专用模块拆解设备在封闭空间在拆解，并精确控制焊位尺寸及刀口切入深度，防止短路起火；对外壳为嵌入式连接的动力蓄电池模块，应采用专业的机械化拆解设备进行拆解。

④ 外壳拆除后，应采用绝缘工具拆除导线、连接片等连接部件，分离出单体蓄电池。

⑤ 动力蓄电池模块拆解过程中要注意模块的成组类型与连接方式，拆解过程中做好绝缘防护，对高低压连接插件的接口应用绝缘材料及时封堵，不应徒手拆解模块。

五、动力蓄电池余能检测

《车用动力电池回收利用 余能检测》（GB/T 34015—2017）规定了动力蓄电池的余能检测方法。

动力蓄电池的余能检测作业流程如图 2-74 所示。

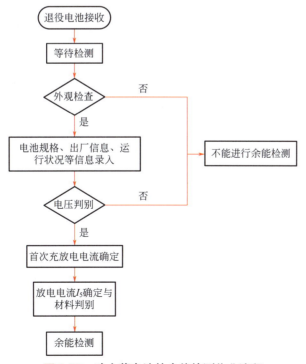

图 2-74　动力蓄电池的余能检测作业流程

外观检查是在良好的光线条件下,用目测法检查动力蓄电池模块、单体的外观,如有变形、裂纹、漏液等,不应对其进行余能检测;如有主动保护线路,应去除后再检测。

电压判别是用电压表检测动力蓄电池的端电压,初步判定蓄电池类别,并判别蓄电池极性。如果动力蓄电池不满足企业技术规定条件中的电压限值条件,则不应对其进行余能检测;如果满足,可以进行余能检测。

1. 单体蓄电池余能检测方法

单体蓄电池按以下步骤进行余能检测。

(1) 充电 单体蓄电池按相关标准规定进行充电,其中充电电流采用 I_5(A),I_5 为 5 小时率放电电流。

(2) 室温放电容量 单体蓄电池在(25±2)℃下的放电容量按相关标准进行测试,其中放电电流采用 I_5(A)。

(3) 单体蓄电池余能 测得的室温放电容量为单体蓄电池在室温下的余能。

2. 蓄电池模块余能检测方法

蓄电池模块按以下步骤进行余能检测。

(1) 充电 蓄电池模块按相关标准规定进行充电,其中充电电流采用 I_5(A),I_5 为 5 小时率放电电流。

(2) 室温放电容量 蓄电池模块在(25±2)℃下的放电容量按相关标准进行测试,其中放电电流采用 I_5(A)。

(3) 低温放电容量 蓄电池模块在(-20±2)℃下的放电容量按相关标准进行测试,其中放电电流采用 I_5(A)。

(4) 高温放电容量 蓄电池模块在(55±2)℃下的放电容量按相关标准进行测试,其中放电电流采用 I_5(A)。

(5) 蓄电池模块余能 测得的室温放电容量、低温放电容量和高温放电容量分别为蓄电池模块在室温下、低温下和高温下的蓄电池模块余能。

第十节 动力蓄电池发展总目标

《节能与新能源汽车技术路线图2.0》中的动力蓄电池技术路线图涵盖能量型、能量功率兼顾型和功率型三大技术类别,涵盖乘用车和商用车两大应用领域,面向普及、商用、高端三类应用场景,实现动力蓄电池单体、系统集成、新体系动力电池、关键材料、制造技术及关键装备、测试评价、梯次利用及回收利用等产业链条全覆盖。

到2035年,我国新能源汽车动力蓄电池技术总体居于国际领先地位,动力蓄电池产业链完整、自主、可控。关键材料完全具备自主能力,产品性能达到国际领先水平;形成多材料体系动力蓄电池、模块和系统产品平台,安全可靠性及耐久性显著提升;新材料、新结构、新体系动力蓄电池实现突破和工程应用，拥有自主原始创新技术；实现动力蓄电池制造装备和制造过程的数字化及无人化；形成精细化、智能化、高值化退役动力蓄电池循环利用体系。

动力蓄电池发展总体目标见表 2-18。

表 2-18 动力蓄电池发展总目标

蓄电池类型		2025 年	2030 年	2035 年
能量型蓄电池	普及型	比能量 >200W·h/kg 寿命 >3000 次 /12 年 成本 <0.35 元 /(W·h)	比能量 >250W·h/kg 寿命 >3000 次 /12 年 成本 <0.32 元 /(W·h)	比能量 >300W·h/kg 寿命 >3000 次 /12 年 成本 <0.30 元 /(W·h)
	商用型	比能量 >200W·h/kg 寿命 >6000 次 /8 年 成本 <0.45 元 /(W·h)	比能量 >225W·h/kg 寿命 >6000 次 /8 年 成本 <0.40 元 /(W·h)	比能量 >250W·h/kg 寿命 >6000 次 /8 年 成本 <0.35 元 /(W·h)
	高端型	比能量 >350W·h/kg 寿命 >1500 次 /12 年 成本 <0.50 元 /(W·h)	比能量 >400W·h/kg 寿命 >1500 次 /12 年 成本 <0.45 元 /(W·h)	比能量 >500W·h/kg 寿命 >1500 次 /12 年 成本 <0.40 元 /(W·h)
能量功率兼顾型	兼顾型	比能量 >250W·h/kg 寿命 >5000 次 /12 年 成本 <0.60 元 /(W·h)	比能量 >300W·h/kg 寿命 >5000 次 /12 年 成本 <0.55 元 /(W·h)	比能量 >325W·h/kg 寿命 >5000 次 /12 年 成本 <0.50 元 /(W·h)
	快充型	比能量 >225W·h/kg 寿命 >3000 次 /10 年 成本 <0.60 元 /(W·h) 充电时间 <15min	比能量 >250W·h/kg 寿命 >3000 次 /10 年 成本 <0.65 元 /(W·h) 充电时间 <12min	比能量 >275W·h/kg 寿命 >3000 次 /10 年 成本 <0.60 元 /(W·h) 充电时间 <10min
功率型蓄电池	功率型	比能量 >80W·h/kg 寿命 >30 万次 /12 年 成本 <1.20 元 /(W·h)	比能量 >100W·h/kg 寿命 >30 万次 /12 年 成本 <1.00 元 /(W·h)	比能量 >120W·h/kg 寿命 >30 万次 /12 年 成本 <0.80 元 /(W·h)

第三章

纯电动汽车的电驱动系统

驱动电机及其控制系统是纯电动汽车动力总成系统的核心部件,用于实现电能与机械能的相互转换,简称驱动电机系统,它主要包括驱动电机和电机控制器。从应用角度看,驱动电机系统与变速器、减速器等耦合形成了电驱动系统,电驱动系统已成为发展的主流。

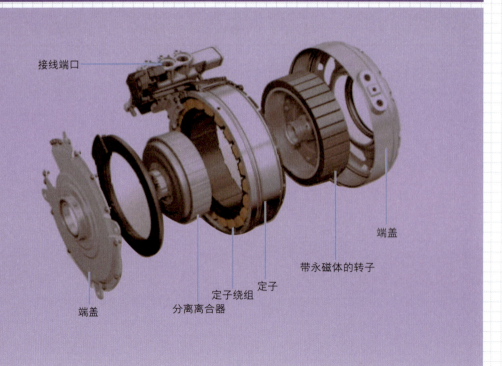

第一节 驱动电机的类型与要求

电机是将电能转换成机械能或将机械能转换成电能的装置,它具有能做相对运动的部件,是一种依靠电磁感应而运行的电气装置。将电能转换成机械能的电机称为电动机;将机械能转换成电能的电机称为发电机;为电动车辆行驶提供驱动力的电动机称为驱动电机,驱动电机既是电动机,也是发电机。

一、驱动电机的类型

电动汽车驱动电机的类型分为直流电机、异步电机、永磁同步电机和开关磁阻电机。

1. 直流电机

直流电机就是将直流电能转换成机械能的电机。

直流电机具有以下优点:结构简单;具有优良的电磁转矩控制特性;可频繁快速启动、制动和反转;调速平滑、无级、精确、方便、范围广;抗过载能力强,能够承受频繁的冲击负载;控制方法简单,只需要用电压控制,不需要检测磁极位置。

但是它也有以下缺点:设有电刷和换向器,高速和大负荷运行时换向器表面易产生电火花,同时换向器维护困难,很难向大容量、高速度发展,此外电火花会产生电磁干扰;不宜在多尘、潮湿、易燃易爆的环境中使用;体积和重量大。其中电火花产生的电磁干扰,对高度电子化的电动汽车来说将是致命的。随着电力电子技术和控制理论的发展,相对于其他驱动系统而言,直流电机在电动汽车中的应用已处于劣势,目前已逐渐被淘汰,只有在少数低速电动汽车、场地用电动车辆和专用电动车辆上有应用。

2. 异步电机

异步电机又称交流感应电机,是由气隙旋转磁场与转子绕组感应电流相互作用产生电磁转矩,从而实现将电能量转换为机械能量的一种交流电机。

异步电机具有以下优点:结构紧凑,坚固耐用;运行可靠,维护方便;体积小,重量轻;环境适应性好;转矩脉动低,噪声低。异步电机功率容量覆盖面很广,最高转速高。它可以采用空气冷却或液体冷却方式,冷却自由度高,对环境的适应性好,并且能够实现再生制动。

异步电机具有以下缺点:功率因数低,运行时必须从电网吸收无功电流来建立磁场;控制复杂,易受电机参数及负载变化的影响;转子不易散热;调速性能差,调速范围窄。

3. 永磁同步电机

永磁同步电机是指转子采用永磁材料励磁的同步电机，是国内电动汽车应用的主流。

永磁同步电机具有以下优点：功率因数大，效率高，功率密度大；结构简单、便于维护，使用寿命较长，可靠性高；调速性能好，精度高；具有良好的瞬时特性，转动惯量低，响应速度快；频率高，输出转矩大，极限转速和制动性能优于其他类型的电机；采用电子功率器件作为换向装置，驱动灵活，可控性强；形状和尺寸灵活多样，便于进行外形设计；采用稀土永磁材料后电机的体积小、重量轻。

永磁同步电机具有以下缺点：电机造价较高；在恒功率模式下，操纵较为复杂，控制系统成本较高；弱磁能力差，调速范围有限；永磁材料磁场不可变，要想增大电机的功率，其体积会很大。

4. 开关磁阻电机

开关磁阻电机是采用定转子凸极且极数相接近的大步距磁阻式步进电机的结构，利用转子位置传感器通过电子功率开关控制各相绕组导通使之运行的电机。

开关磁阻电机具有以下优点：结构简单，在电机的转子上没有滑环、绕组和永磁体等，只是在定子上有简单的集中绕组，绕组的端部较短，没有相间跨接线，维护修理容易；可靠性好；工艺性好，适用于高速，环境适应性强；电机转矩的方向与绕组电流的方向无关；适用于频繁启停以及正反向转换运行；启动电流小，转矩大；可控参数多，调速性能好；具有较强的再生制动能力；定子和转子的材料均采用硅钢片，易于获取和回收利用。

开关磁阻电机具有以下缺点：转矩波动大，需要位置检测器；磁场为跳跃性旋转，控制系统复杂；对直流电源会产生很大的脉冲电流；噪声大。开关磁阻电机在电动汽车上的应用还有许多问题需要解决。

二、对驱动电机的要求

电动汽车驱动电机具有以下要求。

（1）低速大转矩、高速宽调速　驱动电机的运行特性要满足电动汽车的要求，在恒转矩区，要求低速运行时具有大转矩，以满足电动汽车加速和爬坡的要求；在恒功率区，要求低转矩时具有高调速范围，以满足电动汽车在平坦的路面能够高速行驶的要求。

（2）高功率密度、轻量化　由于电动汽车安装空间和整车重量限制，要求驱动电机具有高的功率/体积比密度和高的功率/质量比密度。

（3）高效率　驱动电机应在整个运行范围内，具有很高的效率，以提高一次充电的续驶里程。

（4）能够实现能量回馈　驱动电机应能够在汽车减速或制动时将能量回收并反馈给蓄电池，使得电动汽车具有最佳能量的利用率。

（5）控制精度高、动态响应快　电动汽车要求驱动电机系统可控性高，稳态精度高，动态性能好，能够适应路面变化及频繁启动和制动等复杂运行工况。

(6) 高可靠性与安全性　驱动电机应可靠性好，能够在较恶劣的环境下长期工作；车载动力蓄电池和驱动电机的工作电压可以达到 300～800V，要求车辆电气系统和控制系统必须符合国家有关车辆电气控制的安全性能的标准和规定，并满足对高压电和转矩控制的功能安全要求。

(7) 低成本　纯电动汽车驱动电机系统成本占整车制造成本的 10% 左右，降低驱动电机成本，能够减少电动汽车的整体价格，提高性价比。

(8) 低噪声　振动噪声性能是评价电动汽车品质的关键指标之一，电动汽车要求在全工况范围内具有良好的振动噪声性能。

目前，满足上述要求并广泛在电动汽车上应用的驱动电机主要是永磁同步电机和异步电机。

第二节　驱动电机主要性能指标

驱动电机主要性能指标有额定功率、峰值功率、额定转速、最高工作转速、额定转矩、峰值转矩、堵转转矩、额定电压、额定电流、额定频率、电机效率、功率密度和转矩密度等。

(1) 额定功率　额定功率是指电机额定运行条件下轴端输出的机械功率。电机的功率等级为 1kW、2.2kW、3.7kW、5.5kW、7.5kW、11kW、15kW、18.5kW、22kW、30kW、37kW、45kW、55kW、75kW、90kW、110kW、132kW、150kW、160kW、185kW、200kW 及以上。

(2) 峰值功率　峰值功率是指在规定的时间内，电机运行的最大输出功率。

(3) 额定转速　额定转速是指电机额定运行（额定电压、额定功率）条件下电机的最低转速。

(4) 最高工作转速　最高工作转速是在额定电压时，电机带载运行所能达到的最高转速，它影响电动汽车的最高设计速度。

(5) 额定转矩　额定转矩是指电机在额定功率和额定转速下的输出转矩。

(6) 峰值转矩　峰值转矩是指电机在规定的持续时间内允许输出的最大转矩。

(7) 堵转转矩　堵转转矩是指转子在所有角位堵住时所产生的最小转矩。

(8) 额定电压　额定电压是指电机正常工作的电压。电机电源的电压等级为 36V、48V、120V、144V、168V、192V、216V、240V、264V、288V、312V、336V、360V、384V、408V、540V、600V。

(9) 额定电流　额定电流是指电机额定运行（额定电压、额定功率）条件下电枢绕组（或定子绕组）的线电流。

(10) 额定频率　额定频率是指电机额定运行条件下电枢（或定子侧）的频率。当电机在额定运行条件下输出额定功率时，称为满载运行，这时电机的运行性能、经济性及可靠性等均处于优良状态。输出功率超过额定功率时称为过载运行，这时电机的负载电流大于额定电流，将会引起电机过热，从而减少电机使用寿命，严重时甚至烧毁电机。电机的输出功率小于额定功率时称为轻载运行,轻载时电机的效率和功率因数等运行性能均较差,因此应尽量避免电机轻载运行。

(11) 电机效率　电机的输出功率与输入功率之比,称为电机效率。异步电机效率在 90% 左右,永磁同步电机效率在 95% 左右。

(12) 功率密度　功率密度是指每单位质量所能获得的输出功率,也称为比功率。功率密度越大,电机有效材料的利用率越高,相同功率和转矩的电机,其质量越小。目前电机的功率密度一般为 5kW/kg 左右,最高已达到 9kW/kg 左右。

(13) 转矩密度　转矩密度是指每单位质量或单位体积所能获得的输出转矩,提高转矩密度是提高功率密度的重要途径。

第三节　异步电机及其控制

异步电机的种类很多,最常见的分类方法是按转子结构和定子绕组相数分类。按照转子结构来分,有笼型异步电机和绕线型异步电机;按照定子绕组相数来分,有单相异步电机、两相异步电机和三相异步电机。异步电机是各类电机中应用最广、需求量最大的一种。在电动汽车中,主要使用三相异步电机。下面介绍的异步电机就是指三相异步电机。异步是指转子转速与定子磁场的转速不同步。

一、异步电机的结构

异步电机主要由静止的定子和旋转的转子两大部分组成,转子与定子之间没有任何连接和接触,此间隙被称为气隙,通常为 0.2～1mm,并以套筒的结构相互套住,如图 3-1 所示。当定子绕组接通交流电源时,转子就会旋转并输出动力。

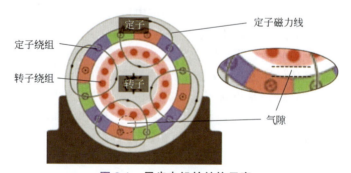

图 3-1　异步电机的结构示意

1. 定子

定子是最外面的圆筒,圆筒内侧缠有很多绕组,这些绕组与外部交流电源接通,由于整个圆筒与机座连接在一起,固定不动,因此称为定子。定子由定子铁芯和定子绕组组成。三相异步电机的定子绕组是一个空间位置对称的三相绕组,每个相位在空间的位置彼此相差 120°。当把三相绕组接成星形，并接通交流电后，则在定子中便产生三个对称电流（三相电流）。三相电流形成旋转的磁场矢量会叠加，并对转子产生影响，使得转子能更快速旋转（相比单相异步电机），其转速可达到 12000～15000r/min 甚至更高，从而驱动电动汽车。

4 极 24 槽异步电机的定子铁芯和定子绕组如图 3-2 所示。输入 50Hz 三相交流电时，产生 1500r/min 的旋转磁场。定子铁芯有 24 个槽，在槽内嵌放着三相交流绕组，即定子绕组，三相绕组采用单层链式绕组，其展开如图 3-3 所示。

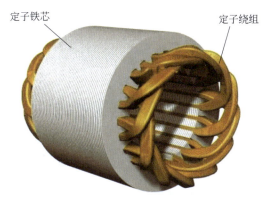

图 3-2　4 极 24 槽异步电机的定子铁芯和定子绕组

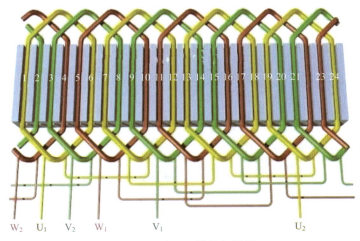

图 3-3　4 极 24 槽绕组展开

2. 转子

转子在定子的内部，其要么是一个缠绕着很多导线的圆柱体（即绕线式转子），要么是笼型结构的圆柱体（即笼式转子），由于转子不被固定，而是与动力输出轴连接在一起旋转，因此又称为转子。

异步电机的转子铁芯外周的许多槽用于嵌放转子绕组，在转子槽内直接形成铝条即绕组，并同时铸出散热的风叶，简单又结实，如图 3-4 所示。可以看出，异步电机与永磁同步电机的转子结构是完全不同的，异步电机的转子没有永磁体，它靠通电才能产生磁场。

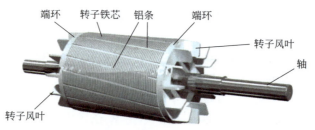

图 3-4 异步电机的转子

二、异步电机的工作原理

异步电机工作原理逻辑如图 3-5 所示，异步电机工作原理如图 3-6 所示。

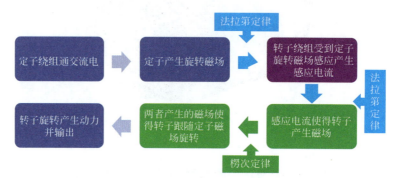

图 3-5 异步电机工作原理逻辑

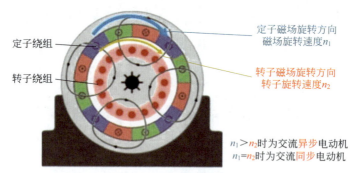

图 3-6 异步电机工作原理

① 当定子上缠绕的绕组通上交流电后，由于交流电的特性，定子绕组就会产生一个旋转的电磁场。

② 转子绕组是一个闭环导体，它处在定子的旋转磁场中，就相当于在不停地切割定子的磁感应线。

③ 根据法拉第定律，闭合导体的一部分在磁场里做切割磁感应线的运动时，导体中就会产生电流，而这个电流又会形成一个电磁场。

④ 此时，就有了两个电磁场：一个是接通外部交流电后而产生的定子电磁场；另一个是因切割定子的电磁感应线而产生电流后形成的转子电磁场。

⑤ 根据楞次定律，感应电流的磁场总要反抗引起感应电流的原因（转子绕组切割定子电磁场的磁感应线），也就是尽力使转子上的导体不再切割定子磁场的磁感应线。

⑥ 转子绕组会不停追赶着定子的旋转电磁场，使转子跟着定子旋转电磁场旋转，最终使电机开始旋转。

在整个工作流程中，由于定子需通电后才能产生旋转的磁场，此磁场使转子发生电磁感应从而旋转，所以转子的转速与定子磁场的转速不同步（转速差为 2% ～ 5%），故称其为异步交流电机；反之，如果两者的转速相同，就称其为同步交流电机。

如果电机转子轴上带有机械负载，则负载被电磁转矩拖动而旋转。当负载发生变化时，转子转速也随之发生变化，使转子导体中的电动势、电流和电磁转矩发生相应变化，以适应负载需要。因此，异步电机的转速是随负载变化而变化的。

异步电机的转子转速与定子旋转磁场的同步转速之间存在转速差，它的大小决定着转子电动势及其频率的大小，直接影响异步电机的工作状态。通常将转速差与同步转速的比值，用转差率表示，即有

$$s_n = \frac{n_1 - n}{n_1} \tag{3-1}$$

式中，s_n 为电机转差率；n_1 为定子旋转磁场的同步转速；n 为转子转速。

转差率是异步电机运行时的一个重要物理量。异步电机运行时，取值范围为 $0 < s < 1$。在额定负载条件下运行时，一般额定转差率为 0.01 ～ 0.06。

三、异步电机数学模型

建立异步（交流感应）电机数学模型时，做如下假设。
① 定、转子表面光滑，绕组三相对称，电磁场呈空间正弦分布。
② 忽略温度、供电频率变化对电机参数的影响。
③ 忽略铁芯损耗、磁路饱和、涡流等现象。
④ 电机结构绝对对称，三相绕组各参数相同，自感和互感现象恒定。

异步电机物理等效模型如图 3-7 所示，定子和转子均为相差 120° 的三相对称绕组，定子定轴线分别为 A、B 和 C，转子动轴线分别为 a、b 和 c。向定子线圈通三相交流电，定子 A 相和转子 a 相的电阻分别为 R_s 和 R_r，转子逆时针旋转，角速度为 ω_{re}。当转子转过角度为 θ_{re} 时，定子 A 相自感及其与转子 a 相互感分别为 L_s 和 M，转子 a 相自感及其与定子 A 相互感分别为 l_r 和 $M\cos\theta_{re}$。

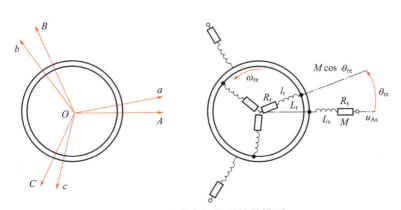

图 3-7 异步电机物理等效模型

1. 用三相静止坐标系表示磁链和电压方程

绕组磁链包括自感和互感磁链，其中互感磁链又包括自绕组之间的磁通和定转子相互绕组之间的磁通，定转子绕组磁链方程式为

$$[\psi] = [L][i] = \begin{bmatrix} L_{XX} & M_{XY} \\ m_{XY} & l_{XX} \end{bmatrix}[i] \tag{3-2}$$

式中，ψ 为绕组总磁链矩阵；L 为绕组总电感矩阵；i 为绕组总电流矩阵；L_{XX} 为定子 X 相绕组的自感；l_{XX} 为转子 X 相绕组的自感；M_{XY} 为定子 X 相绕组对转子 Y 相绕组的互感；m_{XY} 为转子 X 相绕组对定子 Y 相绕组的互感。

定子和转子绕组的匝数相等，并且忽略不穿过气隙的漏磁通，因此定子和转子之间的互感磁通相等；由于定子和转子自相绕组参数相同，三相绕组的自感磁通相等，并且交链磁通等于互感与漏感磁通之和，则有

$$M_s = m_r \tag{3-3}$$

$$\begin{aligned} L_{AA} &= L_{BB} = L_{CC} = M_s + l_{ls} \\ l_{aa} &= l_{bb} = l_{cc} = m_r + l_{lr} = M_s + l_{lr} \end{aligned} \tag{3-4}$$

式中，M_s 为与定子一相绕组交链的最大互感；m_r 为与转子一相绕组交链的最大互感；l_{ls} 为定子各相漏感；l_{lr} 为转子各相漏感；L_{AA}、L_{BB}、L_{CC} 分别为定子 A 相、B 相、C 相绕组的自感；l_{aa}、l_{bb}、l_{cc} 分别为转子 a 相、b 相、c 相绕组的自感。

由于磁场成空间正弦分布，定子和转子的三轴相位差为 ±120°，因此，固定位置的互感值为

$$\begin{aligned} M_{AB} &= M_{BC} = M_{CA} = M_{BA} = M_{CB} = M_{AC} = M_s \cos 120° = -\frac{1}{2}M_s \\ m_{ab} &= m_{bc} = m_{ca} = m_{ba} = m_{cb} = m_{ac} = m_r \cos 120° = -\frac{1}{2}m_r = -\frac{1}{2}M_s \end{aligned} \tag{3-5}$$

设转子机械转角为 θ_m，不同位置下定子和转子绕组间互感值为

$$\begin{aligned} M_{Aa} &= m_{aA} = M_{Bb} = m_{bB} = M_{Cc} = m_{cC} = M_s \cos \theta_m \\ M_{Ac} &= m_{cA} = M_{Ba} = m_{aB} = M_{Cb} = m_{bC} = M_s \cos(\theta_m - 120°) \\ M_{Ab} &= m_{bA} = M_{Bc} = m_{cB} = M_{Ca} = m_{aC} = M_s (\theta_m + 120°) \end{aligned} \tag{3-6}$$

令定子和转子每相绕组的合成磁链分别为 ψ_A、ψ_B、ψ_C 和 ψ_a、ψ_b、ψ_c，定子和转子每相绕组电流分别为 i_A、i_B、i_C 和 i_a、i_b、i_c，定子和转子绕组磁链方程式变为

$$[\psi] = \begin{bmatrix} \psi_s \\ \psi_r \end{bmatrix} = \begin{bmatrix} L_{ss} & L_{sr} \\ L_{rs} & L_{rr} \end{bmatrix} \begin{bmatrix} i_s \\ i_r \end{bmatrix} \tag{3-7}$$

式中，$\psi_s = [\psi_A \ \psi_B \ \psi_C]^T$；$\psi_r = [\psi_a \ \psi_b \ \psi_c]^T$；$i_s = [i_A \ i_B \ i_C]^T$；

$i_r = [i_a \ i_b \ i_c]^T$；$L_{ss} = \begin{bmatrix} M_s + l_{ls} & -\frac{1}{2}M_s & -\frac{1}{2}M_s \\ -\frac{1}{2}M_s & M_s + l_{ls} & -\frac{1}{2}M_s \\ -\frac{1}{2}M_s & -\frac{1}{2}M_s & M_s + l_{ls} \end{bmatrix}$；$L_{rr} = \begin{bmatrix} M_s + l_{lr} & -\frac{1}{2}M_s & -\frac{1}{2}M_s \\ -\frac{1}{2}M_s & M_s + l_{lr} & -\frac{1}{2}M_s \\ -\frac{1}{2}M_s & -\frac{1}{2}M_s & M_s + l_{lr} \end{bmatrix}$

$$L_{\mathrm{rs}}=L_{\mathrm{sr}}^{\mathrm{T}}=M_{\mathrm{s}}\begin{bmatrix}\cos\theta_{\mathrm{m}} & \cos(\theta_{\mathrm{m}}-120°) & \cos(\theta_{\mathrm{m}}+120°)\\ \cos(\theta_{\mathrm{m}}+120°) & \cos\theta_{\mathrm{m}} & \cos(\theta_{\mathrm{m}}-120°)\\ \cos(\theta_{\mathrm{m}}-120°) & \cos(\theta_{\mathrm{m}}+120°) & \cos\theta_{\mathrm{m}}\end{bmatrix}。$$

令定子和转子每相绕组相电压分别为 u_A、u_B、u_C 和 u_a、u_b、u_c，由基尔霍夫电压及法拉第电磁感应定律，获得定子和转子三相绕组电压平衡方程为

$$\begin{bmatrix}u_A\\ u_B\\ u_C\\ u_a\\ u_b\\ u_c\end{bmatrix}=\begin{bmatrix}R_{\mathrm{s}} & 0 & 0 & 0 & 0 & 0\\ 0 & R_{\mathrm{s}} & 0 & 0 & 0 & 0\\ 0 & 0 & R_{\mathrm{s}} & 0 & 0 & 0\\ 0 & 0 & 0 & R_{\mathrm{r}} & 0 & 0\\ 0 & 0 & 0 & 0 & R_{\mathrm{r}} & 0\\ 0 & 0 & 0 & 0 & 0 & R_{\mathrm{r}}\end{bmatrix}\begin{bmatrix}i_A\\ i_B\\ i_C\\ i_a\\ i_b\\ i_c\end{bmatrix}+p\begin{bmatrix}\psi_A\\ \psi_B\\ \psi_C\\ \psi_a\\ \psi_b\\ \psi_c\end{bmatrix} \tag{3-8}$$

式中，R_{s} 为定子单相绕组的电阻；R_{r} 为转子单相绕组的电阻；p 为微分算子 $\dfrac{\mathrm{d}}{\mathrm{d}t}$。

设电机转子旋转角速度为 ω_{re}，则角速度表达式为

$$\omega_{\mathrm{re}}=p\theta_{\mathrm{m}} \tag{3-9}$$

联立式（3-7）～式（3-9）可得

$$\begin{bmatrix}u_{\mathrm{s}}\\ u_{\mathrm{r}}\end{bmatrix}=\begin{bmatrix}R_{\mathrm{S}} & 0\\ 0 & R_{\mathrm{R}}\end{bmatrix}\begin{bmatrix}i_{\mathrm{s}}\\ i_{\mathrm{r}}\end{bmatrix}+\begin{bmatrix}L_{\mathrm{ss}} & L_{\mathrm{sr}}\\ L_{\mathrm{rs}} & L_{\mathrm{rr}}\end{bmatrix}\begin{bmatrix}\dfrac{\mathrm{d}i_{\mathrm{s}}}{\mathrm{d}t}\\ \dfrac{\mathrm{d}i_{\mathrm{r}}}{\mathrm{d}t}\end{bmatrix}+\begin{bmatrix}\dfrac{\mathrm{d}L_{\mathrm{ss}}}{\mathrm{d}\theta_{\mathrm{m}}} & \dfrac{\mathrm{d}L_{\mathrm{sr}}}{\mathrm{d}\theta_{\mathrm{m}}}\\ \dfrac{\mathrm{d}L_{\mathrm{rs}}}{\mathrm{d}\theta_{\mathrm{m}}} & \dfrac{\mathrm{d}L_{\mathrm{rr}}}{\mathrm{d}\theta_{\mathrm{m}}}\end{bmatrix}\begin{bmatrix}i_{\mathrm{s}}\\ i_{\mathrm{r}}\end{bmatrix}\omega_{\mathrm{re}} \tag{3-10}$$

式中，$R_{\mathrm{S}}=\begin{bmatrix}R_{\mathrm{s}} & 0 & 0\\ 0 & R_{\mathrm{s}} & 0\\ 0 & 0 & R_{\mathrm{s}}\end{bmatrix}$；$R_{\mathrm{R}}=\begin{bmatrix}R_{\mathrm{r}} & 0 & 0\\ 0 & R_{\mathrm{r}} & 0\\ 0 & 0 & R_{\mathrm{r}}\end{bmatrix}$。

2. 用三相静止坐标系表示转矩和运动方程

电磁转矩为转子机械角变化时电磁能变化率，由机电能转换原理，可以获得三相绕组储存的电磁能 W 的表达式为

$$W=\dfrac{1}{2}\begin{bmatrix}i_{\mathrm{s}}\\ i_{\mathrm{r}}\end{bmatrix}^{\mathrm{T}}\begin{bmatrix}L_{\mathrm{ss}} & L_{\mathrm{sr}}\\ L_{\mathrm{rs}} & L_{\mathrm{rr}}\end{bmatrix}\begin{bmatrix}i_{\mathrm{s}}\\ i_{\mathrm{r}}\end{bmatrix} \tag{3-11}$$

异步电机电磁转矩的表达式为

$$T_{\mathrm{e}}=\dfrac{\partial W}{\partial \theta_{\mathrm{m}}}=n_{\mathrm{p}}\dfrac{\partial W}{\partial \theta}=\dfrac{1}{2}n_{\mathrm{p}}\begin{bmatrix}i_{\mathrm{s}}\\ i_{\mathrm{r}}\end{bmatrix}^{\mathrm{T}}\begin{bmatrix}0 & \dfrac{\partial L_{\mathrm{sr}}}{\partial \theta}\\ \dfrac{\partial L_{\mathrm{rs}}}{\partial \theta} & 0\end{bmatrix}\begin{bmatrix}i_{\mathrm{s}}\\ i_{\mathrm{r}}\end{bmatrix}=n_{\mathrm{p}}M_{\mathrm{s}}\begin{bmatrix}i_{Aa}i_{Bb}i_{Cc}\\ i_{Ab}i_{Bc}i_{Ca}\\ i_{Ac}i_{Ba}i_{Cb}\end{bmatrix}\begin{bmatrix}\sin\theta\\ \sin\left(\theta+\dfrac{2}{3}\pi\right)\\ \sin\left(\theta+\dfrac{4}{3}\pi\right)\end{bmatrix}$$

$$\tag{3-12}$$

式中，T_e 为电磁转矩；n_p 为交流感应电机极对数。

异步电机的运动方程为

$$T_e - T_L = \frac{J}{n_p} \times \frac{d\omega_{re}}{dt} + \frac{D}{n_p} + \frac{K}{n_p}\theta_m \qquad (3-13)$$

式中，T_L 为负载转矩；J 为整个系统的转动惯量；D 为阻转矩阻尼系数；K 为扭转弹性转矩系数。

当负载为恒转矩时，有 $D=K=0$。

3. Clark 变换

为了简化表示方法，便于分析电机性能，对电压方程和转矩方程进行 Clark 变换，将三相坐标系 A-B-C 变换成两相直角坐标系 ∂-β，如图 3-8 所示。

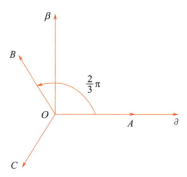

图 3-8 α-β 坐标系

设变换矩阵为 C_1，根据变换前后能量不变原则，则根据图 3-8 得到两坐标系关系式为

$$\begin{bmatrix} \partial \\ \beta \\ \delta \end{bmatrix} = [C_1]\begin{bmatrix} A \\ B \\ C \end{bmatrix} = m\begin{bmatrix} 1 & -\frac{1}{2} & -\frac{1}{2} \\ 0 & \frac{\sqrt{3}}{2} & -\frac{\sqrt{3}}{2} \\ \gamma & \gamma & \gamma \end{bmatrix}\begin{bmatrix} A \\ B \\ C \end{bmatrix} \qquad (3-14)$$

$$[C_1][C_1]^T = [I] \qquad (3-15)$$

式中，A、B、C 分别为三相交流坐标系的物理量；∂、β 分别为两相静止坐标系的物理量；δ 为虚设的坐标系物理量；m 为待定系数；γ 为虚设的待定系数；I 为单位矩阵。

异步电机不存在零相，且满足电压与电流矢量和为零，可推导出变换矩阵 C_1 的表达式为

$$[C_1] = \sqrt{\frac{2}{3}}\begin{bmatrix} 1 & -\frac{1}{2} & -\frac{1}{2} \\ 0 & \frac{\sqrt{3}}{2} & -\frac{\sqrt{3}}{2} \end{bmatrix} \qquad (3-16)$$

在 ∂-β 坐标系下的电压为

$$\begin{bmatrix} u_{\alpha s} \\ u_{\beta s} \\ 0 \\ 0 \end{bmatrix} = \begin{bmatrix} R_s + p(M'_s + l_{ls}) & 0 & pM'_s & 0 \\ 0 & R_s + p(M'_s + l_{ls}) & 0 & pM'_s \\ pM'_s & \omega_{re}M'_s & R_r + p(M'_s + l_{lr}) & \omega_{re}(M'_s + l_{lr}) \\ -\omega_{re}M'_s & pM'_s & -\omega_{re}(M'_s + l_{lr}) & R_r + p(M'_s + l_{lr}) \end{bmatrix} \begin{bmatrix} i_{\alpha s} \\ i_{\beta s} \\ i_{\alpha r} \\ i_{\beta r} \end{bmatrix}$$

(3-17)

式中，$u_{\alpha s}$ 为 α 相定子电压；$u_{\beta s}$ 为 β 相定子电压；M'_s 为 $\frac{3}{2}M_s$；$i_{\alpha s}$ 为 α 相定子电流；$i_{\beta s}$ 为 β 相定子电流；$i_{\alpha r}$ 为 α 相转子电流；$i_{\beta r}$ 为 β 相转子电流。

定子磁链的表达式为

$$\psi_{s\alpha\beta} = \int (u_{s\alpha\beta} - R_s i_{s\alpha\beta}) dt \tag{3-18}$$

式中，$\psi_{s\alpha\beta}$ 为两相静止坐标系下定子磁链；$u_{s\alpha\beta}$ 为两相静止坐标系下定子电压；$i_{s\alpha\beta}$ 为两相静止坐标系下定子电流。

将式（3-18）进行离散化，对于磁链积分运算采用离散梯形积分（即进行 z 变换），其表达式变为

$$\psi_{s\alpha\beta} = (u_{s\alpha\beta} - R_s i_{s\alpha\beta}) \frac{KT_s(z+1)}{2(z-1)} \tag{3-19}$$

式中，K 为积分系数；T_s 为采样时间。

转矩方程表达式可以由定子和转子电流及交链磁链表示为

$$T_e = pM'_s(i_{\beta s}i_{\alpha r} - i_{\alpha s}i_{\beta r}) \tag{3-20}$$

利用异步电机数学模型，可以仿真分析异步电机输出特性和控制。

四、异步电机的控制

异步电机是一个多输入、输出系统，其中变量电压、电流、频率、磁通、转速之间又相互影响，所以又是强耦合的多变量系统。对异步电机的控制主要有矢量控制和直接转矩控制等。

1. 矢量控制

矢量控制理论采用矢量分析的方法来分析异步电机内部的电磁过程，是建立在异步电机的动态数学模型基础上的控制方法。它将异步电机的定子电流解耦成互相独立的产生磁链的分量和产生转矩的分量，分别控制这两个分量就可以实现对异步电机的磁链控制和转矩控制的完全解耦，从而达到理想的动态性能。

异步电机矢量控制是基于磁场定向的方法，其调速控制系统的方式比较复杂，常用的控制策略有转子磁场定向矢量控制、转差率矢量控制、气隙磁场定向矢量控制、定子磁场定向矢量控制。

（1）转子磁场定向矢量控制原理　交流电机的转矩与定转子旋转磁场及其夹角

有关，要控制好转矩，必须精确检测和控制磁通，在此种控制方式中，检测出定子电流的 d 轴分量，就可以观测出转子磁链的幅值。当转子磁链恒定时，电磁转矩和电流的 q 轴分量成正比，忽略反电动势引起的交叉耦合，可以由电压方程 d 轴分量控制转子磁通，q 轴分量控制转矩。目前大多数变频系统是使用此种控制方法的，它实现了系统的完全解耦，但是其最大的缺点是转子磁通的观测受转子时间常数的影响。

（2）转差率矢量控制原理　如果使电机的定子、转子或气隙磁场中一个保持不变，电机的转矩就主要由转差率决定。因此，此方法主要考虑转子磁通的稳态方程式，从转子磁通直接得到定子电流 d 轴分量，通过对定子电流的有效控制，形成了转差率矢量控制，避免了磁通的闭环控制，不需要实际计算转子的磁链，用转差率和量测的转速相加后积分来计算磁通相对于定子的位置，但此种方法主要应用在低速系统中，而且系统性能同样受转子参数变化影响。

（3）气隙磁场定向矢量控制原理　除了转子磁场的定向控制以外，还有一些控制系统使用的是气隙磁场的定向控制。此种方法比转子磁场的控制方式要复杂，但其利用了气隙磁通易于观测的优点，保持气隙磁通的恒定，从而使转矩与 q 轴电流成正比，直接对 q 轴进行电流控制，达到控制驱动电机的目的。

（4）定子磁场定向矢量控制原理　由于转子磁通的检测容易受电机参数影响，气隙磁通的检测需要附加一些额外的检测器件等弊端的存在，国内外兴起了定子磁场定向的矢量控制方法。此种方法是通过保持定子磁通不变，控制与转矩成正比的 q 轴电流，从而控制电机。但是，此种方法和气隙磁场定向的矢量控制一样，需要对电流进行解耦，而且以定子电压作为测量量，容易受到电机转速的影响。

矢量控制变频器可以分别对异步电机的磁通和转矩电流进行检测及控制，自动改变电压和频率，使指令值和检测实际值达到一致，从而实现变频调速，大大提高电机控制静态精度和动态品质，转速精度约等于 0.5%，转速响应也较快。采用矢量变频器异步电机控制具有以下特点。

① 可以从零转速起进行速度控制，因此调速范围很宽广。
② 可以对转矩实行较精确的控制。
③ 系统的动态响应速度很快。
④ 电机的加速度特性很好。

带速度传感器矢量控制变频器的异步电机闭环变频调速技术性能虽较好，但是需要在异步电机轴上安装速度传感器，而且在某些情况下，由于电机本身或环境的限制因素无法安装速度传感器。另外，系统增加了反馈电路和其他辅助环节，也增加了出故障的概率，因此，对于调速范围、转速精度和动态品质要求不是特别高的场合，往往采用无速度传感器矢量变频式的开环控制异步电机变频调速系统。

2. 直接转矩控制

直接转矩控制是将电机输出转矩作为直接控制对象，通过控制定子磁场向量控制电机转速。它不需要复杂的坐标变换，也不需要依赖转子数学模型，只是通过控制 PWM 型逆变器的导通和切换方式，控制电机的瞬时输入电压，改变磁链的旋转速度来控制瞬时转矩，使系统性能对转子参数呈现鲁棒性，并且这种方法被推广到弱磁调速范围。逆变器的 PWM 采用电压空间向量控制方式，性能优越。但同时不可避免地产生转矩脉动,调速性能降低的问题。此外,该方法对逆变器开关频率提高的限制较大,定子电阻对电机低速性能也有较大影响,如在低速区,定子电阻的变化引起的定子电流和磁链的畸变,以及转矩脉动、死区效应和开关频率等问题。

直接转矩控制系统控制原理如图 3-9 所示。该系统主要包括磁链调节器、转矩调节器、转速调节器等,其中磁链观测器对磁链观测的准确性对整个控制系统的稳定性有着举足轻重的作用,而开关策略和磁链、转矩调节是先进控制算法的核心部分。

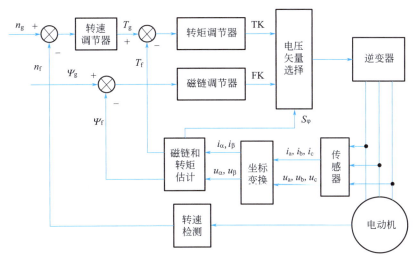

图 3-9 直接转矩控制系统控制原理

(1) 磁链观测器 定子磁链观测器的准确性,可以说是直接转矩控制技术实现的关键。定子磁链无论是幅值还是相位,若出现较大的误差,控制性能都会变坏,或者出现不稳定。解决磁链问题的较通用的方法是采用间接测量的方法,即通过测量的定子电压、定子电流和转速等建立定子磁链的观测模型,在控制中实时、准确地算出定子磁链的幅值和相位。常用的磁链观测模型有基于定子电压和电流的磁链观测模型、基于定子电流和转速的磁链观测模型以及基于定子电压和转速的磁链观测模型。

(2) 磁链调节器 控制定子磁链在给定值的附近变化,输出磁链控制信号。

(3) 转矩观测器 转矩观测器的任务是用状态检测转矩模型,完成电磁转矩的计算。

(4) 转矩调节器 转矩调节器的任务是实现对转矩的直接控制,直接转矩控制的名称由此而来。为了控制转矩,转矩调节必须具备两个功能:一个功能是转矩调节器直接调节转矩;另一个功能是在调节转矩的同时,控制定子磁链的旋转方向,以加强转矩的调节。

(5) 转速调节器 在直接转矩控制系统中,主要是通过控制电压空间矢量来控制转速,从而控制转矩。而转矩的控制又成为转速控制的基础,故在系统中应用闭环控制。闭环控制系统具有简洁、直观、有效的特点,从传感器中引出转速反馈信号与转速给定信号,进行比较后送入 PI 调节器,调节器的输出直接作为转矩的给定值,便可以实现转速的闭环控制。

控制过程如下:通过传感器检测得到定子电流、电压的 α-β 分量,然后通过磁链观测器和转矩观测器分别获得定子磁链的实际值 Ψ_f 和转矩的实际值 T_f,将定子磁链的实

际值 Ψ_f 与给定值 Ψ_g 输入磁链调节器，通过滞环比较器实现磁链的自控制。转速给定值 n_g 与通过速度测量得到的转速 n_f 之差经过转速调节器得到转矩给定值 T_g，将转矩的实际值 T_f 与给定值 T_g 输入转矩调节器，实现转矩的自动控制。

与矢量控制相比，直接转矩控制有以下主要特点。

① 直接转矩控制直接在定子坐标系下分析交流电机的数学模型，控制电机的磁链和转矩。它不需要将交流电机与直流电机做比较、等效和转化，既不需要模仿直流电机的控制，也不需要为解耦而简化交流电机的数学模型，它省掉了矢量旋转变换等复杂的变换和计算，因此，它所需要的信号处理工作特别简单，所用的控制信号使观察者对于交流电机的物理过程能够做出直接和明确的判断。

② 直接转矩控制磁通估算所用的是定子磁链，只要知道定子电阻就可以把它观测出来。而磁场定向矢量控制所用的是转子磁链，观测转子磁链需要知道电机转子电阻和电感，因此直接转矩控制大大减少了矢量控制技术中控制性能易受参数变化影响的问题。

③ 直接转矩控制采用空间矢量的概念来分析三相交流电机的数学模型和控制其物理量，使问题变得特别简单明了。与矢量控制的方法不同，它不是通过控制电流、磁链等量来间接控制转矩，而是把转矩直接作为被控量直接控制转矩，因此它并非极力获得理想的正弦波波形，也不专门强调磁链为完全理想的圆形轨迹；相反，从控制转矩的角度出发，它强调的是转矩的直接控制效果，因而它采用离散的电压状态和六边形磁链轨迹或近似圆形磁链轨迹的概念。

④ 直接转矩控制技术对转矩实行直接控制，它的控制效果不取决于电机的数学模型是否能够简化，而是取决于转矩的实际状况。它的控制既直接又简化，因此，从理论上看，直接转矩控制有矢量控制所不及的转子参数鲁棒性和结构上的简单性。然而在技术实现上，直接转矩控制往往很难体现优越性，调速范围不及矢量控制宽，其根源主要是其低速转矩特性差、稳态转矩脉动的存在及带负载能力的下降，这些问题需要加以解决。

除此之外，自适应控制、模糊控制等现代控制和智能控制理论也开始应用于异步电机的控制。

如图 3-10 所示为特斯拉 Model S 采用的前驱异步电机，其峰值功率为 193kW，峰值转矩为 330N·m，最高转速为 18000r/min。

图 3-10　特斯拉 Model S 采用的前驱异步电机

电机剖面如图 3-11 所示，电机采用水冷，冷却液分成两路：第一路流入转子中心，第二路流入定子冷却水套，流量比分别为 20% 和 80%。第一路冷却液离开转子轴，通过导管流向变速器冷却系统；第二路冷却液退出蛇形水套后，进入逆变器冷却回路；最后又合并在一起，形成循环。

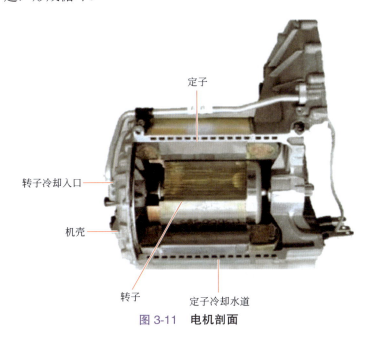

图 3-11　电机剖面

电机冷却水道示意如图 3-12 所示。

图 3-12　电机冷却水道示意

该电机的转子外直径为 155.8mm，内直径为 50mm，转子长度为 153.8mm，转子槽数为 74 个；定子外直径为 254mm，内直径为 157mm，定子长度为 152.6mm，定子槽数为 60 个。定子三相连接示意如图 3-13 所示。

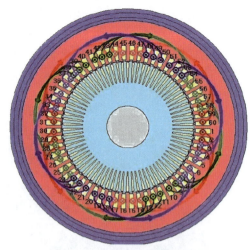

图 3-13 定子三相连接示意图

奔驰 EQA 纯电动汽车的驱动形式为前置前驱,搭载的驱动电机为交流异步电机,电机峰值功率为 140kW,峰值转矩为 375N·m;变速器采用单挡变速器,如图 3-14 所示。

图 3-14 奔驰 EQA 纯电动汽车搭载的异步电机

第四节
永磁同步电机及其控制

永磁同步电机(Permanent Magnet Synchronous Motor,PMSM)因具有效率高、转速范围宽、体积小、重量轻、功率密度大、成本低等优点,成为纯电动乘用车市场的主要驱动电机。

一、永磁同步电机的类型

按照永磁体在转子上位置的不同,永磁同步电机可分为表面式永磁转子和内置式永磁转子结构两大类。

1. 表面式永磁转子结构

表面式永磁转子结构如图 3-15 所示。该结构电机具有以下特点。

① 交直轴磁路基本对称,凸极率(交轴电感与直轴电感之比)为 1,它是一种典型的隐极电机,无凸极效应和磁阻转矩。

② 交直轴磁路的等效气隙都很大,电枢反应比较小。

③ 该类电机用作牵引电机时,动态响应快,转矩脉动小,但弱磁能力较差,其恒功率弱磁运行范围通常都比较小。

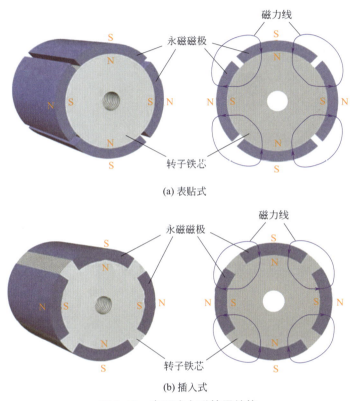

图 3-15 表面式永磁转子结构

2. 内置式永磁转子结构

内置式永磁转子结构的永磁体位于转子铁芯内部,其表面与气隙之间有铁磁物质的极靴,永磁体受到极靴的保护。内置式永磁转子结构如图 3-16 所示,它具有径向式、切向式和 U 形混合式三种形式。该结构电机具有以下特点。

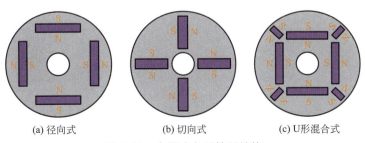

图 3-16 内置式永磁转子结构

转子交直轴磁路不对称，电机凸极率大于1，电磁转矩由永磁转矩和磁阻转矩共同产生，因此，内置式永磁转子电机也称为永磁磁阻电机，磁阻转矩提高了电机的过载能力，而且易于弱磁扩散，扩大了电机的恒功率运行范围。

(1) 径向式永磁转子结构　径向式永磁转子结构如图 3-17 所示。把永磁体插入转子铁芯的安装槽内，如图 3-17 的左图所示；磁极的极性与磁通走向如图 3-17 的右图所示，可看出隔磁空气槽具有减小漏磁的作用。这是一个 4 极转子。

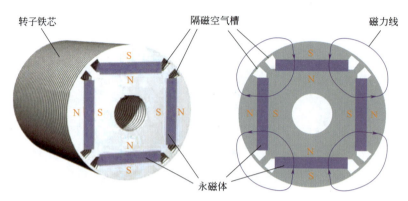

图 3-17　径向式永磁转子结构

(2) 切向式永磁转子结构　切向式永磁转子结构如图 3-18 所示。如图 3-18 的左图所示是切向安装永磁体的笼型绕组转子，这也是一个 4 极转子，为了防止永磁体的磁通通过转轴短路，在转轴与转子铁芯间加装有隔磁材料，转子的磁通走向如图 3-18 的右图所示。

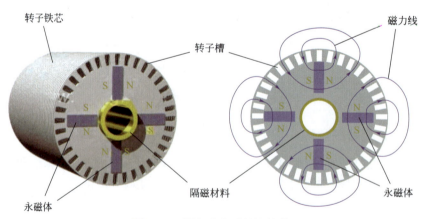

图 3-18　切向式永磁转子结构

径向式结构的永磁同步电机的漏磁系数较小，不需要采取隔离措施，极弧系数易于控制，转子强度高，永磁体不易变形；切向式结构的永磁同步电机漏磁系数大，需要采取隔离措施，每极磁通大，极数多，磁阻转矩大。

(3) U 形混合式永磁转子结构　U 形混合式永磁转子结合了径向式和切向式的优点，但结构和工艺复杂，成本高。

二、永磁同步电机的结构

永磁同步电机属于交流电机的一种，其转子由带有永久磁场的钢制成，电机工作时给定子通电，产生旋转磁场推动转子转动，而"同步"的意思是在稳态运行时，转子的旋转速度与磁场的旋转速度同步。

永磁同步电机主要由定子、转子及冷却系统（水道）等组成，其内部结构如图3-19所示。动力线将电机控制器产生的三相交流电输送到电机的定子上，定子在三相交流电的作用下产生按照一定规律变化的旋转磁场，转子在定子产生的旋转磁场的作用下旋转，电机轴将转子产生的动能输出，旋转变压器可以检测电机转子转动时的角度和角速度并输出到电机控制器作为控制电机的依据，其中的水道用于给电机散热。

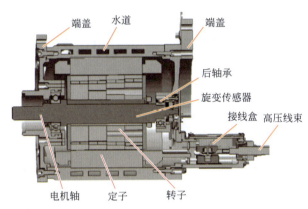

图3-19 永磁同步电机的结构

1. 定子

永磁同步电机的定子由定子铁芯和定子绕组构成，如图3-20所示。

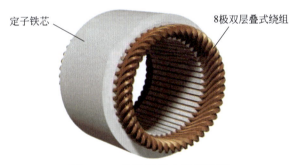

图3-20 永磁同步电机的定子

定子铁芯采用硅钢片经裁剪、冲制、叠压而成。电动汽车永磁同步电机的硅钢片具有以下要求。

① 硅钢片材料应具有较大的磁感应强度、磁导率和较低的铁损，以保证永磁同步电机低速大转矩、高速恒功率。

② 硅钢片材料要具有较高的抗拉和屈服强度，以保证永磁同步电机转速范围宽、频繁启停。

③ 硅钢片材料应具有良好的力学性能，以保证永磁同步电机低震动噪声。

④ 硅钢片材料应有较大的热导率和较高的热稳定性，以适应永磁同步电机工作环境恶劣，温度变化大。

目前电动汽车用永磁同步电机主要采用 0.25mm、0.27mm、0.3mm 及 0.35mm 厚的硅钢片，部分电机采用 0.2mm 硅钢片，以进一步降低铁损。

绕组是永磁同步电机的关键部件，其制造质量对电机的性能、寿命及可靠性等有着重要的影响，而绕组的设计、制作、嵌装以及绝缘工艺等都是影响绕组质量的关键因素。合理地进行绕组设计可以有效减少铜耗，提升电机的效率，降低电机的温升，减小电机的体积，降低电机的重量，提高电机的功率密度等。

绕组分为分数槽集中式绕组和分布式绕组，如图 3-21 所示。

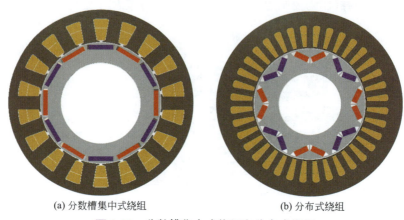

(a) 分数槽集中式绕组　　　　(b) 分布式绕组

图 3-21　分数槽集中式绕组和分布式绕组

集中式绕组是将线圈缠绕在定子齿上，其具有转矩特性优异、定位转矩小、转矩波动小的优点。下面通过一个 12 槽 8 极的分数槽集中绕组永磁同步电机模型介绍其基本结构。

分数槽集中式绕组永磁同步电机的最大特点是集中绕组，如图 3-22（a）所示是定子铁芯结构，铁芯内圆周开了 12 个槽，形成 12 个齿，每个齿端部都有极靴；把线圈直接绕在定子齿极上，所有线圈节距为 1，称为集中绕组，共 12 个线圈。为显示清晰，在原理介绍时采用单层线圈表示，如图 3-22（b）所示是绕有线圈的定子。显然，集中绕组的线圈端部长度短，铜损小，效率就高；绕组无重叠，相间绝缘好；线圈易机械下线，降低生产成本。

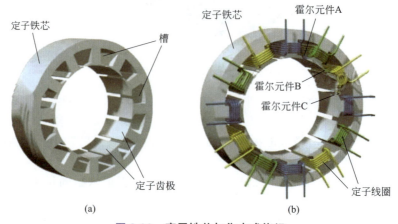

图 3-22　定子铁芯与集中式绕组

2. 转子

对于 12 个槽的分数槽集中式绕组永磁同步电机的转子，可以是 8 个极、10 个极、14 个极和 16 个极。本模型的永磁体转子有 8 个极（4 对极），8 个永磁体采用表面贴片式，磁极的磁场方向为径向，蓝色永磁体磁场方向向外，为 N 极；红色永磁体磁场方向向内，为 S 极。如图 3-23（a）所示是转子结构示意，如图 3-23（b）所示是定子与转子布置。

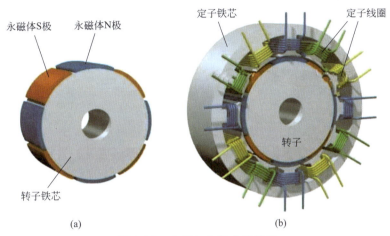

图 3-23 定子与 8 极永磁转子

在图 3-23 中，4 个蓝色线圈串联组成 A 相绕组；4 个绿色线圈串联组成 B 相绕组；4 个黄色线圈串联组成 C 相绕组。12 槽 8 极分数槽集中式绕组展开如图 3-24 所示，12 个线圈组成三相绕组，三相的末端连接起来构成星形接法。

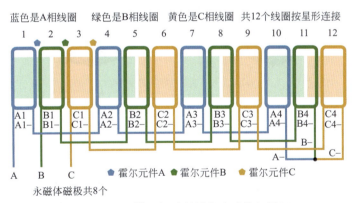

图 3-24 12 槽 8 极分数槽集中式绕组展开

对于集中式绕组，常用的电机极槽配合有 12 槽 8 极、30 槽 20 极、54 槽 48 极等。集中式绕组适用于轴向尺寸要求苛刻的场合，如布置于发动机与变速器之间，较为典型的应用有本田的运动型混动电机和大众桑塔纳 P2 插电式混合动力系统。分数槽集中式绕组永磁同步电机适宜做成大转矩、低转速电机，如直驱式轮毂电机。

分布式绕组的电机定子没有凸形极掌，每个磁极由一个或几个线圈按照一定的规律嵌装布线组成线圈组，通电后形成不同极性的磁极，故也称隐极式。分布式绕阻绕组系数高，齿槽转矩小，转矩脉动小，适用于高速驱动电机，已经成为电动汽车驱动电机的主流设计方式。

电动汽车驱动电机多采用 48 槽 8 极的结构，如图 3-25 所示。

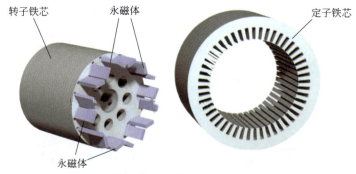

图 3-25　48 槽 8 极的结构

典型的分布式绕组为丰田普锐斯 THS 系统的驱动电机，从第一代至第四代均采用分布式绕组，通过电机的高速化，实现了功率密度的不断提升。普锐斯的驱动电机从第一代到第四代均采用 48 槽 8 极电机，其中第一代到第三代为圆铜线绕组，第四代为扁铜线绕组，如图 3-26 所示。

(a) 第三代普锐斯电机圆铜线绕组

(b) 第四代普锐斯电机扁铜线绕组

图 3-26　普锐斯电机的圆铜线绕组和扁铜线绕组

圆铜线绕组的加工工艺比较简单，绕组的匝数便于调节，但端部尺寸一般较大，用铜量较多，发热严重，如果设计不合理，会使槽满率降低，严重时会影响电机的温升。扁铜线绕组与圆铜线绕组相比，由于扁铜线绕阻下线前形状已经成形，而且不会轻易变形，所以扁铜线绕组的端部可以做到规则且短，既节省了端部的用铜量，又减小了电阻，同时规则的排列有利于端部绕组的散热。由于是成形绕组，所以在槽内接触紧密，与铁芯接触良好，能够充分进行散热。由于接触面积大，可以使得槽满率做得很高，效率相对就高。

转子主要由永磁体、转子铁芯和转轴等构成，如图3-27所示。

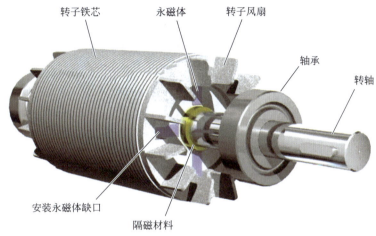

图3-27 永磁同步电机的转子

3. 冷却系统

永磁同步电机的冷却方式主要有水冷和油冷两种形式。目前永磁同步电机的冷却方式多为机壳水冷方式，如图3-28所示。该冷却方式可满足大部分的使用要求，但也有其自身不足，主要表现在电机的内部热量需经过层层材料传递到外部，才能被机壳中的冷却液带走。比如电机内部的绕组，其产生的热量要先传递到定子铁芯，再传递到机壳，最后才传递到冷却液。由于热阻的存在，冷却液和绕组之间必然存在一定的温度梯度，从而导致绕组温度聚积，形成局部热点。

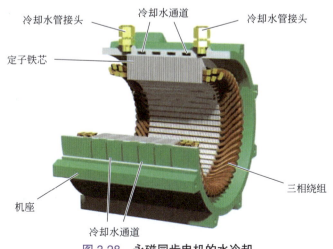

图3-28 永磁同步电机的水冷却

宝马 i3 驱动电机经典的冲片形式及水道设计，已经成为行业经典案例。宝马 i3 驱动电机的峰值功率为 125kW，峰值转矩为 250N·m，总质量为 42kg，采用螺旋水道冷却方式，72 槽 12 极结构。宝马 i3 驱动电机螺旋水道模型如图 3-29 所示。

图 3-29 宝马 i3 驱动电机螺旋水道模型

电机内油冷属于直接冷却方式，按冷却结构形式分为转子油冷却和定子油冷却两大类。转子油冷却的工作原理为：冷却油从空心轴进油口流入，经空心轴内油道，流向各处出油口，冷却油部分喷洒在轴承处，部分通过空心轴喷洒在转子支撑处和绕组端部，达到良好的散热效果。定子油冷却的工作原理为：冷却油从电机下端流入机壳，通过电机内的周向油道，流入电机上端，电机机壳上端分布多个均匀喷油孔，在压力的作用下，冷却油从电机上端孔处直接喷洒在绕组端部，同时冷却油可流经电机内其他发热零部件，以达到电机内降温散热的效果，如图 3-30 所示。

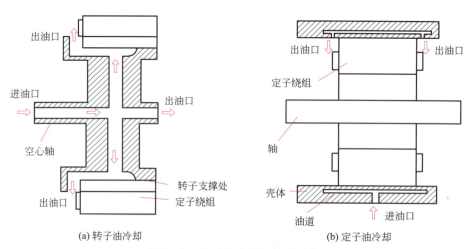

(a) 转子油冷却　　　　　　　　(b) 定子油冷却

图 3-30 永磁同步电机的油冷却

转子油冷却和定子油冷却虽然有一定的散热效果，但也有各自的局限性，在实际生产中多采用两种冷却的组合方式，如丰田普锐斯第四代电机采用的就是转子油冷却和定子油冷却的组合方式，电机的冷却油路分为定子和转子两条路线，由一个齿轮泵进行供油，如图 3-31 所示。

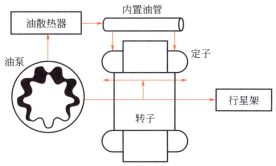

图 3-31　普锐斯第四代电机油路示意

永磁同步电机还应装有绝对位置传感器，用来检测转子位置，并以此对电枢电流进行控制，从而控制永磁同步电机。永磁同步电机的位置传感器一般采用旋转变压器，如图 3-32 所示。旋转变压器具有环境适应性强、响应速度快、可靠性高等特点。旋转变压器包括一路励磁绕组、两路输出绕组，通过励磁绕组的是高频正弦交流励磁电压，随着转子的旋转，两相正交输出绕组分别感应到相差 90°电角度的高频交流电压。输出绕组的电压随转子位置变化发生有规律的变化，可以通过解码该电压获取转子位置、转速信息，如采用专用的解码芯片 AU6802、AD2S80 等进行解码，也可以采用 MCU 进行解码。

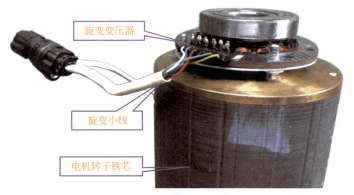

图 3-32　旋转变压器

如图 3-33 所示为某永磁同步电机外部连接示意。

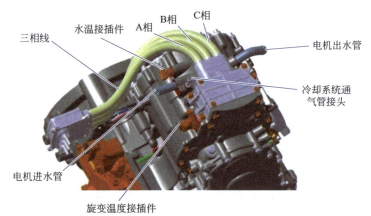

图 3-33　某永磁同步电机外部连接示意

不同企业生产的永磁同步电机的具体结构是有差异的，如图3-34所示为通用电动汽车的永磁同步电机构造，如图3-35所示为奥迪电动汽车的永磁同步电机构造。

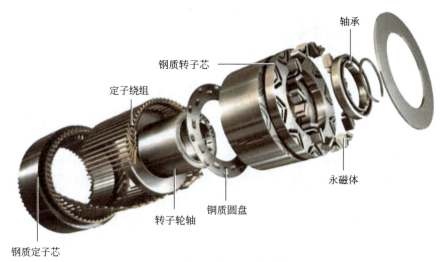

图3-34 通用电动汽车的永磁同步电机构造

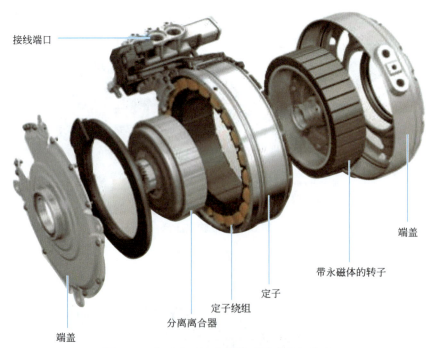

图3-35 奥迪电动汽车的永磁同步电机构造

如图3-36所示为高尔夫纯电动汽车使用的永磁同步电机，电机峰值功率为100kW，峰值转矩为290N·m。该电机是一个永磁同步三相交流水冷电机，由一个带永久磁性的转子和一个定子组成。定子连接至U、V和W相线后，通过三相矩形波信号驱动。为了保证定子的电子旋转磁场与转子的磁场同步运行，需要一个驱动电机转子位置传感器1（G713）。电机温度传感器（G712）安装在定子上，该传感器调节整个冷却回路并监控定子温度。如果发现温度过高，驱动电机就会减少电力输出。

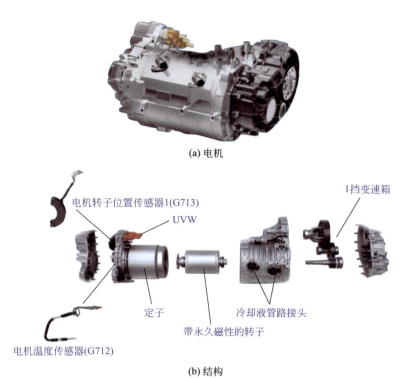

图 3-36 高尔夫纯电动汽车使用的永磁同步电机

三、永磁同步电机的工作原理

永磁同步电机工作原理逻辑如图 3-37 所示,由于转子自带磁性,当定子绕组通电后,转子立即受力,这就使得定子磁场与转子两者的转速达到了同步。

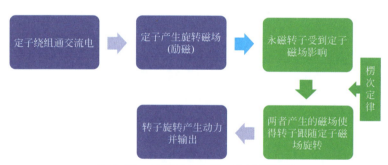

图 3-37 永磁同步电机工作原理逻辑

永磁同步电机的工作原理如图 3-38 所示,电机的转子是个永磁体,N、S 极沿圆周方向交替排列,定子是旋转的磁场。电机运行时,定子存在旋转磁动势,转子像磁针在旋转磁场中旋转一样,随着定子的旋转磁场同步旋转。

同步电机转速可表示为

$$n = n_0 = \frac{60 f_s}{p_n} \qquad (3\text{-}21)$$

式中,f_s 为电源频率;p_n 为电机极对数。

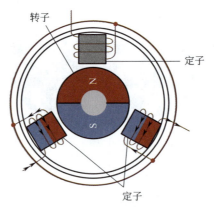

图 3-38 永磁同步电机的工作原理

永磁同步电机的定子是三相对称绕组,三相正弦波电压在定子三相绕组中产生对称三相正弦波电流,并在气隙中产生旋转磁场。旋转磁场与已充磁的磁极作用,带动转子与旋转磁场同步旋转并力图使定、转子磁场轴线对齐。当外加负载转矩以后,转子磁场轴线将落后定子磁场轴线一个功率角,负载越大,功率角也越大,直到一个极限角度,电机停止。由此可见,同步电机在运行中,转速必须与频率严格成比例旋转,否则会失步停转。所以,它的转速与旋转磁场同步,其静态误差为零。在负载扰动下,只是功率角变化,而不引起转速变化,它的响应时间是实时的。

四、永磁同步电机功角特性

在分析永磁同步电机时,经常把负载电流分解为直轴电流和交轴电流两个分量。如图 3-39 所示为永磁同步电机的物理模型,以平行于转子合成磁场为 d 轴,垂直于转子合成磁场为 q 轴,建立 d-q 坐标系。

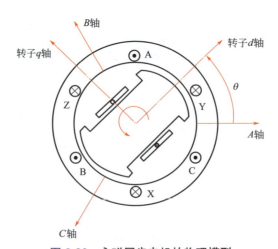

图 3-39 永磁同步电机的物理模型

如果忽略三相绕组的电阻,则永磁同步电机定子单相电压方程为

$$U=E_0+I_aR_a+jI_dX_d+jI_qX_q \tag{3-22}$$

式中,U 为电机定子单相电压;E_0 为单相的空载反电动势;I_a 为电枢电流,

$I_a=I_d+I_q$；I_d 为直（d）轴电枢电流；I_q 为交（q）轴电枢电流；R_a 为电枢绕组电阻；X_d 为直轴同步电抗；X_q 为交轴同步电抗。

永磁同步电机从电源吸收的有功功率扣除在三相绕组中消耗的铜损耗后的电磁功率为

$$P_{em} = 3P_s = 3UI_s \cos\varphi \tag{3-23}$$

式中，P_{em} 为电机电磁功率；P_s 为电机单相电磁功率；U 为电机定子单相电压；I_s 为电机定子单相电流；φ 为电机功率因数角。

d-q 轴的电压方程为

$$\begin{aligned} I_d X_d &= E_0 - U\cos\theta \\ I_q X_q &= U\sin\theta \end{aligned} \tag{3-24}$$

式中，θ 为功角。

电机功率因数角与功角之间的关系为

$$\varphi = \psi - \theta \tag{3-25}$$

式中，ψ 为内功率因数角。

将式（3-25）代入式（3-23）中可得

$$P_{em} = 3UI_s \cos\psi \cos\theta + 3UI_s \sin\psi \sin\theta \tag{3-26}$$

电机定子单相电流与直、交轴电枢电流的关系为

$$\begin{aligned} I_d &= I_s \sin\psi \\ I_q &= I_s \cos\psi \end{aligned} \tag{3-27}$$

将式（3-24）、式（3-27）代入式（3-26）可得

$$P_{em} = \frac{3E_0 U}{X_d}\sin\theta + \frac{3U^2}{2}\left(\frac{1}{X_q} - \frac{1}{X_d}\right)\sin 2\theta \tag{3-28}$$

永磁同步电机电磁功率分两部分：第一部分由永磁场与电枢磁场相互作用产生，称为基本电磁功率；第二部分因凸极效应产生，称为附加电磁功率或磁阻功率。对于永磁同步电机，充分利用磁阻功率是提高电机功率密度和效率的有效途径。

电磁功率与功角的关系称为永磁同步电机的功角特性。

电机的电磁功率除以机械角速度，即可得电机的电磁转矩为

$$T_e = \frac{P_e}{\Omega} = \frac{3pE_0 U}{\omega X_d} + \frac{3pU^2}{2\omega}\left(\frac{1}{X_d} - \frac{1}{X_q}\right) \tag{3-29}$$

式中，Ω 为电机的机械角速度；ω 为电机的电角速度；p 为电机的极对数。

永磁同步电机电磁转矩也分两部分：第一部分称为永磁转矩；第二部分称为磁阻转矩。

电磁转矩与功角的关系称为永磁同步电机的矩角特性。永磁同步电机的矩角特性和功角特性曲线的趋势是一致的。

永磁同步电机的功角特性如图 3-40 所示。

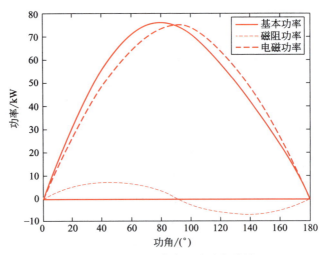

图 3-40　永磁同步电机的功角特性

五、永磁同步电机数学模型

永磁同步电机的数学模型是研究其速度控制算法的基础和依据，其数学模型必须能够准确反映出永磁同步电机的静态和动态的特性，所以数学模型的好坏直接影响了控制的精度。由于永磁同步电机是一个复杂的系统，为了简化分析，在建立其数学模型之前，需要做如下假设。

① 电机定子三相绕组在空间均匀分布，彼此相差120°。
② 电机的参数不受外界环境的影响。
③ 电机各相绕组的自感和互感均不随电机的状态改变。
④ 转子磁链在气隙中以正弦的形式分布。
⑤ 定子三相绕组的各相参数完全相同。

永磁同步电机数学模型按照坐标系的不同可以分为三种：三相静止坐标系、两相静止坐标系和两相旋转坐标系。

1. 三相静止坐标系下的永磁同步电机数学模型

三相静止坐标系下的永磁同步电机物理模型如图 3-41 所示。图 3-41 中 A、B、C 三相为定子绕组的轴线，彼此相差 120°；θ 为转子位置角，是转子 N 极轴线与定子 A 相绕组轴线之间的夹角。

根据基尔霍夫电压定律及法拉第电磁感应定律可得三相静止坐标系下的定子电压方程为

$$\begin{bmatrix} u_A \\ u_B \\ u_C \end{bmatrix} = \begin{bmatrix} R_s & 0 & 0 \\ 0 & R_s & 0 \\ 0 & 0 & R_s \end{bmatrix} \begin{bmatrix} i_A \\ i_B \\ i_C \end{bmatrix} + \frac{d}{dt} \begin{bmatrix} \psi_A \\ \psi_B \\ \psi_C \end{bmatrix} \quad (3-30)$$

式中，u_A、u_B、u_C 和 i_A、i_B、i_C 分别为定子 A、B、C 三相绕组的电压和电流；R_s 为电机定子电阻；ψ_A、ψ_B、ψ_C 分别为定子 A、B、C 三相绕组的磁链。

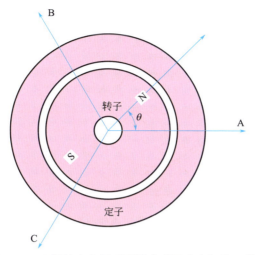

图 3-41 三相静止坐标系下的永磁同步电机物理模型

电机在 A、B、C 三相静止坐标系下的磁链方程为

$$\begin{bmatrix} \psi_A \\ \psi_B \\ \psi_C \end{bmatrix} = \begin{bmatrix} L_{AA}(\theta) & M_{AB}(\theta) & M_{AC}(\theta) \\ M_{BA}(\theta) & L_{BB}(\theta) & M_{BC}(\theta) \\ M_{CA}(\theta) & M_{CB}(\theta) & L_{CC}(\theta) \end{bmatrix} \begin{bmatrix} i_A \\ i_B \\ i_C \end{bmatrix} + \psi_f \begin{bmatrix} \cos\theta \\ \cos\left(\theta - \dfrac{2\pi}{3}\right) \\ \cos\left(\theta - \dfrac{4\pi}{3}\right) \end{bmatrix} \quad (3\text{-}31)$$

式中,$L_{AA}(\theta)$、$L_{BB}(\theta)$、$L_{CC}(\theta)$ 分别为定子 A、B、C 三相绕组的自感;$M_{XY}(\theta)$ 为定子 X 相绕组对 Y 相绕组的互感;ψ_f 为转子磁链的最大值。

三相静止坐标系下的永磁同步电机的电磁转矩方程为

$$T_e = -p\psi_f \left[i_A \sin\theta + i_B \sin\left(\theta - \dfrac{2\pi}{3}\right) + i_C \sin\left(\theta - \dfrac{4\pi}{3}\right) \right] \quad (3\text{-}32)$$

永磁同步电机的运动方程为

$$T_e - T_L = J \dfrac{d\omega_m}{dt} \quad (3\text{-}33)$$

式中,T_L 为永磁同步电机的负载转矩;J 为永磁同步电机转子的转动惯量;ω_m 为永磁同步电机转子的机械角速度。

可以看出,三相静止坐标系下的永磁同步电机数学模型是非线性时变方程,此方式下分析和研究永磁同步电机是十分困难的,必须选择合适的数学模型以实施对电机的分析和控制。

2. 两相静止坐标系下的永磁同步电机数学模型

在三相静止坐标系下,永磁同步电机的电压方程中含有微分算子,分析模型时较为烦琐,为了简化模型,建立如图 3-42 所示的两相静止坐标系。两相静止坐标系中的 α 轴与定子 A 相绕组的轴线重合;α 轴逆时针旋转 90°空间电角度得到 β 轴。

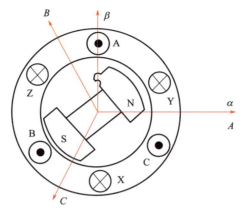

图 3-42 三相静止坐标系和两相静止坐标系

将三相静止坐标系下的电压方程,经过变换得到两相静止坐标系下的电压方程为

$$\begin{bmatrix} u_\alpha \\ u_\beta \end{bmatrix} = \begin{bmatrix} R_s & 0 \\ 0 & R_s \end{bmatrix} \begin{bmatrix} i_\alpha \\ i_\beta \end{bmatrix} + \frac{d}{dt} \begin{bmatrix} \psi_\alpha \\ \psi_\beta \end{bmatrix} \tag{3-34}$$

式中,u_α、u_β 和 i_α、i_β 分别为定子 α 轴和 β 轴的电压和电流;ψ_α、ψ_β 分别为定子 α 轴和 β 轴的磁链。

磁链方程为

$$\begin{bmatrix} \psi_\alpha \\ \psi_\beta \end{bmatrix} = \begin{bmatrix} L_d \cos^2\theta + L_q \sin^2\theta & (L_d - L_q)\sin\theta\cos\theta \\ (L_d - L_q)\sin\theta\cos\theta & L_d \cos^2\theta + L_q \sin^2\theta \end{bmatrix} \begin{bmatrix} i_\alpha \\ i_\beta \end{bmatrix} + \psi_f \begin{bmatrix} \cos\theta \\ \sin\theta \end{bmatrix} \tag{3-35}$$

式中,L_d 和 L_q 分别为电机直轴和交轴电感。

转矩方程为

$$T_e = \frac{3}{2} p (\psi_\alpha i_\beta - \psi_\beta i_\alpha) \tag{3-36}$$

3. 两相旋转坐标系下的永磁同步电机数学模型

d、q 坐标系是旋转坐标系,随电机磁场的旋转而转动,其中 d 轴称为直轴,直轴方向永远是永磁同步电机转子励磁磁链的方向;q 轴称为交轴,q 轴超前 d 轴 90°,如图 3-43 所示。

两相旋转坐标系下的永磁同步电机的定子电压方程为

$$\begin{bmatrix} u_d \\ u_q \end{bmatrix} = \begin{bmatrix} R_s & 0 \\ 0 & R_s \end{bmatrix} \begin{bmatrix} i_d \\ i_q \end{bmatrix} + \begin{bmatrix} 0 & -\omega_e \\ \omega_e & 0 \end{bmatrix} \begin{bmatrix} \psi_d \\ \psi_q \end{bmatrix} + \frac{d}{dt} \begin{bmatrix} \psi_d \\ \psi_q \end{bmatrix} \tag{3-37}$$

式中,u_d、u_q 和 i_d、i_q 分别为定子电压及电流在 d 轴和 q 轴的分量;ψ_d、ψ_q 分别为定子磁链在 d 轴和 q 轴的分量;ω_e 为转子电角速度。

磁链方程为

$$\begin{bmatrix} \psi_\alpha \\ \psi_\beta \end{bmatrix} = \begin{bmatrix} L_d & 0 \\ 0 & L_q \end{bmatrix} \begin{bmatrix} i_\alpha \\ i_\beta \end{bmatrix} + \psi_f \begin{bmatrix} 1 \\ 0 \end{bmatrix} \tag{3-38}$$

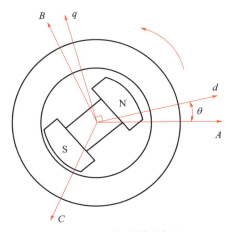

图 3-43 两相旋转坐标系

电磁转矩方程为

$$T_e = p(\psi_d i_q - \psi_q i_d) \tag{3-39}$$

将式（3-38）代入式（3-39）得

$$T_e = \frac{3}{2} p [\psi_f i_q + (L_d - L_q) i_d i_q] \tag{3-40}$$

对于隐极式永磁同步电机，有 $L_d = L_q$，则

$$T_e = \frac{3}{2} p \psi_f i_q \tag{3-41}$$

永磁同步电机的运动方程为

$$T_e - T_L = J \frac{d\omega_m}{dt} + B \omega_m \tag{3-42}$$

式中，B 为电机阻尼系数。

4. 坐标变换

为了简化永磁同步电机的数学模型，需要对三种坐标系进行坐标变换。坐标变换的基本思想就是根据矢量旋转理论，将三相静止坐标系下的交流信号变换成两相旋转坐标系下的直流信号。坐标变换原理如图 3-44 所示。

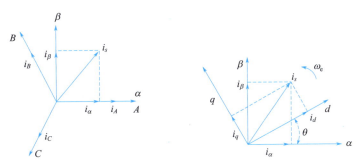

图 3-44 坐标变换原理

三相静止坐标系到两相静止坐标系的 Clark 变换为

$$\begin{bmatrix} i_\alpha \\ i_\beta \end{bmatrix} = \sqrt{\frac{2}{3}} \begin{bmatrix} 1 & -\frac{1}{2} & -\frac{1}{2} \\ 0 & \frac{\sqrt{3}}{2} & -\frac{\sqrt{3}}{2} \end{bmatrix} \begin{bmatrix} i_A \\ i_B \\ i_C \end{bmatrix} \quad (3\text{-}43)$$

Clark 逆变换为

$$\begin{bmatrix} i_A \\ i_B \\ i_C \end{bmatrix} = \sqrt{\frac{2}{3}} \begin{bmatrix} 1 & 0 \\ -\frac{1}{2} & \frac{\sqrt{3}}{2} \\ -\frac{1}{2} & -\frac{\sqrt{3}}{2} \end{bmatrix} \begin{bmatrix} i_\alpha \\ i_\beta \end{bmatrix} \quad (3\text{-}44)$$

两相静止坐标系变换到两相旋转坐标系的 Park 变换为

$$\begin{bmatrix} i_d \\ i_q \end{bmatrix} = \begin{bmatrix} \cos\theta & \sin\theta \\ -\sin\theta & \cos\theta \end{bmatrix} \begin{bmatrix} i_\alpha \\ i_\beta \end{bmatrix} \quad (3\text{-}45)$$

Park 逆变换为

$$\begin{bmatrix} i_\alpha \\ i_\beta \end{bmatrix} = \begin{bmatrix} \cos\theta & -\sin\theta \\ \sin\theta & \cos\theta \end{bmatrix} \begin{bmatrix} i_d \\ i_q \end{bmatrix} \quad (3\text{-}46)$$

三相静止坐标系变换到两相旋转坐标系的电流方程为

$$\begin{bmatrix} i_d \\ i_q \end{bmatrix} = \sqrt{\frac{2}{3}} \begin{bmatrix} \cos\theta & \cos\left(\theta - \frac{2\pi}{3}\right) & \cos\left(\theta + \frac{2\pi}{3}\right) \\ -\sin\theta & -\sin\left(\theta - \frac{2\pi}{3}\right) & -\sin\left(\theta + \frac{2\pi}{3}\right) \end{bmatrix} \begin{bmatrix} i_A \\ i_B \\ i_C \end{bmatrix} \quad (3\text{-}47)$$

利用永磁同步电机数学模型，可以对永磁同步电机控制和输出特性仿真研究。

六、永磁同步电机的控制

为了提高永磁同步电机控制系统性能，使其具有更快的响应速度、更高的转速精度、更宽的调速范围，提出了各种新型控制策略用于永磁同步电机控制。永磁同步电机控制主要有矢量控制、直接转矩控制、智能控制等。

1. 矢量控制

永磁同步电机磁场定向矢量控制技术的核心是在转子磁场旋转 d-q 坐标系中，针对电机定子电流的励磁电流 i_d 和转矩电流 i_q 分别进行独立控制。其中 d 轴电流 i_d 既可以用来产生磁阻力矩，从而提升电机的输出转矩，还可以在基速以上的弱磁区域内进行磁场削弱，达到升速的目的。由于永磁同步电机转速和电源频率严格同步，其转子转速等于旋转磁场转速，转差恒等于零，没有转差功率，控制效果受转子参数影响小。因此，在永磁同步电机上更容易实现矢量控制。

由于永磁同步电机输出电磁转矩对应多个不同的交、直轴电流组合，不同组合对应着不同的系统效率、功率因数及转矩输出能力，因此永磁同步电机有不同的电流控制策略。

（1）$i_d=0$ 控制（也称磁场定向控制）　在永磁同步电机伺服系统中，$i_d=0$ 控制是主要的控制方式。通过检测转子磁极空间位置 d 轴，控制逆变器功率开关器件的导通与关断，使定子合成电流为位于 q 轴，此时 d 轴的定子电流分量为零，永磁同步电机电磁转矩正比于转矩电流，即正比于定子电流幅值，只需控制定子电流大小就可以很好地控制永磁同步电动机的输出电磁转矩。

（2）最大转矩/电流比控制　在电机输出相同电磁转矩下使电机定子电流最小的控制策略称为最大转矩/电流比控制。最大转矩/电流比控制实质是求电流极值问题，可以通过建立辅助方程，采用牛顿迭代法求解。但是，求解计算量较大，在实际应用中系统实时性无法满足，只能通过离线计算出不同电磁转矩对应的交、直轴电流，以表的形式存放于 DSP 控制器中，实际运行时根据负载情况查表求得对应的 i_d、i_q 进行控制。

（3）弱磁控制　永磁同步电机弱磁控制思想来自他励直流电机调磁控制。对于他励直流电机，当其电枢端电压达到最高电压时，为使电机能运行于更高转速，采取降低电机励磁电流的方法，以平衡电压。在永磁同步电机电压达到逆变器所能输出的电压极限后，要想继续提高转速，也要采取弱磁增速的方法。永磁同步电机励磁磁动势由永磁体产生，无法像他励直流电机那样通过调节励磁电流实现弱磁。传统方法是通过调节定子电流 i_d 和 i_q，增加定子直轴去磁电流分量实现弱磁增速。为保证电机电枢电流幅值不超过极限值，转矩电流分量 i_q 应随之减小，因此这种弱磁控制过程本质上就是在保持电机端电压不变情况下减小输出转矩的过程。永磁同步电机直轴电枢反应比较微弱，因此需要较大的去磁电流才能起到弱磁增速作用。在电机工作在额定电流的情况下，去磁电流的增加有限，因此采用这种方法所能得到的弱磁增速范围也是有限的。

如图 3-45 所示为某电动汽车用永磁同步电机矢量控制系统框图。从图 3-45 可知，通过分别比较控制永磁同步电机的电流实际值 i_d、i_q 与给定值 i_d^*、i_q^* 实现其转速和转矩控制，并且 i_d 和 i_q 独立控制，便于实现各种先进的控制策略。

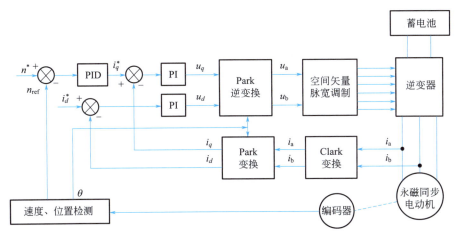

图 3-45　某电动汽车永磁同步电机矢量控制系统框图

根据永磁同步电机的具体应用的要求不同，可以采用的控制方法主要有 $i_d=0$ 控制、$\cos\varphi=1$ 控制、恒磁链控制、最大转矩/电流控制、弱磁控制、最大输出功率控制等。当电动汽车正常行驶时，电机转速处于基速以下运行，在定子电流给定的情况下，只要控制 i_q 的大小就能控制转速和转矩，实现矢量控制。当电机转速在基速以上时，由于永磁体的励磁磁链为常数，电机的感应电动势随着电机转速成正比地增加，电机的感应电压也跟随提高，但是电机的相电压和相电流的有效值的极限值受到与电机端相连的逆变器的直流侧电压和逆变器的最大输出电流的限制，所以必须进行弱磁增速。通过控制 i_d 来控制磁链，通过控制 i_q 来控制转速，实现矢量控制。在实际控制中，i_d、i_q 不能直接被检测，所以必须通过实时检测到的三相电流和电机转子位置经坐标变换得到。

2. 直接转矩控制

永磁同步电机直接转矩控制系统框图如图 3-46 所示。实际系统中，开关信号是由转矩和定子磁链的给定值与反馈值的偏差经滞环比较得到的，而转矩和定子磁链的给定值是由电磁转矩和定子磁链估算模型计算得到的。

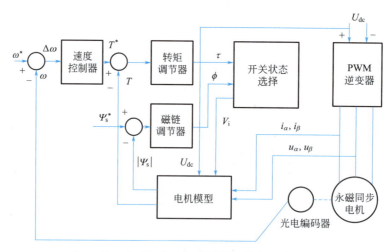

图 3-46 永磁同步电机直接转矩控制系统框图

直接转矩控制系统的控制过程：对于逆变器输出的三相电流 i_A、i_B、i_C 通过 3/2 变换得到 i_α、i_β 由逆变器的电压状态与逆变器的开关状态直流电压 U_{dc} 之间的关系，可以得到 u_α、u_β，由磁链模型得到磁链在 α-β 坐标系上的分量 Ψ_α、Ψ_β，再由 Ψ_α、Ψ_β、i_α、i_β 通过转矩模型得到转矩 T，与 PI 速度调节器输出的转矩给定 T^* 进行滞环比较，输出结果用来决定开关状态。对 Ψ_α、Ψ_β 求平方和，得到的 $|\Psi_s|$ 与磁链给定 Ψ_a^* 进行比较，由滞环比较器输出结果。同时利用 Ψ_α、Ψ_β 判断磁链所在区域，确定综合调节器的输出，合理选择开关矢量以确定逆变器的开关状态。

直接转矩控制不需要矢量控制复杂的旋转坐标变换和转子磁链定向，转矩取代电流成为受控对象，电压矢量则是控制系统唯一的输入，直接控制转矩和磁链的增加或减小，但是转矩和磁链并不解耦，对电机模型进行简化处理，没有 PWM 信号发生器，控制结构简单，受电机参数变化影响小，能够获得极佳的动态性能。

3. 智能控制

为了提高永磁同步电机的控制性能和控制精度，模糊控制、神经网络控制等开始应用于同步电机的控制。

采用智能控制方法的永磁同步电机控制系统，在多环控制结构中，智能控制器处于最外环充当速度控制器，而内环电流控制、转矩控制仍采用 PI 控制、直接转矩控制这些方法，这主要是因为外环是决定系统的根本因素，而内环主要的作用是改造对象特性以利于外环的控制，各种扰动给内环带来的误差可以由外环控制或抑制。

在永磁同步电机系统中应用智能控制时，也不能完全摒弃传统的控制方法，必须将两者很好地结合起来，才能彼此取长补短，使系统的性能达到最优。

比亚迪电动汽车采用的驱动电机都是永磁同步电机，其驱动电机系列见表 3-1。

表 3-1 比亚迪电动汽车的驱动电机系列

项目	型号				
	TZ180XSA-A	TZ200XSA-B	TZ200XSB-A	TZ220XSA-A	TZ200XSB-B
功率密度 /(kW/kg)	3.0	4.9	3.9	3.5	5.0
转矩密度 /(N·m/kg)	7.8	11.2	9.2	6.8	9.2
峰值功率 /kW	70	110	120	160	180
峰值转矩 /(N·m)	180	250	280	310	330
最高转速 /(r/min)	14000	12000	14000	12000	14000
最高效率 /%	96	97	96.7	96	96.5
蓄电池电压 /V	360	480	400	650	720
质量 /kg	34	44	49	65	55

第五节 驱动电机匹配

驱动电机是纯电动汽车的唯一动力源，应满足纯电动汽车行驶性能的需求。

一、驱动电机的匹配原则

驱动电机主要分为直流电机、异步电机、永磁同步电机和开关磁阻电机。目前，纯电动汽车使用的驱动电机主要是永磁同步电机和异步电机，国内以永磁同步电机为主。驱动电机的匹配主要是确定驱动电机的额定功率和峰值功率、额定转矩与峰值转矩、额定转速和最高转速等。

驱动电机的功率对整车的动力性具有直接影响，驱动电机功率越大，整车运行时的后备功率也越大，加速以及爬坡能力越强，但同时也会增加电机本身的体积和重量，进而影响整车的重量。驱动电机的额定功率一般由最高车速确定，峰值功率由整车的设计目标来确定，峰值功率至少应该达到最高车速、加速时间和最大爬坡度（最大坡度角）

所对应的峰值功率需求，同时也要考虑汽车附件的功率损耗。

正确选择驱动电机的额定功率非常重要。如果选择过小，驱动电机则经常在过载状态下运行；相反，如果选择太大，驱动电机则经常在欠载状态下运行，效率及功率因数降低，不仅浪费电能，而且增加动力蓄电池的容量，综合经济效益下降。

在驱动电机额定功率一定的情况下，额定转速越高，则驱动电机体积越小，重量越轻。驱动电机的高效区一般处于额定转速附近，因此从经济性考虑，一般根据经济车速确定驱动电机的额定转速。

驱动电机的最高转速与额定转速之比，称为电机恒功率区扩大系数。较大的恒功率区可改善纯电动汽车的动力性，在兼顾低速最大爬坡度的同时提高最高车速。但随着最高转速的提高，驱动电机及减速装置的制造成本也会相应增加，因此驱动电机最高转速的选择既要考虑动力性要求，又要考虑驱动电机及减速装置的经济性等因素。驱动电机最高转速首先要满足纯电动汽车行驶最高车速需求，一般以最高车速对应驱动电机转速的 1.2 倍作为其最高转速选取的值。

二、驱动电机的参数匹配

驱动电机的参数匹配主要包驱动电机的转速、功率、转矩和额定电压等。

1. 驱动电机的转速

驱动电机最高转速应满足纯电动汽车最高车速的关系需求，即

$$n_{\max} = \frac{u_{\max} i_t}{0.377 r} \tag{3-48}$$

式中，$n_{\max}$ 为驱动电机最高转速；i_t 为纯电动汽车传动系统传动比；r 为车轮半径。驱动电机额定转速为

$$n_e = \frac{n_{\max}}{\beta} \tag{3-49}$$

式中，n_e 为驱动电机额定转速；β 为驱动电机扩大恒功率区系数。

β 值越大，在低转速区驱动电机就可获得越大的转矩，有利于提高纯电动汽车的加速能力和爬坡性能，稳定运行性能好；但 β 值太大，会增大驱动电机的工作电流，同时功率变换器的功率损失和尺寸也会增大，因此 β 值不宜过高。β 通常取值为 2～4。

2. 驱动电机的功率

驱动电机是纯电动汽车行驶的唯一动力源，对整车的动力性有直接的影响。所选的驱动电机功率越大，整车的动力性也就越好，但是如果功率过大，驱动电机的重量和体积也会增大，且驱动电机的工作效率不高，这样就不能充分利用动力蓄电池的能源，从而使续驶里程降低。

（1）驱动电机的峰值功率　驱动电机的峰值功率由整车的设计目标来确定，峰值功率至少应该满足最高车速、加速时间和最大坡度角的功率需求。

纯电动汽车在平坦道路行驶时满足最高车速的功率需求为

$$P_{m_1} = \frac{u_{\max}}{3600\eta_t}\left(mgf + \frac{C_D A u_{\max}^2}{21.15}\right) \tag{3-50}$$

式中，P_{m_1} 为纯电动汽车在平坦道路行驶时满足最高车速的功率需求；$u_{\max}$ 为最高车速。

纯电动汽车满足加速时间的功率需求为

$$P_{m_2} = \frac{1}{3600\eta_t}\left(mgf\frac{u_e}{1.5} + \frac{C_D A u_e^3}{52.875} + \delta m \frac{u_e^2}{7.2 t_e}\right) \tag{3-51}$$

式中，P_{m_2} 为纯电动汽车满足加速时间的功率需求；u_e 为加速终止时的速度；t_e 为由静止加速到 u_e 所需要的时间。

纯电动汽车满足最大坡度角的功率需求为

$$P_{m_3} = \frac{u_p}{3600\eta_t}\left(mgf\cos\alpha_{\max} + mg\sin\alpha_{\max} + \frac{C_D A u_p^2}{21.15}\right) \tag{3-52}$$

式中，P_{m_3} 纯电动汽车满足最大坡度角的功率需求；u_p 为纯电动汽车爬坡速度；$\alpha_{\max}$ 为最大坡度角。

驱动电机的峰值功率为

$$P_{e_{\max}} \geqslant \max\{P_{m_1} \quad P_{m_2} \quad P_{m_3}\} \tag{3-53}$$

式中，$P_{e_{\max}}$ 为驱动电机的峰值功率。

（2）驱动电机的额定功率　驱动电机的额定功率应使驱动电机尽可能工作在高效率区，满足纯电动汽车对最高车速的要求，同时要考虑电机过载要求。驱动电机的额定功率为

$$P_e \geqslant \max\left\{P_{m_1} \quad \frac{P_{e_{\max}}}{\lambda}\right\} \tag{3-54}$$

式中，P_e 为驱动电机的额定功率；λ 为驱动电机的过载系数。

3. 驱动电机的转矩

驱动电机的额定转矩为

$$T_e = \frac{9550 P_e}{n_e} \tag{3-55}$$

驱动电机的峰值转矩应满足电动汽车启动转矩和最大爬坡角的要求，同时结合传动系统最大传动比来确定。

$$T_{e_{\max}} \geqslant \frac{mg(f\cos\alpha_{\max} + \sin\alpha_{\max})r}{\eta_t i_{\max}} \tag{3-56}$$

式中，$T_{e_{\max}}$ 为驱动电机的峰值转矩；$i_{\max}$ 为传动系统最大传动比。

驱动电机参数初步确定之后，还须验证是否满足一定速度下的最大爬坡度和汽车行驶最高车速的要求，即

$$\frac{mg}{T_{e_{\max}}\eta_t}\left(f\cos\alpha_{\max}+\sin\alpha_{\max}+\frac{C_D A u_p^2}{21.15mg}\right) \leq \frac{i_t}{r} \leq \frac{0.377 n_{\max}}{u_{\max}} \tag{3-57}$$

4. 驱动电机的额定电压

驱动电机电压等级的确定和动力蓄电池组电压等级密切相关。在输出功率一样的条件下，电流会随电压变高而减小，这就降低了对开关和导线等元件的要求，如果电压较高，会增加单体蓄电池串联的数量，会使整车重量和成本增加，动力性下降且布置困难。驱动电机额定电压常由电机的参数决定，并正比于电机额定功率。即电机的额定功率越大，电机的额定电压越高。同时，电机额定电压选择要符合标准系列规定的电压。

第六节 电机控制器

电机控制器是控制动力电源与电机之间能量传输的装置，是控制电机驱动整车行驶的控制单元，属于电动汽车的核心零部件。

一、电机控制器的功能

电机控制器在电动汽车中主要是连接动力蓄电池与驱动电机，如图3-47所示。它根据整车的需求，从动力蓄电池获得直流电，经过逆变器的调制，获得控制电机需要的交流电，提供给驱动电机，使得驱动电机的转速和转矩满足整车的加速、减速、制动、停车等需求。

电机控制器的功能及复杂度会随电机工况的需要而不同。纯电动汽车的电机控制器一般应具有以下功能。

（1）把直流电变成交流电　动力蓄电池提供的是直流电，而驱动电机需要的是交流电，因此电机控制器必须把动力蓄电池提供的直流电转换成驱动电机需要的交流电。这种转换需要依靠电机控制器中的逆变器。

（2）控制驱动电机的正向旋转和反向旋转　燃油汽车的前进和后退主要依靠变速器的前进挡和倒挡，但电动汽车的前进和后退主要依靠驱动电机的正向旋转和反向旋转，因此，电机控制器应该能够根据电动汽车的前进和后退控制驱动电机的正向旋转和反向旋转。

（3）控制驱动电机的输出　电动汽车有各种不同的行驶工况，这些行驶工况对驱动电机的动力输出和转速输出的要求是不一样的，电机控制器应能够根据电动汽车的行驶工况控制驱动电机的输出，以满足电动汽车行驶的需求。例如电动汽车启动时需要较大的启动转矩，这就要求电机控制器在低速时能控制驱动电机输出较大的电流；电动汽车巡航行驶时，需要稳定的输出力矩，这就要求电机控制器在巡航时能控制驱动电机输出稳定的电流。驾驶员踩加速踏板时，电动汽车行驶，整车控制器将加速踏板开度大小换算为正转矩值大小，通过 CAN 报文发送给电机控制器，电机控制器按照该转矩值通过驱动电机输出以驱动电动汽车行驶。

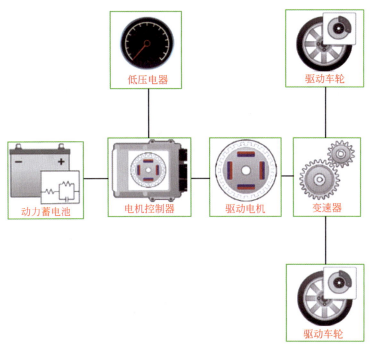

图 3-47　电机控制器的连接

（4）控制能量回收　电动汽车减速或制动时，电机控制器将驱动电机作为发电机运行时产生的三相交流电，经过整流变成直流电反馈到动力蓄电池，实现能量回收，提高电动汽车的续驶里程。驾驶员踩制动踏板时，整车控制器根据制动踏板信号及车速信号，将负转矩值通过 CAN 报文发送给电机控制器，电机控制器按照该转矩值控制驱动电机发电，并将能量反馈到动力蓄电池，实现能量回收。

（5）实现 CAN 通信　电机控制器具备高速 CAN 网络通信功能，能根据整车 CAN 协议内容正确地进行 CAN 报文发送、接收及解析，有效地实现各系统及整车功能策略，控制驱动电机系统安全可靠运行，确保车辆安全行驶。

（6）主动放电功能　电机控制器内含大容量电容，考虑电容自行放电时间长，存在高压安全风险，故电机控制器需具备主动放电功能。主动放电含义是当电机控制器高压电源被切断后，切入专门的放电回路，控制器支撑电容快速放电过程。主动放电要求是电机控制器进行主动放电时，支撑电容放电至 60V 所需时间应不超过 3s。

（7）安全保护功能　电机控制器应具备故障检测、故障提醒、故障处理等安全保护功能；能有效根据故障危害程度进行故障报警、停机等方式分级处理，在确保产品及整车使用安全的同时更好地满足电动汽车行驶需要。

如图 3-48 所示为某企业生产的电机控制器。从外部看，一般的电机控制器最少具备两对高压接口和一个低压接头。高压输入接口用于连接动力蓄电池包；高压输出接口连接电机，提供控制电源。所有通信、传感器、低压电源等都要通过低压接头引出，连接到整车控制器和动力蓄电池管理系统。

不同电动汽车的电机控制器，其功能是有差异的，在使用前，应阅读其说明书。

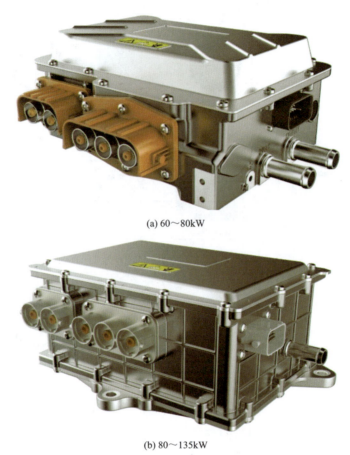

(a) 60～80kW

(b) 80～135kW

图 3-48　某企业生产的电机控制器

二、电机控制器的组成

电机控制器主要由电子控制模块、驱动模块、功率变换模块和各种传感器组成。

(1) 电子控制模块　电子控制模块包括硬件电路和相应的控制软件。硬件电路主要包括微处理器及其最小系统，对驱动电机电流、电压、转速、温度等状态的监测电路，各种硬件保护电路，以及与整车控制器、蓄电池管理系统等外部控制单元数据交互的通信电路。控制软件根据不同类型驱动电机的特点实现相应的控制算法。

(2) 驱动模块　驱动模块将微处理器对驱动电机的控制信号转换为驱动功率变换器的驱动信号，并实现功率信号和控制信号的隔离。

(3) 功率变换模块　功率变换模块对驱动电机的电流进行控制。电动汽车经常使用的功率器件有大功率晶体管、门极可关断晶闸管、功率场效应管、绝缘栅双极型晶体管（IGBT）以及智能功率模块等。

(4) 各种传感器　传感器主要包括电流传感器、电压传感器、温度传感器。电流传感器用以检测供给电机工作的实际电流（包括母线直流电流、三相交流电流）；电压传感器用以检测供给电机控制器工作的实际电压（包括高压蓄电池电压、蓄电池电压）；温度传感器用以检测电机控制系统的工作温度（包括模块温度、电机控制器温度）。

电机控制器中的关键零部件主要有微处理器、IGBT 功率模块、电容器、传感器等。

1. 微处理器

随着电动汽车技术的快速发展，驱动电机系统也面临着越来越高的要求，在性能、效率、易用性和成本方面都有较高的要求。同时，随着智能化和网联化的快速应用，对车载微处理器（Micro Controller Unit，MCU）的要求更加苛刻。目前专门针对电动汽车开发的 MCU 芯片也层出不穷，恩智浦、英飞凌、瑞萨等 MCU 厂商也各自推出在市场中广泛应用的多核 MCU 芯片，其具有性能强、处理速度快等特点，为驱动电机控制提供了解决方案。例如，市场上量产的应用于电动汽车电机控制器的恩智浦 MPC5643L、恩智浦 MPC5744P、英飞凌 TC275 等。

（1）恩智浦 MPC5643L 芯片　恩智浦 MPC5643L 芯片是一款 32 位的嵌入式汽车级双核微处理，如图 3-49 所示。它基于 Power Architecture 架构，处理器包括 2 个冗余通道，每个通道由内核、总线、中断控制器、内存控制器和其他内核相关模块组成。这种架构取代了使用 2 个 MCU 的设计，通过在单芯片上添加硬件的功能安全特性，可以满足 ISO 26262（ASIL-D）安全等级。该芯片基于内部双 CPU 架构，采用双核锁步模式，减少了系统对 MCU 硬件备份的需求，进而降低了整体系统成本以及软件开发投入。该芯片通过在硬件中加入关键安全组件和自校验功能，降低了软件复杂度。

图 3-49　恩智浦 MPC5643L 芯片

（2）恩智浦 MPC5744P 芯片　恩智浦 MPC5744P 芯片同样基于 Power Architecture 架构，面向汽车和工业动力总成、发动机管理、电机控制、车身控制、网关、底盘和安全、仪表板和显示屏管理应用。MPC5744P 为 MPC5643L 的升级版，它的外围设置与 MPC5643L 基本兼容，但有更高的主频、更大的 SRAM 和内存、更多的 DMA 通道。如图 3-50 所示为 MPC5744P 开发板。

MPC5744P 芯片满足适用于汽车和工业功能安全应用的最高功能安全标准。集成的安全架构最大限度减少了新增软件数量并降低了开发过程中的各种变动；可编程的故障采集与控制单元可监控器件的完整性状态并提供灵活的安全状态，控制端到端错误纠正代码，提高容错性和检测功能。

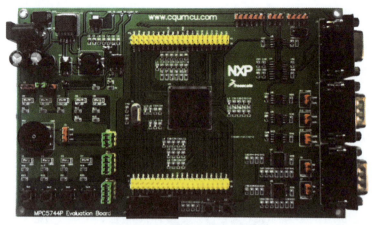

图 3-50 MPC5744P 开发板

（3）英飞凌 TC275 芯片　英飞凌 TC275 芯片为 32 位多核处理器，拥有 3 个 TriCore 内核，其中核 0 和核 1 又引入了锁步核，在此基础上共享内部片上资源。3 个 TriCore 内核通过 SRI Cross Bar 总线实现与存储模块的数据读取，每个内核都可以独立并行地对数据及中断服务任务函数进行处理。TC275 芯片的每个内核最高工作频率可达 200MHz，可满足功能安全的电机控制软件的实时性要求。TC275 芯片拥有 GTM 模块，可生成极其灵活的 PWM。并且，该模块和很多其他模块具有交互触发功能，可以实现复杂的电机控制算法。针对电机控制应用，TC275 还拥有 CCU6 和 DSADC 模块，前者专用于电机控制的 PWM 发生模块，实现硬件死区控制、PWM 信号禁止等专用功能；后者不仅可用于实现逐次比较型 ADC 更高信噪比的 A/D 采样，并且配合模块内部的积分器，可以实现电机位置编码器 - 旋转变压器的实时解码。

2. IGBT 功率模块

IGBT 是绝缘栅双极晶体管的英文 Insulated Gate Bipolar Transistor 的缩写，是由 BJT（双极型三极管）和 MOS（绝缘栅型场效应管）组成的复合全控型电压驱动式电力电子器件，主要用途包括电压 / 电流的变频、变压、变相、整流、逆变、开关等，应用于交流电机、变频器、开关电源、照明电路、牵引传动等领域。

IGBT 以其输入阻抗高、开关速度快、通态电压低、阻断电压高、可承受电流大等特点，已经成为车规级功率半导体器件的主流。电动汽车运行的高温、强振动等综合工况对车用功率模块提出了更高的要求。

（1）宽温度特性　在不降低功率模块性能和寿命的前提下，IGBT 功率模块可在环境温度达到 105℃ 的情况下正常运行。如果能够扩大 IGBT 功率模块运行的温度范围（-40 ~ 125℃），就会降低对冷却系统的要求，但同时会对 IGBT 功率模块的功率密度及散热设计提出更高的要求。

（2）复杂的驱动工况　电动汽车驱动工况复杂，例如，在城市工况下需要频繁地在加速、减速和巡航各个工况间切换；IGBT 的电压、电流随车辆工况频繁变化，IGBT 模块需要在电流、电压循环冲击下可靠运行。

（3）高可靠要求　车用功率模块必须和汽车的寿命保持一致，对 IGBT 的耐久性提出了更高的要求，-40 ~ 125℃ 的温度循环要达到 1000 次；间歇工作循环（管芯结温 100℃）要达到 30000 次；热疲劳循环（壳温温差 100℃）要达到 10000 次；承受的振动加速度为 50～180m/s^2；功率模块的工作状态寿命为 15 年及以上。

当前车规级模块以英飞凌 820A/750V、800A/650V、400A/650V 功率模块为代表，已经大批量应用于电动汽车电机控制器中，如图 3-51 所示。

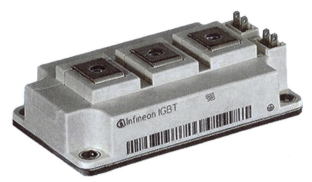

图 3-51　英飞凌 IGBT 功率模块

3. 电容器

功率器件在高速开关时，会产生高幅值的纹波电流，在直流输入端与功率器件之间增加电容器可以起到吸收纹波电流、稳定直流电压的作用，如图 3-52 所示。

(a) 电机控制器内部结构

(b) 电容器

图 3-52　电机控制器中的电容器

纹波电流是指流经电容器的交流电流，电容器可承受的纹波电流与电容器结构、工艺有很大关系。当纹波电流流经电容器时，会在电容器内部产生一定的热损耗，在降低系统效率的同时，也会缩短电容器的使用寿命。

电容器在电机控制器中具有以下作用。

① IGBT 开关导通时，使母线电压平滑，使电机控制器的母线电压保持平稳。

② 将电机控制器 IGBT 端子的电感参数降低到动力蓄电池端子线，并削弱母线的峰值电压。

③ 吸收电机控制器总线端子的高脉冲电流。

④ 防止总线端电压过充电以及瞬时电压对电机控制器的影响。

电动汽车电机控制器要求安全可靠、寿命长，并对体积密度要求高。同时，电机控制器直流电压平台还在向高电压方向发展，对电容器的耐压性也有一定要求。铝电解电容器耐纹波电流能力弱，寿命短，在使用过程中还会出现漏液、爆炸、击穿、开路等现象，所以电动汽车的电机控制器通常使用膜电容器作为中间支撑电容。相比铝电解电容器，膜电容器具有寿命长、耐高压、低等效串联电阻、高纹波电流、高自愈性等特点，还具有结构可定制化、体积小等优点，已广泛应用于电动汽车电机控制器领域。

4. 传感器

电机控制器中的传感器主要有电流传感器和温度传感器等。电流传感器作为电机控制器的核心监控单元，直接影响电机的转矩与转速性能，其放置于三相交流输出侧和直流输入侧；温度传感器置于电机绕组的内部和 IGBT 模块内，对电机温度和电机控制器的核心区温度进行监测，预防器件过热损坏及高温绝缘失效导致的安全问题；电压检测电路主要对直流母线侧的输入电压进行监测，预防高压损坏器件及高压绝缘失效导致的安全问题。

（1）电流传感器　电动汽车驱动电机系统功率等级较高，电机绕组电阻较小，电流检测需要采用非接触式传感器，且绕组和导线存在较大电流电场。因此，电流检测需要满足以下要求：测量仪表不能直接串入电路中；电流检测电路与被测电路不能直接耦合，不能影响被测电路的直流工作点。霍尔式传感器由于具有体积小、功耗低、噪声小、隔离效果好等优点，在电流检测方面得到了广泛的应用。

（2）温度传感器　温度传感器主要有热敏电阻、热电偶、半导体热敏元件等。在电动汽车应用领域，用于检测和控制温度的主要是 PTC 和 NTC 热敏电阻。温度传感器主要用于检测电机和电机控制器的温度。PTC 是指在某一温度下电阻急剧增加，具有正温度系数的热敏电阻材料特性，可专门用作恒定温度传感器；NTC 是指随温度上升电阻呈指数关系减小、具有负温度系数的热敏电阻材料特性，如陶瓷材料的热敏电阻。

三、电机控制器的工作原理

电机控制器是驱动电机的控制中心，是以 IGBT 模块为核心，辅以驱动集成电路和主控集成电路构成，通常也成为智能功率模块。

IGBT 与电机的连接关系如图 3-53 所示。

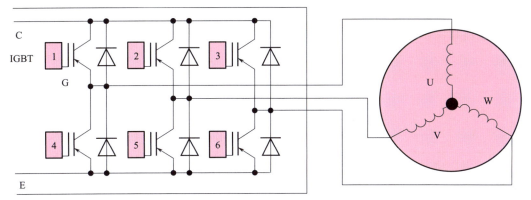

图 3-53　IGBT 与电机的连接关系

由图 3-53 可知，在驱动电机时，左侧通常输入的是直流电，C 端（集电极）接直流电正极，E 端（发射极）接直流电负极，G 端（栅极）接控制端用于控制 IGBT 的通断；U、V、W 三根线作为输出连接到电机相应的输入端口上。电机控制器的驱动集成电路给栅极（G 端）加载一定的电压，就可以实现 IGBT 的导通，释放这个电压就可以实现 IGBT 的断通。同时，由于二极管的作用，C 端和 E 端没有直接相连，阻止了电流直接构成回路。

使用 IGBT 按以下方式将直流电转换成交流电。

① 若 1 号、6 号 IGBT 导通，其他关断，则电流经过 1 号 IGBT 从 U 相输入，经过 6 号 IGBT 从 W 相输出。

② 若 1 号、5 号、6 号 IGBT 导通，其他关断，则电流经过 1 号 IGBT 从 U 相输入，经过 5 号、6 号 IGBT 从 V、W 相输出。

③ 若 3 号、4 号 IGBT 导通，其他关断，则电流经过 3 号 IGBT 从 W 相输入，经过 4 号 IGBT 从 U 相输出。

④ 若 2～4 号 IGBT 导通，其他关断，则电流经过 2 号、3 号 IGBT 从 V、W 相输入，经过 4 号 IGBT 从 U 相输出。

由以上 4 个工作状态可以看出，只要控制相应的 IGBT 按照一定的规律通断，就可以实现有规律的三相交流电输出，从而控制电机按照一定的规律旋转。

在再生制动的过程中，电机作为发电机，将汽车行驶过程中产生的机械能转化为电能并输出，由于电机是三相的，它发出的也是三相交流电，不能直接充入动力蓄电池中，需要将三相交流电转换为直流电。

由图 3-53 可知，由于二极管的存在，电机发出的三相交流电会自动转换为直流电。例如，若产生的交流电从 U 相输出，从 V 相回流，则产生的电流会经 1 号二极管从 C 端口流出，经 E 端口从 6 号二极管流回；若产生的交流电从 V、W 相输出，从 U 相回流，则产生的电流会经 2 号、3 号二极管从 C 端口流出，经 E 端口从 4 号二极管流回。由此可以看出，二极管的单向导通性确保了电流无论从电机的哪相流出和流入，在逆变器的作用下，从左侧流出的电流都将从 C 端口流出逆变器，从 E 端口流回逆变器，从而保证了逆变器左端始终为直流电。在此过程中，IGBT 是不能处于导通状态的，否则就会出现短路等危险情况。

如图 3-54 所示为某纯电动汽车的电机控制器连接示意。整车控制器根据驾驶员意图发出各种指令，电机控制器响应并反馈，实时调整驱动电机输出，以实现整车的怠速、前行、倒车、停车、能量回收以及驻坡等功能。电机控制器的另一个重要功能是通信和保护，实时进行状态和故障检测，保护驱动电机系统和整车安全可靠运行。

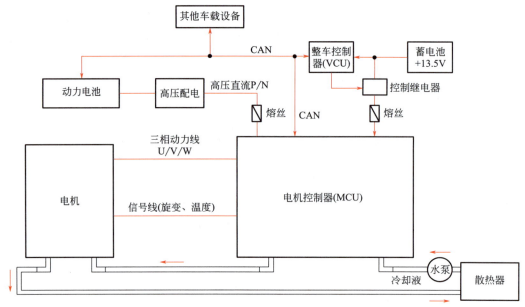

图 3-54　某纯电动汽车的电机控制器连接示意

四、电机的控制方式

电机控制方式主要有电压控制方式、电流控制方式、频率控制方式、弱磁控制、矢量控制、直接转矩控制。

(1) 电压控制方式　电压控制方式是通过改变电机端电压而实现转速控制的控制方式。

(2) 电流控制方式　电流控制方式是通过改变电机绕组电流而实现转速控制的控制方式。

(3) 频率控制方式　频率控制方式是通过改变电机的电源频率而实现转速控制的控制方式。

(4) 弱磁控制　弱磁控制是通过减弱气隙磁场控制电机转速的控制方式。

(5) 矢量控制　矢量控制是将交流电机的定子电流作为矢量，经坐标变换分解成与直流电机的励磁电流和电枢电流相对应的独立控制电流分量，以实现电机转速/转矩控制的方式。

(6) 直接转矩控制　直接转矩控制是用空间矢量的分析方法，直接在定子坐标系下计算并控制交流电机的转矩，采用定子磁场定向，借助于离散的两点式调节产生 PWM 信号，直接对逆变器的开关状态进行控制，以获得转矩的高动态性能的控制方式。

随着电动汽车和控制技术的发展，现代控制和智能控制在电机控制中的应用已成为趋势。

五、电机与控制器的匹配

电机控制器选择必须与电机相匹配。控制器容量等级为5kV·A、10kV·A、15kV·A、35kV·A、50kV·A、60kV·A、100kV·A、150kV·A、200kV·A、270kV·A、300kV·A、360kV·A、420kV·A及以上。

电机与控制器输出容量的匹配关系见表3-2。

表3-2 电机与控制器输出容量的匹配关系

电机额定功率/kW	控制器输出容量/(kV·A)	电机额定功率/kW	控制器输出容量/(kV·A)	电机额定功率/kW	控制器输出容量/(kV·A)
1	5	18.5	50	90	150
2.2	5	22	50	110	200
3.7	10	30	60	132	200
5.5	15	37	60	150	270
7.5	15	45	100	160	330
11	35	55	100	185	360
16	35	75	150	200	420

电机控制向数字化方向发展,专用芯片及数字信号处理器的出现,促进了电机控制器的数字化,提高了电机系统的控制精度,有效减小了系统体积。

如图3-55所示为某企业生产的65kW永磁同步电机控制器。该电机控制器的输入电压范围为250~450V DC,输入额定电压为384V DC;输出额定电流为200A,峰值电流为450A;输出额定功率为65kW,峰值功率为120kW;输出频率范围为0~600Hz;控制器效率不小于95%;控制电源为12V DC或24V DC;防护等级为IP67;冷却方式为水冷;外形尺寸为497mm×300mm×138mm;质量为13kg。

图3-55 某企业生产的65kW永磁同步电机控制器

65kW电机控制器是一款系统集成度高、控制功能多样化、输出特性良好的产品,适用于65kW永磁同步电机,具有以下优良性能。

(1)控制功能 根据整车控制需求,电机控制器接收整车控制器输出的转矩或转速信号，对驱动电机进行转矩或转速控制，在基频以下输出转矩最大可以达到电机额定转矩的 3 倍。

（2）回馈制动功能　电机控制器具备回馈制动管理能力，根据整车控制器发出的回馈请求，进行制动操作，同时能量回馈动力蓄电池。

（3）控制器保护功能　电机控制器具备短路、过流、直流过压、直流欠压、过热、电机超速等保护功能，具有较大过载能力，免维护且寿命长。

（4）正反转功能　电机控制器具备正反转功能，正反转安全转换控制功能，反转限速功能。

（5）故障自诊断及保护功能　电机控制器及驱动电机出现异常状态时，能诊断故障等级，根据故障等级采取不同的处理方式，防止故障扩大，且能够实时记录故障，存储故障码，便于事后进行故障定位。

（6）电磁兼容　根据整车器件布置，采取有效的措施保证器件电磁兼容性能。

（7）通信功能　使用 CAN 总线进行程序下载、参数配置及与整车控制器通信。

（8）零速锁定　具备零速锁定控制，电机零速锁定与转矩控制的平滑切换，具备良好的坡起性能。

电机控制向集成化方向发展，已出现多种形式的集成化产品，常见的是把电机、电机控制器和减速器集成为一体，成为三合一电驱动系统，如图 3-56 所示为博格华纳的三合一电驱动系统。

图 3-56　博格华纳的三合一电驱动系统

如图 3-57 所示为博世的三合一电驱动系统。

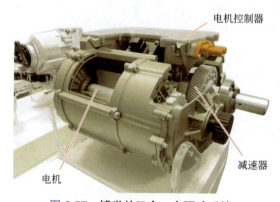

图 3-57　博世的三合一电驱动系统

如图 3-58 所示为采埃孚的三合一电驱动系统。

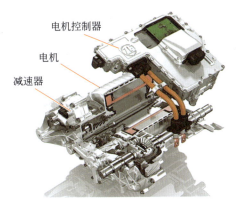

图 3-58 采埃孚的三合一电驱动系统

把电机控制器、车载充电机、DC/DC 变换器、整车控制器和高压配电箱集成在一起，构成五合一控制器，如图 3-59 所示。

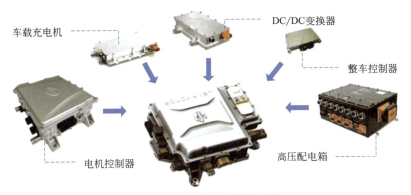

图 3-59 五合一集成控制器

第七节 变速器及电驱动系统

汽车变速器主要起减速增扭的作用，纯电动汽车和燃油汽车使用的变速器是完全不同的，燃油汽车使用的变速器主要有自动离合变速器、自动变速器、无级变速器、双离合变速器、电控无级变速器等；纯电动汽车变速器主要有单挡变速器和两挡变速器。单挡变速器也称为减速器，其减速方式有圆柱齿轮减速、圆锥齿轮减速和行星齿轮减速；有单级减速和多级减速。纯电动汽车的变速器一般不是孤立的，而是向集成化的电驱动系统发展。

一、行星齿轮机构

行星齿轮机构一般由齿圈、太阳轮、行星轮和行星架组成，结构紧凑，可以简单高效地实现变速器各个挡位动力的传递，如图 3-60 所示。

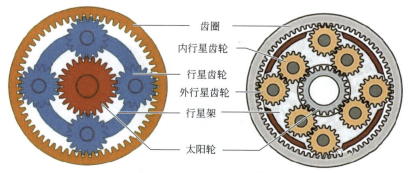

图 3-60　行星齿轮机构

（1）齿圈　齿圈位于行星齿轮机构最外面，内侧有齿且与行星架上的小行星轮啮合。

（2）太阳轮　太阳轮位于行星齿轮机构的中心，外侧有齿且与行星架上的小行星轮啮合。

（3）行星齿轮　行星齿轮介于太阳轮与内齿圈之间。

（4）行星架　行星架是支撑行星轮的金属架，其上的行星轮与太阳轮和内齿圈啮合。

在行星齿轮机构中，以单排单级为例，太阳轮、齿圈、行星架三个元件中的任意一个固定，另外两个任意一个作为输入或输出元件，可以实现不同的传动方式，而如果将三个元件中的任意两个刚性连接，锁定在一起作为输入，另一个作为输出，则可以实现直接传动。

设太阳轮、齿圈和行星架的转速分别为 n_1、n_2 和 n_3，则单排行星齿轮机构的传动特性方程式为

$$n_1+kn_2-(1+k)n_3=0 \tag{3-58}$$

式中，k 为行星排特性参数，对应普通单行星排有 $k=Z_2/Z_1$，对应普通双行星排有 $k=-Z_2/Z_1$；Z_1 为太阳轮齿数；Z_2 为齿圈齿数。

由式（3-58）可以看出，由于单排行星齿轮机构具有两个自由度，在太阳轮、齿圈和行星架这三个基本构件中，任选两个分别作为主动件和从动件，而使另一个元件固定不动（即使该元件转速为0），或使其运动受一定的约束（即该元件的转速为某定值），则机构只有一个自由度，整个轮系以一定的传动比传递动力。

在 $n_3=n_1$ 或 $n_2=n_3$ 时，同时可得 $n_1=n_2=n_3$，若使三元件中的任何两个元件连成一体旋转，则第三元件转速必与两者转速相等，即行星齿轮机构按直接挡传动，传动比为1，即所有元件都不受约束，可以自由转动，则行星齿轮机构失去传动作用，此种状态相当于空挡。

行星齿轮机构传动方案见表3-3。

表 3-3　行星齿轮机构传动方案

挡位	太阳轮	齿圈	行星架
减速1	固定	输入	输出
倒挡1	输入	输出	固定
超速1	固定	输出	输入

续表

挡位	太阳轮	齿圈	行星架
减速2	输入	固定	输出
倒挡2	输出	输入	固定
超速2	输出	固定	输入
直接传动1	输入（与内齿圈刚性连接）	输入（与太阳轮刚性连接）	输出
直接传动2	输入（与行星架刚性连接）	输出	输入（与太阳轮刚性连接）
直接传动3	输出	输入（与行星架刚性连接）	输入（与内齿圈刚性连接）

二、单挡变速器

纯电动汽车的传动系统普遍采用单挡变速器。单挡变速器结构简单、成本低、传动效率高。单挡变速器由两级齿轮传动组成，其中第二级齿轮传动集成差速器。单挡变速器的减速机构主要有两种基本结构，分别是圆柱齿轮减速和行星齿轮减速，如图3-61所示。

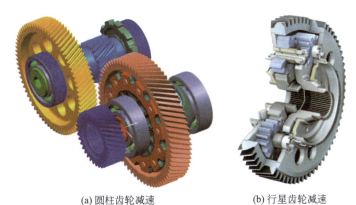

(a) 圆柱齿轮减速　　　　　(b) 行星齿轮减速

图 3-61　单挡变速器的减速机构形式

如图3-62所示为博格华纳开发的单挡变速器，属于2级减速，4个（2对）齿轮，3根轴，6个轴承，一套P挡驻车机构。传动比为6.54或9.07，

(a) 剖视

图 3-62

图 3-62 博格华纳开发的单挡变速器

单挡变速器中的驻车机构如图 3-63 所示。

图 3-63 单挡变速器中的驻车机构

单挡变速器中的差速器如图 3-64 所示。

图 3-64 单挡变速器中的差速器

如图 3-65 所示为高尔夫纯电动汽车同轴单挡变速器,该变速器采用二级圆柱齿轮减速。一级传动比为 2.704(Z_1=27;Z_2=73);二级传动比为 3.609(Z_1=23;Z_2=83),总传动比为 9.759。单挡变速器和三相电流驱动永磁同步电机一起构成一个单元。由于车辆驱动方向的改变是通过驱动电机改变转动方向实现的，所以电动汽车无须手动换挡机构。这样降速增扭成为变速器的首要任务。

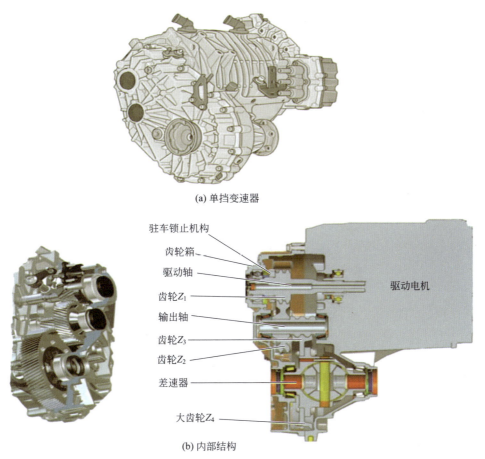

(a) 单挡变速器

(b) 内部结构

图 3-65　高尔夫纯电动汽车同轴单挡变速器

单挡变速器中的驻车机构如图 3-66 所示，采用机械驻车机构，锁止棘爪卡在挡块上，限制驱动轴的旋转，从而阻止电动汽车的移动。

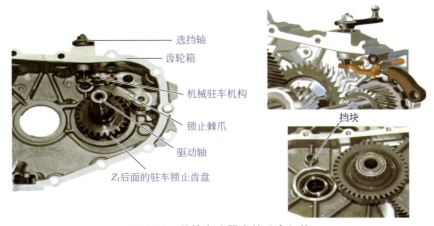

图 3-66　单挡变速器中的驻车机构

单挡变速器的机油润滑如图 3-67 所示，其内部有机油收集盒。

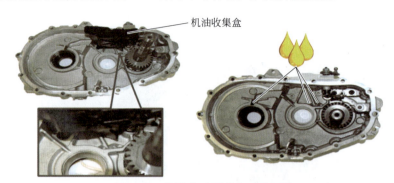

图 3-67 单挡变速器的机油润滑

雪佛兰 Bolt 同轴单挡变速器如图 3-68 所示，传动比为 7.05，输入轴与输出轴同轴，应用在雪佛兰 Bolt 纯电动汽车上。

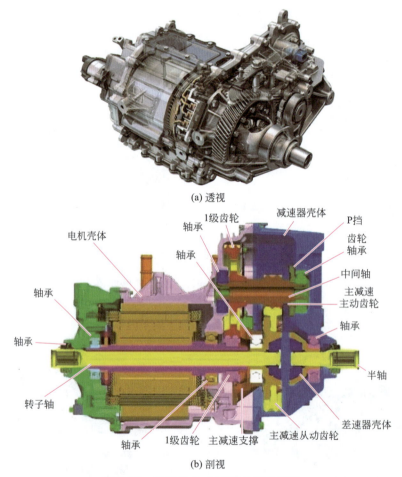

图 3-68 雪佛兰 Bolt 同轴单挡变速器

如图 3-69 所示为吉凯恩同轴单挡变速器，采用同轴设计，其传动比为 10.0，可承受峰值功率为 64kW，输出端转矩为 2000N·m，效率达到 96%；采用电子断开差速器，可以切断驱动电机的动力，应用在宝马等纯电动汽车上。

(a) 变速器实物

(b) 变速器剖视

图 3-69 吉凯恩同轴单挡变速器

吉凯恩同轴单挡变速器工作原理如图 3-70 所示,它结构简单,只有一个挡位,没有复杂的换挡装置。驱动电机的转矩通过第一级齿轮组向上传递到平行轴上,通过第二级齿轮组向下又回到了与驱动电机同心的差速器上,从这里再传递到左右两个半轴上。通过"一上一下"的同轴布置形式,变速器尺寸更小,安装空间需求更低。单挡变速器传动比取决于各级齿轮的齿数。

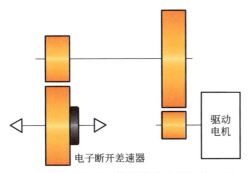

图 3-70 吉凯恩同轴单挡变速器工作原理

单挡变速器为车辆的运行带来了一些限制。例如,驱动电机的最高转速为 13000r/min,当车速到达大约 170km/h 时,驱动电机就已经逼近最高转速,而电动汽车设计最高车速为230km/h。因此，车辆必须在170km/h左右时断开驱动电机，保护其不会转速过载。实现这种断开功能的就是电子断开差速器。

如图3-71所示为吉凯恩电子断开差速器分解。高速时，电子断开差速器将驱动电机与车轮分离，以提高高速时系统效率并防止驱动电机超速。电子断开差速器控制犬牙式离合器接合或分离，使用霍尔传感器非接触式测量离合器位置。

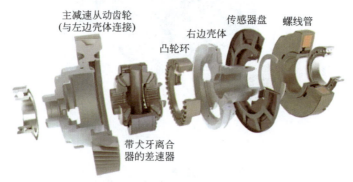

图 3-71　吉凯恩电子断开差速器分解

如图3-72所示为吉凯恩采用双湿式离合器的单挡变速器，采用同轴设计，其传动比为10，可承受峰值功率为60kW，峰值转矩为240N·m，最高转速为13000r/min；用

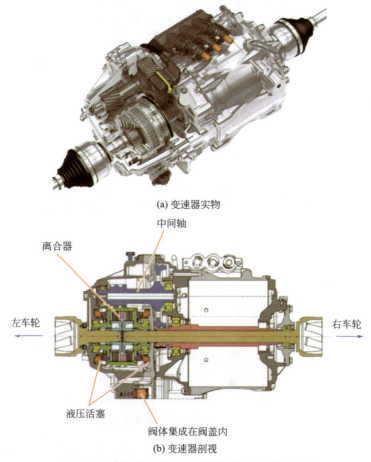

图 3-72　吉凯恩采用双湿式离合器的单挡变速器

双湿式离合器系统代替电子断开差速器，实现左右车轮的转矩自由分配，而普通差速器是差速不差扭。例如在弯道中，车辆可以将更多的转矩传递到弯道外侧的轮子上，从而提高车辆的转弯性能。这样的转矩分配系统被称为矢量转矩分配系统。

吉凯恩双湿式离合器单挡变速器工作原理如图 3-73 所示。用两个离合器实现了矢量转矩分配。同时，由于有了两个离合器，当车速升高导致驱动电机转速逼近最高转速时，两个离合器打开，电机与车轮分开，从而实现了电子断开差速器的功能。

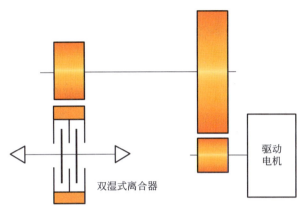

图 3-73　吉凯恩双湿式离合器单挡变速器工作原理

如图 3-74 所示为麦格纳 1eDT200 单挡变速器，最大输入转矩为 200N·m，最大输出转矩为 2500N·m；质量（不带油液）为 20kg；外形尺寸为 230mm×455mm×318mm；输入输出轴中心距为 157.5mm；传动比为 8.61 或 9.89；适用电机功率为 15～90kW，适用电压平台为 48～400V。

图 3-74　麦格纳 1eDT200 单挡变速器

如图 3-75 所示为麦格纳 1eDT350 单挡变速器，最大输入转矩为 300N·m，最大输出转矩为 3500N·m；质量（不带油液）为 28kg；外形尺寸为 338mm×488mm×198mm；输入输出轴中心距为 210mm；传动比为 8.61；适用电机功率为 65～110kW，适用电压平台为 300～400V。

图 3-75　麦格纳 1eDT350 单挡变速器

奥迪 e-tron AKA320 同轴单挡变速器如图 3-76 所示，该变速器采用普通行星齿轮减速，差速器是特制的。

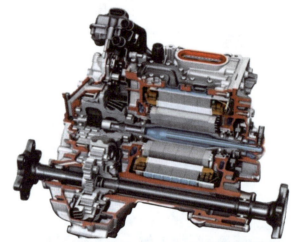

图 3-76　奥迪 e-tron AKA320 同轴单挡变速器

如图 3-77 所示为保时捷纯电动汽车前电驱动系统使用的单挡变速器，采用行星齿轮机构，传动比为 8.05。

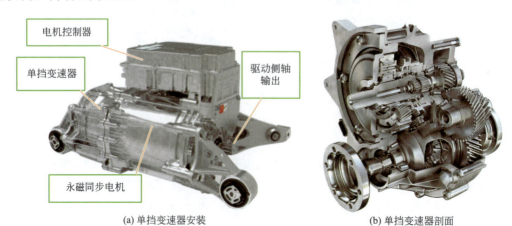

(a) 单挡变速器安装　　　　　　　　　　　　(b) 单挡变速器剖面

图 3-77　保时捷纯电动汽车前电驱动系统使用的单挡变速器

三、两挡变速器

与减速比为 9～10.5 的单挡变速器相比,两挡变速器的低速挡减速比设置为 11～12,满足加速和爬坡性能,而且所需电机最大转矩可以降低;高速挡减速比设置为 5～9 时,满足最高车速要求,而且所需电机最高转速可以降低。电机最大转矩和最高转速降低,可使得电机小型化、轻量化,而且两挡变速器可使电机较多地在最佳效率点运转,降低油耗。

如图 3-78 所示为吉凯恩两挡变速器,该变速器集成了两挡、同轴、双离合器式差速器的特点。

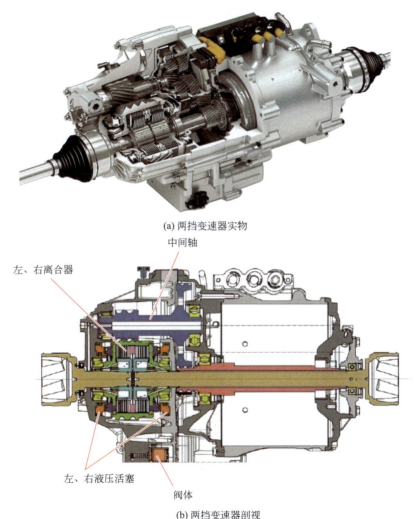

(a) 两挡变速器实物

中间轴
左、右离合器
左、右液压活塞
阀体

(b) 两挡变速器剖视

图 3-78 吉凯恩两挡变速器

吉凯恩两挡变速器工作原理如图 3-79 所示,变速机构采用行星齿轮组,它由两个太阳轮(S1 及 S2)和一个行星齿轮架组成,没有齿圈。

在第一挡时,第一个太阳轮(S1)通过一个可控单向离合器被锁死,行星齿轮架推动第二个太阳轮(S2)及其所在轴转动,如图 3-80 所示。此时行星齿轮组的传动比较大,为 1.79,整个系统的传动比为 17.0。

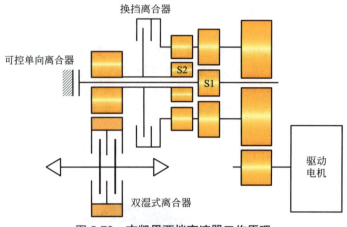

图 3-79　吉凯恩两挡变速器工作原理

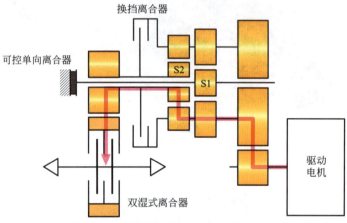

图 3-80　吉凯恩两挡变速器一挡功率流

在第二挡时，变速器内的换挡离合器关闭，单向离合器打开；此时，整个行星齿轮组被短路，两个太阳轮及行星齿轮架转速一致，如图 3-81 所示。此时，行星齿轮组的传动比为 1.0，整个系统的传动比为 9.5。两个挡位间的换挡实现了无动力中断，保证了换挡时的驾驶舒适性。

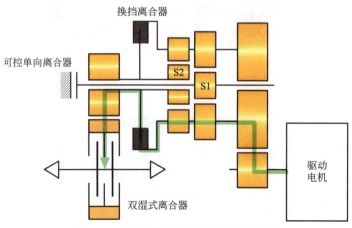

图 3-81　吉凯恩两挡变速器二挡功率流

如图 3-82 所示为麦格纳 2eDT200 两挡变速器，最大输入转矩为 200N·m，最大输出转矩为 2500N·m；质量（不带油液）为 26kg；外形尺寸为 245mm×462mm×300mm；输入轴输出轴中心距为 188mm；传动比分别为 8.61 和 12.06；适用电机功率为 55～90kW，适用电压平台为 300～400V。

图 3-82 麦格纳 2eDT200 两挡变速器

舍弗勒同轴两挡变速器如图 3-83 所示，采用行星齿轮机构，一挡传动比为 14.8，二挡传动比为 5.05。在长城 WEY P8 车型上，舍弗勒两挡电驱动桥的最大输入功率和转矩分别达到 90kW 和 200N·m，输出转矩高达 3000N·m。同时，一挡的车速可至 120km/h，实现足够高车速的纯电行驶能力。二挡则专门用于更长距离行程的高速行驶，保证车辆能够在超过 230km/h 的时候依然可以获得来自电驱动桥的额外动力。

图 3-83 舍弗勒同轴两挡变速器

如图 3-84 所示为保时捷纯电动汽车后电驱动系统使用的两挡变速器，采用行星齿轮机构。一挡传动比为 16，二挡传动比为 8.05；一挡可为车辆从静止起步提供更多的加速度，齿比更小的二挡可同时确保高效率和高能量储备，也有助于车辆高速行驶，最高车速可达 260km/h。驱动电机为永磁同步电机，电机峰值功率为 330kW，峰值转矩为 550N·m。

(a) 变速器

(b) 变速器分解

图 3-84　保时捷纯电动汽车后电驱动系统使用的两挡变速器

该两挡变速器的结构如图 3-85 所示，换挡执行器用于执行所有不同的挡位：一挡、二挡、空挡、倒挡和驻车。换挡执行器驱动两个与爪形离合器和多片离合器连接的操纵杆。在多片离合器内部有一个行星排，确保一挡速比。在一挡，多片离合器打开，爪形离合器关闭，可使速比为 16；二挡时，爪形离合器打开，多片离合器关闭，行星排变为整体，可以节省行星排的损失，提高效率。

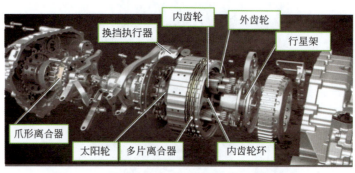

图 3-85　保时捷纯电动汽车两挡变速器的结构

四、传动系统传动比匹配

纯电动汽车传动系统传动比与燃油汽车传动系统传动比有很大不同，纯电动汽车传动系统有固定传动比，即一个传动比；也有二挡传动比，即有两个传动比。纯电动汽车的变速器与主减速器有的是做成一体的，有的是分开的。

1. 传动系统传动比的匹配原则

在驱动电机的输出性能一定的前提下，传动比的选择主要取决于汽车的动力性。对于传统的燃油汽车，挡位数越多，相应地增加了发动机工作在高性能区域的可能性，进而提高了汽车的燃料经济性。相比之下，纯电动汽车的动力来自驱动电机，驱动电机具有较宽的工作范围。驱动电机特性为低速恒转矩，高速恒功率，适合纯电动汽车的运行，并不需要过多挡位。过多的挡位会增加变速器的结构复杂性。固定传动比的变速器并不能完全满足驱动电机常工作于高效率区。二挡变速器结构简单，成本低，控制容易，同时又能满足纯电动汽车动力性和经济性的要求，在纯电动汽车上开始扩大应用。

传动系统传动比的选择应该满足如下原则：最大传动比应该满足纯电动汽车的最大爬坡度要求，同时要兼顾驱动电机低速区工作的效率；最小传动比应该满足纯电动汽车的最高车速要求，同时尽量降低驱动电机输入轴的转速，兼顾驱动电机高转速工况下的效率。

在驱动电机输出特性一定时，传动系统传动比的选择依赖于整车的动力性指标，即纯电动汽车传动比的选择应该满足最高车速、加速时间和最大爬坡度的要求。

2. 单挡变速器传动比的匹配

单挡变速器传动比首先要满足的最高车速要求，即

$$i_t \leqslant \frac{0.377 n_{\max} r}{u_{\max}} \qquad (3-59)$$

传动系统传动比还要满足峰值转矩爬坡的要求，即

$$i_t \geqslant \frac{r}{T_{e_{\max}} \eta_t} \left(mgf\cos\alpha_{\max} + mg\sin\alpha_{\max} + \frac{C_D A u_p^2}{21.15} \right) \qquad (3-60)$$

式中，$T_{e_{\max}}$ 为电机峰值转矩。

传动系统传动比范围为

$$\frac{r}{T_{e_{\max}} \eta_t} \left(mgf\cos\alpha_{\max} + mg\sin\alpha_{\max} + \frac{C_D A u_p^2}{21.15} \right) \leqslant i_t \leqslant \frac{0.377 n_{\max} r}{u_{\max}} \qquad (3-61)$$

3. 两挡变速器传动比的匹配

（1）一挡传动比的确定 一挡驱动时，最大驱动力应小于或等于驱动轮的峰值附着力，以此确定一挡传动比的上限。对于前轮驱动的纯电动汽车，一挡传动比的上限应满足

$$i_{g_{12}} \leqslant \frac{mgrb\varphi}{T_{e_{\max}} \eta_t L} \qquad (3-62)$$

式中，$i_{g_{12}}$ 为传动系统一挡传动比的上限；b 为纯电动汽车质心至后轴距离；L 为轴距；φ 为路面附着系数。

对于后轮驱动的纯电动汽车，一挡传动比的上限应满足

$$i_{g_{12}} \leqslant \frac{mgra\varphi}{T_{e_{\max}}\eta_t L} \tag{3-63}$$

式中，a 为纯电动汽车质心至前轴距离。

对于四轮驱动的纯电动汽车，一挡传动比的上限应满足

$$i_{g_{12}} \leqslant \frac{mgr\varphi}{T_{e_{\max}}\eta_t} \tag{3-64}$$

一挡传动比的下限应满足纯电动汽车在电机峰值转矩下的最大爬坡度，即

$$i_{g_{11}} \geqslant \frac{r}{T_{e_{\max}}\eta_t}\left(mgf\cos\alpha_{\max} + mg\sin\alpha_{\max} + \frac{C_D A u_p^2}{21.15}\right) \tag{3-65}$$

式中，$i_{g_{11}}$ 为变速器一挡传动比的下限。

(2) 二挡传动比的确定 二挡传动比的上限与最高车速有关，即

$$i_{g_{22}} \leqslant \frac{0.377 r n_{\max}}{u_{\max}} \tag{3-66}$$

式中，$i_{g_{22}}$ 为传动系统二挡传动比的上限。

二挡传动比的下限与纯电动汽车以最高车速行驶时的阻力有关，即

$$i_{g_{21}} \geqslant \frac{r}{T_{u_{\max}}\eta_t}\left(mgf + \frac{C_D A u_{\max}^2}{21.15}\right) \tag{3-67}$$

式中，$i_{g_{21}}$ 为传动系统二挡传动比的下限；$T_{u_{\max}}$ 为最高速度对应的输出转矩。

传动系统传动比包含了变速器传动比和主减速器传动比。

对于二挡变速器，二挡位传动比之间应该分配合理，否则可能由于一、二挡驱动力不连续导致换挡切换时的动力中断，进而影响驾驶体验。因此，二挡时电机基速下的驱动力应大于或者等于一挡时电机最高转速下对应的驱动力，即

$$\frac{9550 P_{e_{\max}} i_{g_2}}{n_e} \geqslant \frac{9550 P_{e_{\max}} i_{g_1}}{n_{\max}} \tag{3-68}$$

式中，i_{g_1} 为变速器一挡传动比；i_{g_2} 为变速器二挡传动比；n_e 为驱动电机基速。

整理可得

$$\frac{i_{g_1}}{i_{g_2}} \leqslant \frac{n_{\max}}{n_e} \tag{3-69}$$

传动系统传动比既包含了变速器的传动比，也包含了主减速器的传动比（如果有），传动系统传动比等于变速器传动比与主减速器传动比的乘积。

五、电驱动系统

电驱动系统是指将驱动电机、电机控制器和变速器（减速器）等集成为一体，三合一电驱动系统目前已成为纯电动汽车电驱动系统的主流。

如图 3-86 所示为麦格纳 1eDT330 电驱动系统，最大输入转矩为 320N·m，最大

输出转矩为 3300N·m；质量（不带油液）为 150kg；外形尺寸为 512mm×631mm×367mm；输入轴输出轴中心距为 215mm；传动比为 5.50；适用电机功率为 77～150kW，适用电压平台为 300～400V。

图 3-86　麦格纳 1eDT330 电驱动系统

如图 3-87 所示为麦格纳高集成电驱动系统（低），峰值功率为 76kW，最高转速为 13500r/min，最大输出转矩为 1600N·m；逆变器参数分别为 360V、350A。

图 3-87　麦格纳高集成电驱动系统（低）

如图 3-88 所示为麦格纳高集成电驱动系统（中），峰值功率为 140kW，最高转速为 18000r/min，最大输出转矩为 3800N·m；逆变器参数分别为 450V、500A。

图 3-88　麦格纳高集成电驱动系统（中）

如图 3-89 所示为麦格纳高集成电驱动系统（高），峰值功率为 253kW，最高转速为 16500r/min，最大输出转矩为 5300N·m；逆变器参数分别为 460V、960A。

图 3-89　麦格纳高集成电驱动系统（高）

德国 ZF 公司生产的三合一电驱动系统如图 3-90 所示，它把电机、电机控制器及减速器集成为一体，适合于前驱或后驱。电机采用感应异步电机，峰值功率为 90kW，峰值转矩为 1700N·m，最高转速为 21000r/min。

图 3-90　德国 ZF 公司生产的三合一电驱动系统

德国博世公司的电驱动系统的产品系列按照设计可实现输出功率从 50kW 到 300kW、转矩从 1000N·m 到 6000N·m 不同的变形产品，用以覆盖纯电动汽车和混合动力汽车对电驱动系统的不同需求；可以安装在小型乘用车、越野车甚至轻型商用车上。

如图 3-91 所示为博世公司生产的三合一电驱动系统，它由永磁同步电机、电机控制器和二级减速器集成在一起。其输出功率为 150kW，输出转矩为 3800N·m，质量为 90kg；功率密度为 1.67kW/kg，可用于总质量在 7.5t 以内的车型。

图 3-91　博世公司生产的三合一电驱动系统

捷豹纯电动汽车底盘如图 3-92 所示，采用四驱方式，驱动电机为永磁同步电机，前后电机峰值功率都为 147kW，峰值转矩都为 348N·m，最高转速都为 12000r/min；最高车速为 200km/h；0～100km/h 加速时间为 4.8s。

图 3-92 捷豹纯电动汽车底盘

第八节 电源变换器

电源变换器是依靠功率半导体器件将一个电源变换成另一个电源的功率电子电路（电力电子电路）。通过脉冲宽度调制（PWM）技术控制功率半导体器件的导通和关闭时间，连续调节电源变换器输出的电压，可实现输入、输出电压之间的下降/上升或电气隔离。

电源变换器可分为直流/直流（Direct Current/ Direct Current，DC/DC）变换器、直流/交流（Direct Current/ Alternating Current，DC/AC）变换器和交流/直流（Alternating Current/ Direct Current，AC/DC）变换器。

一、DC/DC 变换器

DC/DC 变换器是在直流电路中将一个电压值的电能变换为另一个电压值的电能的装置。

1. DC/DC 变换器的主要参数

DC/DC 变换器的主要参数有效率、额定输出电压、标称输入电压、额定功率、峰值功率、质量比功率、体积比功率和动态响应时间。

（1）效率　效率是指 DC/DC 变换器的输出功率与其输入功率及附属设备（风扇、控制器等）消耗的功率之和的比值。DC/DC 变换器的输入功率用其输入端的电压和电流的测量值的乘积来计算，输入端电压应在其输入接线端子处（或接线电缆头部）量取；DC/DC 变换器的输出功率用其输处端的电压和电流的测量值的乘积来计算，输出端电压应在其输出接线端子处(或接线电缆头部)量取;附属设备(风扇、控制器等)消耗的功率另行计算。

(2) 额定输出电压　额定输出电压是指在规定的环境条件、负载状态和温升限度下,DC/DC 变换器规定的输出工作电压值。

(3) 标称输入电压　标称输入电压是指在规定的环境条件、负载状态和温升限度下,DC/DC 变换器输入电压的标称值。

(4) 额定功率　额定功率是指在规定的环境条件、额定电压和连续工作情况下 DC/DC 变换器达到稳定温度后可输出的最大功率。

(5) 峰值功率　峰值功率是指在规定环境条件下和规定时间内,DC/DC 变换器可连续工作的最大功率。

(6) 质量比功率　质量比功率是指 DC/DC 变换器额定功率与其总质量(包括附属系统)的比值,单位为 kW/kg。

(7) 体积比功率　体积比功率是指 DC/DC 变换器额定功率与其总体积(包括附属系统)的比值,单位为 kW/L。

(8) 动态响应时间　动态响应时间是指系统受到一个激励后,由一种稳定的工作状态变换到另一种稳定工作状态所经历的时间。

2. DC/DC 变换器的功能

DC/DC 变换器具有以下功能。

① 把直流输入电源变换成直流输出电源,向直流电源设备供电。
② 根据输入电压和负载的扰动调节直流输出电压。
③ 调节直流电源的输出功率。
④ 隔离输入电源和负载。
⑤ 使电子电气系统满足电磁兼容性标准,增强抗干扰能力。

如图 3-93 所示为动力蓄电池的 400V 高压直流电转化为 12V 低压直流电,给低压蓄电池充电,并向 12V 低压用电系统供电。

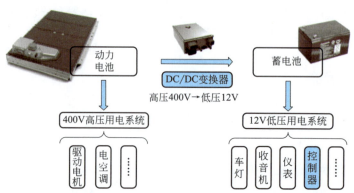

图 3-93　动力蓄电池的 400V 高压直流电转化为 12V 低压直流电

3. DC/DC 变换器的分类

根据电路输入输出电压的大小关系,DC/DC 变换器分为 DC/DC 降压变换器和 DC/DC 升压变换器。根据输入输出电路的电气绝缘性,DC/DC 变换器可分为 DC/DC 非隔离变换器和 DC/DC 隔离变换器。

4. DC/DC 降压变换器

纯电动汽车需要 DC/DC 降压变换器将动力蓄电池的高电压转换为低电压，并持续向低压电气系统供电。

（1）电路结构　DC/DC 降压变换器简化电路如图 3-94 所示。该电路的基本元件有输入电源 U_1——直流电源；执行器件 V——全控型功率半导体开关器件；储能元件 L——电感；续流器件 VD——功率二极管；负载——直流电机、蓄电池和电阻等。

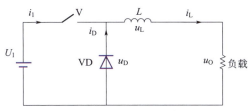

图 3-94　DC/DC 降压变换器简化电路

（2）工作原理　当执行器件 V 导通时，功率二极管反向截止，$i_D=0$；直流电源经过电感向负载供电，$i_1=i_L$；电感电流逐渐增大，电感的电磁能增加，负载电压随之上升。当执行器件 V 关断时，直流电源 U_1 停止向负载供电，$i_1=0$；功率二极管导通，电感所储存的电磁能经过 VD 向负载供电，$i_D=i_L$；电感电流逐渐减小，电感的电磁能减小，负载电压随之降低。

（3）工作模式　DC/DC 降压变换器工作时，如果执行器件 V 的 PWM 占空比、电感或电源电压匹配不好，电感电流 i_L 可能产生间断的状态。针对电感电流是否连续，DC/DC 降压变换器有两种工作模式，即电流连续导通模式和断续导通模式。当 DC/DC 降压变换器工作在连续导通模式时，电感电流始终为非零状态；当 DC/DC 降压变换器工作在断续导通模式时，在执行器件 V 关断期间的电感电流出现持续为零的时间段。

DC/DC 变换器通常由控制芯片、电感线圈、晶闸管、晶体管及不同型号的电容器构成，其首先将电流中的直流电逆变（将直流电转换成交流电），再通过一个类似变压器的组件将电压降低，接着将降低电压后的交流电整流变成直流电，最后经过稳压输出，即得到相应的低压直流电。DC/DC 变换器的转换过程如图 3-95 所示。

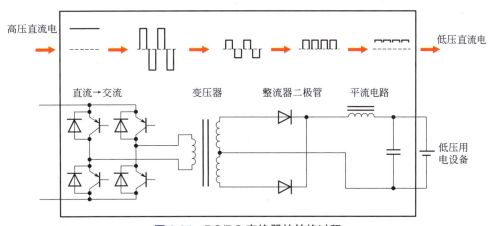

图 3-95　DC/DC 变换器的转换过程

5. DC/DC 升压变换器

为了提高纯电动汽车电驱动系统的效率，需要通过 DC/DC 升压变换器将动力蓄电池电压升高，为交流电机控制系统提供稳定的更高电压的电源。

（1）电路结构　DC/DC 升压变换器简化电路如图 3-96 所示，它由如图 3-94 所示的 DC/DC 降压变换器电路的执行元件 V、电感 L 和功率二极管 VD 的逆时针轮换得到。

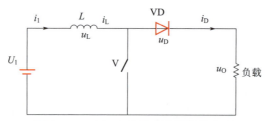

图 3-96　DC/DC 升压变换器简化电路

（2）工作原理　当执行器件 V 导通时，直流电源 U_1 经过电感 L 形成回路，电感电流增大，电感的电磁能增加，此时称为 DC/DC 升压变换器的开关导通状态。当执行器件关断时，直流电源 U_1 与电感 L 积蓄的能量经过功率二极管 VD 同时向负载供电，电感电流逐渐减小，电感的磁通发生变化，产生一个叠加在直流电源上的附加电动势，使负载电压超过直流电源电压，此时称为 DC/DC 升压变换器的开关截止状态。

DC/DC 升压变换器的电感电流可能在开关截止状态时出现断流现象，那么 DC/DC 升压变换器有电流连续导通模式和断续导通模式。

6. 双向 DC/DC 变换器

将 DC/DC 降压变换器和 DC/DC 升压变换器的电路重构，能够组成新型结构的 DC/DC 变换器电路。双向 DC/DC 变换器就是 DC/DC 降压变换器和 DC/DC 升压变换器的组合，常用于纯电动汽车动力蓄电池和电机控制系统之间，匹配两种电源的电压特性。

二、DC/AC 变换器

DC/AC 变换器是将直流电变换成交流电的装置，也称为逆变器。使用交流电机的电动汽车必须通过 DC/AC 变换器将动力蓄电池的直流电变换为交流电。

在电动汽车上，采用动力蓄电池组的直流电作为电源，并且采用三相交流电机作为驱动电机时，三相交流电机不能直接使用直流电源。另外三相交流电机具有非线性输出特性，需要应用逆变器中的功率半导体变换器件，来实现直流电源与三相交流电机之间电流的传输和变换，并要求能够实现频率调节，在所调节的频率范围内保持功率的连续输出，同时实现电压的调节，能够在恒定转矩范围内维持气隙磁通恒定。将直流电变换为频率和幅值可调且电压可调的交流电来驱动三相交流电机。

三、AC/DC 变换器

AC/DC 变换器是将交流电压变换成电子设备所需要的稳定直流电压，电动汽车中 AC/DC 的功能主要是将发电机发出的交流电变换为直流电给动力蓄电池储存。

AC/DC 变换器的工作过程如图 3-97 所示。整流电路是将工频交流电转换为脉动直流电；滤波电路是将脉动直流中的交流成分滤除，减少交流成分，增加直流成分；稳压电路采用负反馈技术，对整流后的直流电压进一步进行稳定。

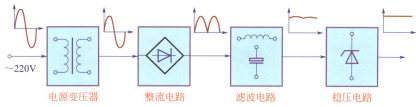

图 3-97　AC/DC 变换器的工作过程

四、应用实例

电源变换器在电动汽车上的应用实例如图 3-98 所示。

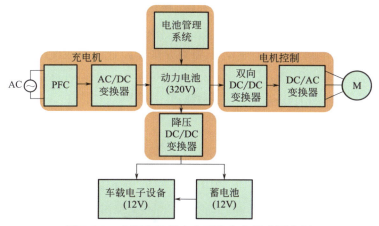

图 3-98　电源变换器在电动汽车上的应用实例

电动汽车动力蓄电池的电压为 320V，由蓄电池管理系统进行管理和监测，并通过一个车载充电机（含 AC/DC 变换器）进行充电，交流电压范围是从 110V 的单相系统到 380V 的三相系统；动力蓄电池通过一个双向的 DC/DC 变换器和 DC/AC 变换器来驱动交流电机，同时用于再生制动，将回收的能量存入动力蓄电池；同时，为了将动力蓄电池的 320V 高电压转换为可供车载电子设备使用和给蓄电池充电的 12V 电源，需要一个降压型 DC/DC 变换器。

如图 3-99 所示为某电动汽车的 DC/DC 变换器实物。

图 3-99　某电动汽车的 DC/DC 变换器实物

电动汽车高压系统正逐渐向着集成化、模块化发展，逐渐衍生出电动汽车"三大件"：蓄电池系统、动力总成、高压电控。

如图 3-100 所示为三合一集成控制器，把 DC/DC 变换器、车载充电机和高压配电箱集成为一体，其特点是成本降低，空间节省，高压线束减少，可靠性增强。

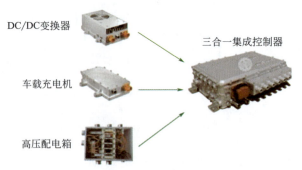

图 3-100　三合一集成控制器

如图 3-101 所示为五合一集成控制器，把驱动电机、电机控制器、DC/DC 变换器、车载充电机和高压配电箱集成在一起，其特点是成本降低，集成度高，电效率高。

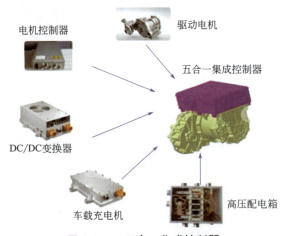

图 3-101　五合一集成控制器

第九节　高压系统

电动汽车电压系统分为低压系统和高压系统。低压系统是指由 12V 低压蓄电池供电的零部件系统，纯电动汽车低压系统一般采用直流 12V 或 24V 电源，一方面为灯光、仪表、车身附件等常规低压电气供电；另一方面为整车控制器、高压电气设备的控制电路和辅助部件供电。电动汽车的高压系统主要负责车辆的启动、行驶、充放电、空调动力等，并随时检测整个高压系统的绝缘故障、断路故障、接地故障和高压故障等，确保整车设备和人员安全。

一、高压系统的组成

电动汽车高压系统是指电动汽车内部 B 级电压以上与动力电池直流母线相连或由动力蓄电池电源驱动的高压驱动零部件系统，主要包括动力蓄电池系统、电驱动系统、高压电控系统等，如图 3-102 所示。

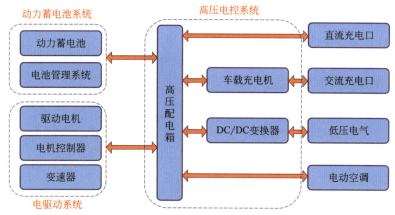

图 3-102　电动汽车高压系统

1. 动力蓄电池系统

动力蓄电池系统是电动汽车中能源供给装置，需要给整车所有系统提供能源。当电量消耗后，也需要给它进行充电。因此其能源流动既有流出，也有流入。动力蓄电池为高压直流电，其工作电压可以达到几百伏，输出电流可达到 300A。三元锂离子电池是目前的主流。

2. 电驱动系统

电动汽车的电驱动系统主要由驱动电机、电机控制器和变速器共同组成。电机控制器将高压直流电转为三相交流电，并与整车控制器及其他模块进行信号交互，实现对驱动电机的有效控制。驱动电机按照电机控制器的指令，将电能转化为机械能，输出给车辆的传动系统。同时，也可以将行驶中产生的机械能（如制动效能）转化为电能，通过车载充电器输送给动力蓄电池。当前主流驱动电机是永磁同步电机和三相交流异步电机。

3. 高压电控系统

高压电控系统包括高压配电箱、维修开关、DC/DC 变换器、车载充电机等。高压配电箱（Power Distribution Unit，PDU）是整车高压电的一个电源分配装置，类似于低压电路系统中的电气保险盒，高压系统中各个组件都需要它进行电量分配，比如高压压缩机、高压加热器（Positive Temperature Coefficient，PTC）、电机控制器等；维修开关介于动力蓄电池和 PDU 之间，当维修动力蓄电池时，使用它可以进行整车高压电的切断，确保维修安全；DC/DC 变换器将动力蓄电池的高压直流电转化为整车用电器需要的低压直流电，供给蓄电池，以能够保持整车用电平衡。车载充电机（OBC）是将交流电转为直流电的装置。受整车布置的影响，越来越多车型趋向于将 DC/DC 变换器与

OBC 整合为控制器，甚至将 PDU、DC/DC 变换器与 OBC 整合为三合一控制器。

4. 充电系统

充电系统包括直流充电口和交流充电口。直流充电口属于快充口，快充口的电是高压直流电，可以不经过处理直接通过 PDU 输送给动力蓄电池进行充电；交流充电口属于慢充口，慢充口的电是高压交流电，需要经过二合一控制器中的 OBC 单元，或 OBC（没有二合一控制器，OBC 与 DC/DC 变换器是分离的）进行转化，转化后的高压直流电经过 PDU 给动力蓄电池充电。

如图 3-103 所示为某电动汽车利用车载充电机为动力蓄电池充电的电流路径，其中车载充电机集成在高压配电箱中。

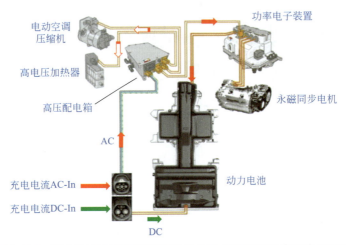

图 3-103 某电动汽车利用车载充电机为动力蓄电池充电的电流路径

5. 电动空调

纯电动汽车空调系统和传统燃油汽车空调系统工作原理相同，只是空调压缩机的驱动方式以及暖风产生方式有所不同。纯电动汽车采用高压电动空调压缩机，由动力蓄电池驱动。暖风通常采用电加热方式，电加热方式有两种：一种是通过加热冷却液，再经过循环为暖水箱提供热量；另一种是直接加热经过蒸发箱的空气实现暖风。如图 3-104 所示为纯电动汽车空调系统工作原理。

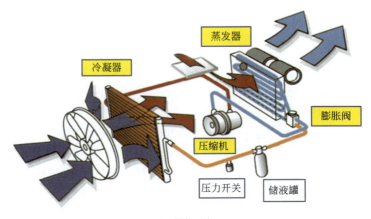

(a) 结构示意

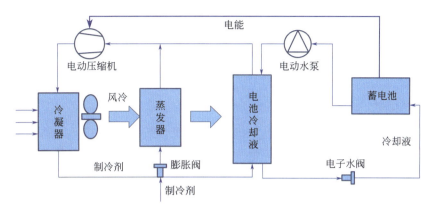

(b) 原理示意

图 3-104　纯电动汽车空调系统工作原理

二、高压系统电压的等级

电动汽车高压系统电压常见的等级分别是 144V、288V、317V、346V、400V 和 576V 等，但并不限于这些。

三、高压配电箱

电动汽车高压配电箱又称为高压配电盒，是高压系统分配单元，如图 3-105 所示。电动汽车具有高电压和大电流的特点，通常配备 300V 以上的高压系统，工作电流可达 200A 以上，可能危及人身安全和高压零部件的使用安全性。因此，在设计和规划高压动力系统时，不仅要充分满足整车动力驱动要求，还要确保汽车运行安全、驾乘人员安全和汽车运行环境安全。

图 3-105　高压配电箱

电动汽车高压配电箱的功能是保障整车系统动力电能的传输，是动力蓄电池与各高压设备的电源和信号传递的桥梁,并随时检测整个高压系统的绝缘故障、断路故障、接地故障及高压故障等。

电动汽车高压配电箱里面主要有高压继电器、高压连接器、高压线束和熔断器等。

1. 高压继电器

电动汽车主电路电压一般都大于200V,远高于传统汽车的12～48V,电动汽车除需要传统汽车所需的低电压继电器以外,还需配备特殊的5～8个高压直流继电器,分别是2个主继电器、1个预充电器、2个急速充电器、2个普通充电继电器和1个高压系统辅助机器继电器。电动汽车中的电路属于高压直流,一般继电器无法满足要求,目前应用最多的是真空型和充气型继电器。

2. 高压连接器

电动汽车使用的连接器不同于传统汽车使用的连接器,传统的连接器难以满足电动汽车大电流、高电压的要求。所以,电动汽车必须使用针对电动汽车的大功率连接产品。

3. 高压线束

高压线束是电动汽车上的连接器和线缆在整个汽车运行当中非常关键的连接件,影响高压线束的隐患主要是过热或燃烧,在恶劣环境中线束还有被屏蔽性能、进水和进尘的风险等。不同于传统汽车的12V线束,对于高压线束还需要考虑与整车电气系统的磁兼容性。

在实际使用中,电动汽车受到的电磁干扰是传统内燃机汽车的近百倍。电动汽车的高压线束是高效的电磁干扰发射天线和接收天线,是导致电动汽车出现电磁兼容故障及辐射干扰超过法规要求的最重要原因。

高压线束产生的电磁干扰会影响到汽车信号线路中数据传输的完整性和准确性,严重时会影响到整车的操控性和安全性。所以,在高压线束外边常常采用注胶、包裹屏蔽线等方式来减少对整车的磁干扰。

4. 熔断器

熔断器有交流和直流用途之分,交流应用于工业配电系统。车载的锂离子电池、储能电容、电机、变流器和电控线路均属于直流系统,都需要直流类型的熔断器做短路保护,才能保证安全可靠的正常运行和超强能力的短路开断效果。

电动汽车高压配电箱中,输出端主要连接汽车辅助电源系统,在配电盒内部一般情况下会包括电加热风机支路、空调压缩机支路、DC/DC变换器支路及充电机支路。这四个支路上,每个支路都需要安装线路保护熔断器,目的是在各负载发生短路时能够及时切断电源保护线路,避免车辆发生火灾。

如图3-106所示为高压配电箱连接的高压电气零部件。

目前大多数电动汽车的系统最大电压一般为700V DC以下,也有少数车型会略高于此电压,所以用于蓄电池保护的熔断器可分为500V DC和700V DC两种为主,电流等级多为200～400A。

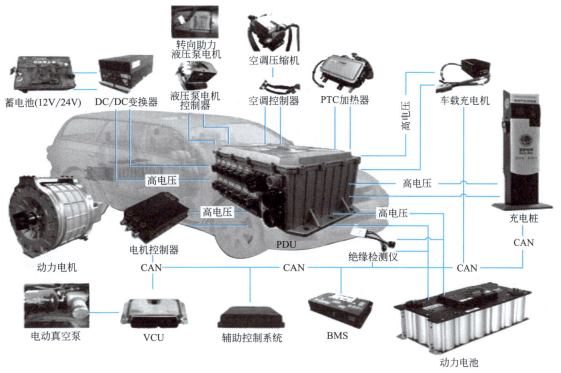

图 3-106　高压配电箱连接的高压电气零部件

第十节　电驱动系统发展目标

到 2035 年，我国电动汽车的电驱动系统产品总体达到国际先进水平。驱动电机系统总体发展目标见表 3-4。

表 3-4　驱动电机系统总体发展目标

2025 年	2030 年	2035 年
电驱动总成系统关键性能达到国际先进水平，实现可高压、高速化与先进制造工艺，核心关键材料与关键制造装备实现国产化	电驱动总成系统关键性能达到国际领先水平，实现可高压、高速化与先进制造工艺，核心关键材料与关键制造装备实现国产化	电驱动总成系统关键性能整体达到国际领先水平，核心关键材料、关键制造、测试装备与设计开发工具实现国产化
乘用车电机比功率为 5.0kW/kg，电机系统效率大于 90% 的高效率区要大于 80%	乘用车电机比功率为 6.0kW/kg，电机系统效率大于 93% 的高效率区要大于 80%	乘用车电机比功率为 7.0kW/kg，电机系统效率大于 95% 的高效率区要大于 80%
乘用车电机控制器功率密度达到 40kW/L	乘用车电机控制器功率密度达到 50kW/L	乘用车电机控制器功率密度达到 70kW/L
纯电驱动系统比功率为 2.0kW/kg，综合使用效率为 87.0%（CLTC）	纯电驱动系统比功率为 2.4kW/kg，综合使用效率为 88.5%（CLTC）	纯电驱动系统比功率为 3.0kW/kg，综合使用效率为 90%（CLTC）

第四章

纯电动汽车的整车控制器

整车控制器（Vehicle Control Unit，VCU）是纯电动汽车各动力系统的总成控制器，负责协调电驱动系统、动力蓄电池系统、制动系统等各部件的工作，提高纯电动汽车的动力性、经济性和安全性等。

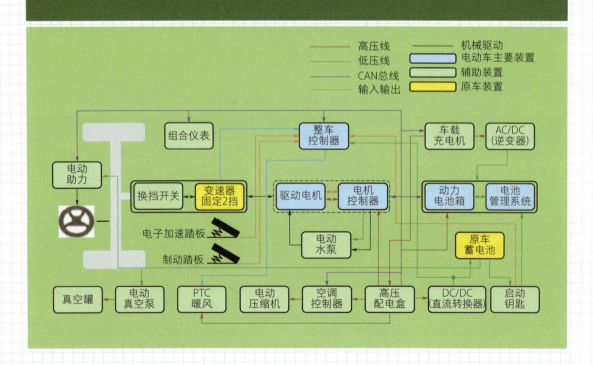

第一节 整车控制器的技术要求

整车控制器通过向电机控制器、蓄电池管理系统发送指令,间接控制电机运转和蓄电池充放电,通过控制主继电器来实现车载模块的上下电。

根据整车控制网络的构成以及对整车控制器输入输出信号的分析,整车控制器应满足以下技术要求。

① 设计硬件电路时,应该充分考虑汽车恶劣的行驶环境,注重电磁兼容性,提高抗干扰能力。整车控制器在软硬件上都应该具备一定的自保护能力,以防止极端情况的发生。

② 整车控制器需要有足够多的 I/O 接口,能够快速准确地采集各种输入信息,至少具备两路 A/D 转换通道用于采集加速踏板信号和制动踏板信号,应该具有多个开关量输入通道,用于采集汽车挡位信号,同时应该具有多个用于驱动车载继电器的功率驱动信号输出通道。

③ 整车控制器应该具备多种通信接口,CAN 通信接口用于与电机控制器、蓄电池管理系统和车载仪表通信,RS232 通信接口用于与上位机通信,同时预留了一个 RS-485/422 通信接口,这可以将不支持 CAN 通信的设备兼容,例如某些型号的车载触摸屏。

④ 不同的路况条件下,汽车会遇到不同的冲击和震动,整车控制器应该具备良好的抗冲击性,才能保证汽车的可靠性和安全性。

第二节 整车控制器的结构与原理

整车控制器为电动汽车的调度控制中心,负责与车辆其他部件进行通信,协调整车的运行。

一、整车控制器的结构

整车控制器在结构上,由金属壳体和一组 PCB 线路板组成,如图 4-1 所示。

整车控制器系统功能结构如图 4-2 所示,其主要包含电源电路模块、开关量输入/输出模块、A/D 采集模块及 CAN 通信模块。

1. 电源电路模块

电源电路负责从车载 12V 蓄电池取电,为控制器和各输入、输出模块提供隔离电源。

(a) 外观　　　　　　　(b) PCB线路板

图 4-1　整车控制器

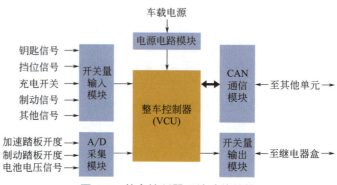

图 4-2　整车控制器系统功能结构

2. 开关量输入/输出模块

开关量输入模块接收的信号主要有钥匙信号、挡位信号、制动开关信号等；开关量输出信号主要是控制继电器，其在不同整车系统中意义略有不同，一般情况下控制如水泵继电器及 PTC 继电器等。

3. A/D 采集模块

A/D 采集模块主要采集加速踏板和制动踏板开度信号及蓄电池电压信号等。

4. CAN 通信模块

CAN 通信模块负责与整车其他设备通信，主要设备有电机控制器（MCU）、蓄电池管理系统及充电机等。

不同企业、不同车型的整车控制器的结构与功能是有差异的。如图 4-3 所示为某公司开发的纯电动汽车整车控制器结构。整车控制器的硬件电路包括微控制器、开关量调理、模拟量调理、继电器驱动、高速 CAN 总线接口、电源等模块。

（1）微控制器模块　微控制器模块是整车控制器的核心，综合考虑纯电动汽车整车控制器的功能及其运行的外界环境，微控制器模块应该具有高速的数据处理性能、丰富的硬件接口、低成本和可靠性高的特点。

（2）开关量调理模块　开关量调理模块用于开关输入量的电平转换和整形，其一端与多个开关量传感器相连，另一端与微控制器相接。

（3）模拟量调理模块　模拟量调理模块用于采集加速踏板和制动踏板的模拟信号，

并输送给微控制器。

（4）继电器驱动模块　继电器驱动模块用于驱动多个继电器，其一端通过光电隔离器与微控制器相连，另一端与多个继电器相接。

（5）高速 CAN 总线接口模块　高速 CAN 总线接口模块用于提供高速 CAN 总线接口，其一端通过光电隔离器与微控制器相连，另一端与系统高速 CAN 总线相接。

（6）电源模块　电源模块为微处理器和各输入、输出模块提供隔离电源，并对蓄电池电压进行监控，与微控制器相连。

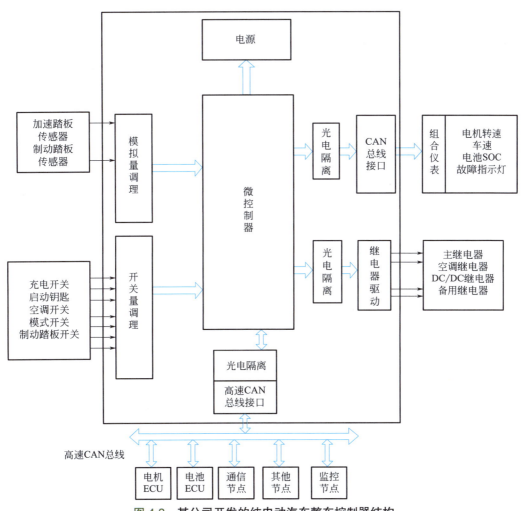

图 4-3　某公司开发的纯电动汽车整车控制器结构

二、整车控制器的原理

纯电动汽车中比较重要的开关信号和模拟信号由传感器直接传递给整车控制器（VCU），而不通过 CAN 总线。开关信号包括钥匙信号、挡位信号、充电开关、制动信号等；模拟信号包括加速踏板信号、制动踏板信号、蓄电池电压信号等。纯电动汽车上的其他具有独立系统的电气，一般通过共用 CAN 总线的方式进行信息传递。

如图 4-4 所示为某纯电动汽车整车控制器的控制原理。

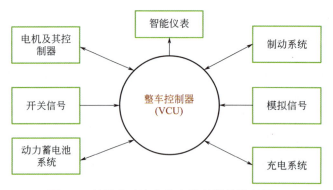

图 4-4 某纯电动汽车整车控制器的控制原理

1. VCU 与动力蓄电池系统

动力蓄电池是纯电动汽车动力的唯一来源。VCU 与蓄电池管理系统通过整车 CAN 总线进行信息交互，如图 4-5 所示。

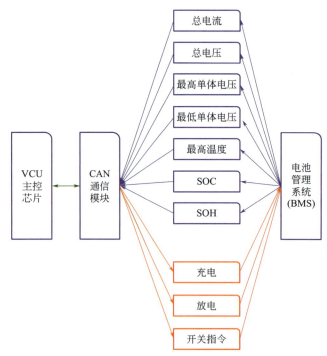

图 4-5 VCU 与蓄电池管理系统的信息交互

动力蓄电池系统实时监测并上报给 VCU 的参数包括：总电流、总电压、最高单体电压、最低单体电压、最高温度、蓄电池包荷电状态（SOC），某些系统还监测蓄电池包健康状态（SOH）。

VCU 发送给动力蓄电池系统的命令包括充电、放电和开关指令。

（1）充电　在最初的充电连接信号确认后，整车处于禁止行车状态，VCU 交出控制权。整个充电过程由蓄电池管理系统和充电机共同完成，直至充电完成或者充电中断，车辆控制权重新回到 VCU。

（2）放电　VCU 根据驾驶员意图，推算出车辆的功率需求，换算成电流需求，发送给 BMS。BMS 根据自身 SOC、温度和系统设计阈值，确定提供的电流值。

（3）开关指令　在充放电开始之前，VCU 控制整车强电系统是否上电，通过控制蓄电池包的主回路接触器实现。在车辆运行过程中，遇到突发状况，VCU 酌情判断是否闭合或者断开主回路接触器。

2. VCU 与电机及其控制器

VCU 向电机控制器发送的指令包含三个部分描述，即电机使能信息、电机模式信息（再生制动，正向驱动，反向驱动）以及相应模式下的电机转矩。电机控制器向 VCU 上报电机和控制器的各种参数及故障报警信息，主要参数包括电机转速、电机转矩、电机电压和电流。

3. VCU 与充电系统

充电系统包括车载充电机和非车载充电机，广义上还包含换电系统。充换电系统（这里的"充"主要是指非车载充电机），出于最大通用性的考量，需要一套统一的通信协议。

以充电枪与车辆上的充电接口的物理连接为开端，整个充电过程中的信息互换都在蓄电池管理系统和充电机之间进行，不再通过 VCU。

4. VCU 与制动系统

采用复合制动系统的电动汽车，需要综合考虑液压制动系统、电机制动和防抱死系统（ABS）的协调一致性，进而需要有自己的管理系统，称为制动管理系统（BCU）。BCU 可以独立于 VCU 之外，只通过 CAN 通信，也可以把功能集成到 VCU 内部。

根据制动踏板的开度和开度变化的速度，VCU 计算出车辆的制动需求力矩，传递给 BCU。BCU 根据车辆的具体状态做出具体力矩分配。

车速中等的一般制动，直接切入电机能量回馈制动，以尽可能地回收制动能量；车速快，驾驶员急踩踏板，需要紧急制动，则 BCU 会首先启动液压制动系统，待减速状态稳定以后，再引入能量回馈制动，并且逐渐加大比例。

行驶在冰雪路面，BCU 则会引入 ABS，并将其优先级设置为最高，以车辆正常安全行驶为要。

5. VCU 与智能仪表

仪表系统通过 CAN 总线与 VCU 相连，从 VCU 获取需要显示的数据。数据传输进仪表控制器以后，信号处理电路将信息还原成各个仪表的显示内容。

第三节　整车控制器的功能

整车控制器通过采集加速踏板信号、制动踏板信号和挡位开关信号等驾驶信息，同时接收 CAN 总线上电机控制器和蓄电池管理系统发出的数据，并结合整车控制策略对这些信息进行分析和判断，提取驾驶员的驾驶意图和车辆运行状态信息，最后通过 CAN 总线发出指令来控制各部件控制器的工作，保证车辆的正常行驶。

一、整车控制器的基本功能

整车控制器基本功能如图 4-6 所示。

图 4-6　整车控制器基本功能

（1）控制汽车行驶　控制纯电动汽车行驶，协调电动汽车各个分系统正常工作，这是整车控制器最基本的功能。整车控制器根据驾驶员的驾驶意图和车辆实时状态按照设定的控制程序向相关电控单元发送控制信号。例如，当驾驶员踩下加速踏板时，整车控制器向电机控制器发送电机输出转矩信号，电机控制系统控制电机按照驾驶员的意图输出转矩。

（2）整车网联化管理　纯电动汽车整车通信网络是基于 CAN 总线技术的通信网络，具有多个主从节点，整车控制器作为车载网络的主节点，负责信息的组织与传输、网络状态的监控、网络节点的管理以及网络故障的诊断与处理，对车载网络的正常运行具有重要意义。

（3）制动能量回收　纯电动汽车的电机可以工作在再生制动状态，对制动能量进行回收利用是纯电动汽车和传统能源汽车的重要区别。整车控制器分析驾驶员制动意图、蓄电池组状态和电机状态等消息，并结合制动能量回收控制策略，在满足制动能量回收的条件下对电机控制器发送电机模式指令和转矩指令，使得电机工作在发电模式，在不影响制动性能的前提下将电制动回收的能量储存在蓄电池组中，从而实现制动能量回收，提高车辆能量利用效率。

（4）能量管理与优化　纯电动汽车有很多用电设备，包括电机和空调设备等。整车控制器可以对能量进行合理优化来提高纯电动汽车的续驶里程。例如当动力蓄电池组电量较低时，整车控制器发送控制指令关闭部分起辅助作用的电气设备，将电能优先保证车辆的安全行驶。

（5）监测车辆状态　整车控制器通过直接采集信号和接收 CAN 总线上的数据的方式获得车辆运行的实时数据，包括车速、电机的工作模式、转矩、转速、蓄电池的剩余电量、总电压、单体电压、蓄电池温度和故障等信息，然后通过 CAN 总线将这些实时信息发送到车载仪表进行显示。此外整车控制器定时检测 CAN 总线上各模块的通信，如果发现总线上某一节点不能够正常通信，则在车载仪表上显示该故障信息，并对相应的紧急情况采取合理的措施进行处理，防止极端状况的发生，使得驾驶员能够直接、准确地获取车辆当前的运行状态信息。

(6) 故障诊断与处理　整车控制器对整车运行状态进行实时监控。发生故障时及时报警，采取安全措施并发送错误代码，确保车辆安全行驶。对于不太严重的故障，能做到低速行驶到附近维修站进行检修。

(7) 外接充电管理　实现充电的连接，监控充电过程，报告充电状态，充电结束。

(8) 设备在线诊断　负责与外部诊断设备的连接和诊断通信，实现 UDS 诊断服务，包括数据流读取，故障码的读取和清除，控制端口的调试。

二、某纯电动汽车整车控制器功能

如图 4-7 所示为某纯电动汽车的整车控制器原理。

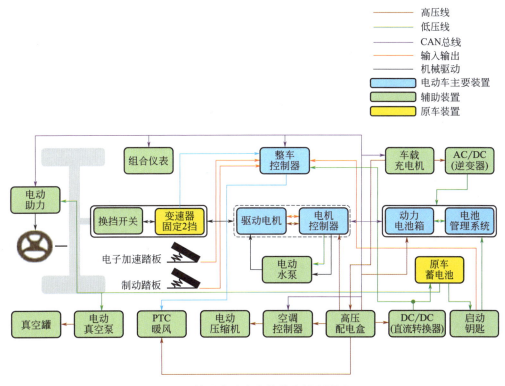

图 4-7　某纯电动汽车的整车控制器原理

该整车控制器具有以下功能。

(1) 驾驶员意图解析　驾驶员意图解析主要是对驾驶员操作信息及控制命令进行分析处理，也就是将驾驶员的油门信号和制动信号根据某种规则，转化成电机的需求转矩命令。因而驱动电机对驾驶员操作的响应性能完全取决于整车控制的油门解释结果，直接影响驾驶员的控制效果和操作感觉。

(2) 驱动控制　根据驾驶员对车辆的操纵输入（加速踏板、制动踏板以及选挡开关）、车辆状态、道路及环境状况，经分析和处理，向 VMS 发出相应的指令，控制电机的驱动转矩来驱动车辆，以满足驾驶员对车辆驱动的动力性要求；同时根据车辆状态，向 VMS 发出相应指令，保证安全性、舒适性。

（3）制动能量回馈控制　整车控制器根据加速踏板和制动踏板的开度、车辆行驶状态信息以及动力蓄电池的状态信息（如 SOC 值）来判断某一时刻能否进行制动能量回馈，在满足安全性能、制动性能以及驾驶员舒适性的前提下，回收部分能量。制动能量回馈的原则是制动能量回收不应该干预 ABS 的工作；当 ABS 进行制动力调节时，制动能量回收不应该工作；当 ABS 报警时，制动能量回收不应该工作；当电驱动系统具有故障时，制动能量回收不应该工作。

（4）整车能量优化管理　整车能量优化管理是通过对电动汽车的电机驱动系统、蓄电池管理系统、传动系统以及其他车载能源动力系统（如空调、电动泵等）的协调和管理，提高整车能量利用效率，延长续驶里程。

（5）充电过程控制　充电过程控制是指与蓄电池管理系统共同进行充电过程中的充电功率控制，整车控制器接收到充电信号后，应该禁止高压系统上电，保证车辆在充电状态下处于行驶锁止状态，并根据蓄电池状态信息限制充电功率，保护蓄电池。

（6）高压上下电控制　根据驾驶员对行车钥匙开关的控制，进行动力蓄电池的高压接触器开关控制，以完成高压设备的电源通断和预充电控制。上下电流程处理：协调各相关部件的上电与下电流程，包括电机控制器、蓄电池管理系统等部件的供电，预充电继电器、主继电器的吸合和断开时间等。

（7）电动化辅助系统管理　电动化辅助系统包括电动空调、电制动、电动助力转向。整车控制器应该根据动力蓄电池以及低压蓄电池状态，对 DC/DC 变换器、电动化辅助系统进行监控。

（8）车辆状态的实时监测和显示　整车控制器应该对车辆的状态进行实时检测，并且将各个子系统的信息发送给车载信息显示系统，其过程是通过传感器和 CAN 总线，检测车辆状态及其动力系统和相关电气附件，相关各子系统状态信息驱动显示仪表，将状态信息和故障诊断信息通过数字仪表显示出来。

（9）故障诊断与处理　连续监视整车电控系统进行故障诊断，并及时进行相应安全保护处理。根据传感器的输入及其他通过 CAN 总线通信得到的电机、蓄电池、充电机等的信息，对各种故障进行判断、等级分类、报警显示；存储故障码，供维修时查看。故障指示灯指示出故障类和部分故障码。在行车过程中，根据故障内容进行故障诊断与处理。

（10）远程控制　远程控制包括远程查询功能、远程空调控制和远程充电控制。远程查询功能是指用户可以通过手机 App 实时查询车辆状态，实时了解自己爱车的状况，包括剩余 SOC 值、续驶里程等；远程空调控制是指无论是在炎热的夏季还是在寒冷的冬季，用户在出门前就可以通过手机指令实现远程的空调制冷、空调暖风和除霜功能，提前开启远程暖风或远程制冷，用户一上车就可以进入一个舒适的环境和温度；远程充电控制是指用户离开车辆时将充电枪插入充电桩，并不进行立即充电，可以利用电价波谷并在家里实时查询 SOC 值，需要充电时通过手机 APP 发送远程充电指令，进行充电操作。

（11）整车 CAN 总线网关及网络化管理　在整车的网络管理中，整车控制器是信息控制的中心，负责信息的组织与传输、网络状态的监控、网络节点的管理、信息优先权的动态分配以及网络故障的诊断与处理等功能。通过 CAN 总线协调蓄电池管理系统、电机控制器、空调系统等模块相互通信。

（12）基于 CCP 的在线匹配标定　基于 CCP（CAN Calibration Protocol，CAN 校准协议）的在线匹配标定的主要作用是监控 ECU 工作变量、在线调整 ECU 的控制参数［包括 MAP（电机效率图）、曲线及点参数］、保存标定数据结果以及处理离线数据等。完整的标定系统包括上位机 PC（Personal Computer，个人计算机）标定程序、PC 与 ECU 通信硬件连接及 ECU 标定驱动程序三个部分。

（13）换挡控制　挡位管理涉及驾驶员的驾驶安全，正确理解驾驶员意图，以及识别车辆合理的挡位，在基于模型开发的挡位管理模块中得到很好的优化。能在出现故障时做出相应处理，保证整车安全，在驾驶员出现挡位误操作时通过仪表等提示驾驶员，使驾驶员能迅速做出纠正。

（14）防溜车功能控制　纯电动汽车在坡上起步时，驾驶员从松开制动踏板到踩油门踏板过程中，会出现整车向后溜车的现象。在坡上行驶过程中，如果驾驶员踩油门踏板的深度不够，整车会出现车速逐渐降到 0，然后向后溜车现象。为了防止纯电动车在坡上起步和运行时向后溜车现象，在整车控制策略中增加了防溜车功能。防溜车功能可以保证整车在坡上起步时，向后溜车小于 10cm；在整车坡上运行过程中如果动力不足时，整车车速会慢慢降到 0，然后保持 0 车速，不再向后溜车。

第四节　整车工作模式控制

根据整车工况和动力总成状态不同，整车工作模式主要有自检模式、启动模式、起步模式、行驶模式、制动模式、再生模式、停车模式、故障模式、充电模式、下电模式等，如图 4-8 所示。不同车型的整车工作模式控制也会有差别。

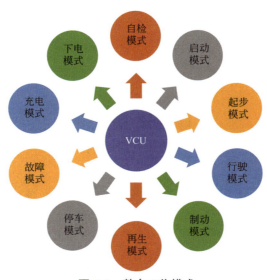

图 4-8　整车工作模式

1. 自检模式

如果钥匙门信号处于 ON 挡,则启动自检模式,闭合主继电器,同时 VCU 进行自检,如果自检失败则进入故障处理模式;如果自检通过则等待启动信号。

2. 启动模式

驾驶员通过打开钥匙等操作,使 VCU 上电,然后唤醒 CAN 网络上其他节点开始工作。当整车所有设备都正常启动后,系统进入准备(READY)状态,指示可以进行正常驾驶操作。

如果钥匙门信号处于启动(START)挡,同时自检模式有效,挡位在 P 挡,没有禁止启动故障则进行高压上电程序,同时 VCU 给电机系统、DC/DC 变换器及空调控制系统发送高压上电请求命令,若电机系统、DC/DC 变换器及空调控制系统检测没有高压故障则反馈给 VCU 准许上高压指令,VCU 通过控制高压预充电及主继电器实现高压上电过程,高压上电结束后仪表上 EV-Ready 灯亮,完成启动模式。

3. 起步模式

这个模式的最重要特点是,进入起步模式以后,如果车辆处于水平路面,则车辆会以较慢的速度开始行驶;如果车辆处于斜坡上,则车辆至少会维持住原地不动的状态。这是起步模式的特殊设计,该模式下,不必踩踏加速踏板,电机自动输出一个基础转矩,防止溜车。如图 4-9 所示,当车辆由静止不踩加速踏板起步限制车速时,期望电机转矩以某标定的汽车转矩 Start_T 为目标值,当车速 $v < v_1$ 时以某个斜率上升,以克服车辆的静止摩擦阻力;当车速 $v > v_2$ 时通过控制电机功率,将车速控制在一个合理的速度范围内,输出的电机转矩进行一个滤波环节进行平滑处理,实现平稳的电起步。

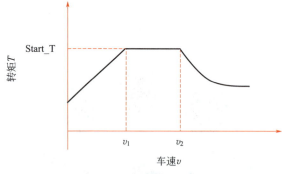

图 4-9 起步模式示意

4. 行驶模式

行驶模式是指车辆处于正常运行状态,包括加速、减速和倒车。这个过程中,VCU 持续监测各个电气系统的电流、电压和温度等参数,以及车辆自身的车速、滑移率等行车参数。识别驾驶员意图,按照加速踏板的开度和开度变化率,计算电机的驱动转矩和蓄电池的输出功率。行驶模式主要根据加速踏板位置及车辆行驶状态,实时控制电机转矩指令,实现按驾驶员意图控制车辆运行。行驶控制过程中的控制方式分为恒转矩控制和恒功率控制,如图 4-10 所示,VCU 的控制输出是转矩,功率是约束条件。

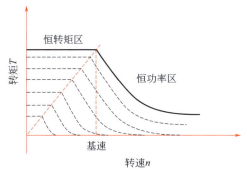

图 4-10 行驶模式示意

当电机输出功率没有达到期望功率时,VCU 采用恒转矩控制策略;当电机输出功率达到期望功率后,VCU 采用恒功率控制策略。

VCU 采集来自驾驶员的控制信号(挡位信号、加速踏板信号、车辆模式等),并根据系统的限制条件,经算法运算向 MCU 输出驱动转矩,控制汽车的运行。根据驾驶员的不同需要,可以实现蠕行、前进、后退、巡航、一般模式行驶、运动模式行驶、经济模式行驶等运行方式。

5. 制动模式

制动踏板被踩下,启动制动模式。VCU 分析制动踏板的开度和开度变化率以及车速,结合车辆自身的车型参数,推算制动力矩。指挥制动控制器,做出最合理的制动力矩分配方案(提供制动力矩的主体包括液压制动系统和电机回收制动),以及是否优先启动 ABS 主导制动过程,安全有效地实现驾驶员的制动意图。

相比传统燃油汽车,电动汽车的制动过程可以实现能量回收。当电动汽车处于制动状态时,VCU 通过状态数据采集,推算所需的制动转矩。此时驱动电机从电动机模式转换为发电机模式向动力蓄电池组充电。

6. 再生模式

再生模式实现特定工况下控制电机发电给蓄电池充电,根据制动踏板状态分为滑行再生制动电及制动再生制动两种情况,如图 4-11 所示为再生制动策略示意。

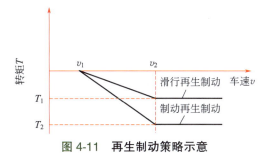

图 4-11 再生制动策略示意

滑行再生制动与制动再生制动采取的发电转矩,当车速 v 大于车速 v_2 时采取恒转矩发电,制动再生转矩为 T_2,滑行再生转矩为 T_1;当车速 v 大于车速 v_1 小于 v_2 时,电机制动再生或滑行再生发电转矩按比例逐渐较小,车速小于 v_1 时取消电机发电,同时电机发电转矩取决于与当前车速及电机的发电能力。

7. 停车模式

停车模式是整车运行过程中无故障出现时，驾驶者正常关闭钥匙，此模式中 VCU 控制电机和动力蓄电池系统下电，然后控制各个附件设备关闭，完成自下电过程。

8. 故障模式

电动汽车运行过程中，把系统内出现的故障定义成几个等级。故障等级最低的，一般只是提示驾驶员。比如蓄电池温度达到 50℃；故障等级最高的，会强制车辆在一个比较短的时间内停车，比如检测出了系统绝缘故障。而介于之间的故障，不会强制停车，但会对车辆的运行状态进行限制。比如蓄电池电量 SOC 低于 30%，限速行驶。此时的动力蓄电池系已经无法输出额定功率，而只能以一个较小的功率工作。

整车故障一般分为 1 级故障和 2 级故障。故障来自于 VCU、BMS、空调等终端设备或者加速踏板器等输入传感设备。这里定义 1 级故障为严重故障，2 级故障为一般故障。整车系统出现 2 级故障时，汽车进入跛行故障模式，主要以限制系统输出功率的方式实现。出现 1 级故障时，整车系统进入紧急停止工作状态。

9. 充电模式

充电时，插上充电枪，充电机开始工作，VCU 被触发上电。在检测到充电连接信号后，VCU 监控整车当前状态，允许充电时启动 BMS，然后 BMS 与充电机进行通信，启动充电过程，VCU 持续监测 BMS 及充电机的状态信息，如果充电则仪表控制器显示充电灯充电状态。充电过程出现故障时，VCU 会及时切断 BMS 继电器，以中断充电过程，防止发生危险事故。

10. 下电模式

如果钥匙门信号在 OFF 挡，则启动下电模式，VCU 根据电机、空调等高压系统的准许下高压信号来控制 BMS 断开高压继电器，同时 VCU 根据电机系统的温度来确认是否要延时下电，温度降到一定范围内时，关闭电机冷却水泵和冷却风扇，关闭电源主继电器，下电完成。

第五章

纯电动汽车的性能与仿真

动力性和经济性是纯电动汽车的重要性能，纯电动汽车传动系统设计必须满足动力性和经济性的要求。由于纯电动汽车与燃油汽车有着本质的区别，所以它们之间的动力性和经济性也有较大的区别。

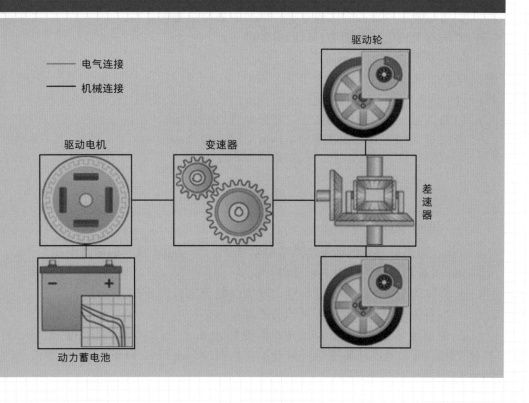

第一节 纯电动汽车的动力性

纯电动汽车的动力性与燃油汽车的动力性的不同之处在于产生驱动力的动力源，燃油汽车的动力源来源于发动机，纯电动汽车的动力源来源于驱动电机。

一、纯电动汽车的动力性指标

燃油汽车的动力性指标主要有最高车速、加速时间和最大爬坡度，其中加速时间有原地起步加速时间和超车加速时间，代表燃油汽车的加速能力；最大爬坡度代表燃油汽车的爬坡能力。

纯电动汽车的动力性指标主要有最高车速（1km）、30min 最高车速、加速能力、爬坡车速和坡道起步能力。

1. 最高车速（1km）

最高车速（1km）是指纯电动汽车能够往返各持续 1km 以上距离的最高车速的平均值。

最高车速（1km）可按以下步骤进行试验。

① 将试验车辆加载到试验重量，增加的载荷应合理分布。

② 按有关规定对车辆进行试验前的准备。

③ 在直线跑道或环形跑道上将试验车辆加速，使汽车在驶入测量区之前能够达到最高稳定车速，并且保持这个车速持续行驶 1km（测量区的长度）。记录车辆持续行驶 1km 的时间 t_1（s）。

④ 随即做一次反方向的试验，并记录通过的时间 t_2（s）。

⑤ 按式（5-1）计算最高车速（1km），单位为 km/h。

$$V = \frac{7200}{t_1 + t_2} \tag{5-1}$$

2. 30min 最高车速

30min 最高车速是指纯电动汽车能够持续行驶 30min 以上的最高平均车速。

30min 最高车速可按以下步骤进行试验。

① 将试验车辆加载到试验重量，增加的载荷应合理分布。

② 按有关规定对车辆进行试验前的准备。

③ 使试验车辆以该车 30min 最高车速估计值 ±5% 的车速行驶 30min。试验中车速如有变化，可以通过踩加速踏板来补偿，从而使车速符合 30min 最高车速估计值 ±5% 的要求。

④ 如果试验中车速达不到 30min 最高车速估计值的 95%,试验应重做,车速可以是上述 30min 最高车速估计值或者制造厂重新估计的 30min 最高车速。

⑤ 测量车辆驶过的里程 S_1(m),并按式(5-2)计算平均 30min 最高车速,单位为 km/h。

$$V_{30} = \frac{S_1}{500} \tag{5-2}$$

3. 加速能力

加速能力是指纯电动汽车从速度 v_1 加速到速度 v_2 所需的最短时间,包括 0~50km/h 加速时间和 50~80km/h 加速时间。

0~50km/h 加速时间可按以下步骤进行试验。

① 将试验车辆加载到试验重量,增加的载荷应合理分布。

② 将试验车辆停放在试验道路的起始位置,并启动车辆。

③ 将加速踏板快速踩到底,使车辆加速到(50±1)km/h。

④ 如果装有离合器和变速器的话,将变速器置入该车的起步挡位,迅速起步,将加速踏板快速踩到底,换入适当挡位,使车辆加速到(50±1)km/h。

⑤ 记录从踩下加速踏板到车速达到(50±1)km/h 的时间。

⑥ 以相反方向行驶再做一次相同的试验。

⑦ 0~50km/h 的加速时间是两次测得时间的算术平均值,单位为 s。

50~80km/h 加速时间可按以下步骤进行试验。

① 将试验车辆加载到试验重量,增加的载荷应合理分布。

② 将试验车辆停放在试验道路的起始位置。

③ 将试验车辆加速到(50±1)km/h,并保持这个车速行驶 0.5km 以上。

④ 将加速踏板快速踩到底,或使用离合器和变速杆(如果有的话)将车辆加速到(80±1)km/h。

⑤ 记录从踩下加速踏板到车速达到(80±1)km/h 的时间,或如果最高车速小于 89km/h,应达到最高车速的 90%,并应在报告中记录下最后的车速。

⑥ 以相反方向行驶再做一次相同的试验。

⑦ 50~80km/h 的加速时间是两次测得时间的算术平均值,单位为 s。

受燃油汽车使用习惯的影响,实际上也常使用 0~100km/h 的加速时间来表示纯电动汽车的加速能力。

4. 爬坡车速

爬坡车速是指纯电动汽车在给定坡度的坡道上能够持续行驶 1km 以上的最高平均车速。

爬坡车速可按以下步骤进行试验。

① 将试验车辆加载到最大设计总重量,增加的载荷应合理分布。

② 将试验车辆置于测功机上,并对测功机进行必要的调整,使其适合试验车辆最大设计总重量值。

③ 调整测功机使其增加一个相对于 4% 坡度的附加载荷。

④ 将加速踏板踩到底,使试验车辆加速或使用适当变速挡位使车辆加速。

⑤ 确定试验车辆能够达到并能持续行驶 1km 的最高稳定车速，同时，记录持续行驶 1km 的时间 t。
⑥ 调整测功机使其增加一个相当于 12% 坡度的附加载荷。
⑦ 重复④和⑤的试验。
⑧ 试验完成后，停车检查各部位有无异常现象发生，并详细记录。
⑨ 用式（5-3）计算实际爬坡车速，单位为 km/h。

$$v_p = \frac{3600}{t} \tag{5-3}$$

5. 坡道起步能力

坡道起步能力是指纯电动汽车在坡道上能够启动且 1min 内向上行驶至少 10m 的最大坡度。

坡道起步能力应在有一定坡度角的道路上进行。该坡度角应近似于制造厂技术条件规定的最大爬坡度对应的角。实际坡度和厂定坡度之差，应通过增减重量来调整。当不知制造厂技术条件规定的最大爬坡度对应的角时，可通过计算获得。

坡道起步能力可按以下步骤进行试验。
① 将试验车辆加载到最大设计总重量。
② 选定的坡道应有 10m 的测量区，测量区前应提供起步区。将试验车辆放置在起步区域。选定的坡度角尽可能地近似于制造厂技术条件规定的最大爬坡度对应的角。如果该坡道坡度角与厂定最大爬坡度对应的坡度角有差别，可根据式（5-4）通过增减装载重量的方法进行试验。

$$\Delta M = M \frac{\sin\alpha_0 - \sin\alpha_1}{\sin\alpha_1 + C} \tag{5-4}$$

式中，ΔM 为增减的装载重量，应均布于乘客室或货箱中；M 为试验时的车辆最大设计总重量；α_0 为制造厂技术条件规定的最大爬坡度对应的坡度角；α_1 为实际试验坡道所对应的坡度角；C 为滚动阻尼系数，一般为 0.01。

③ 以每分钟至少行驶 10m 的速度通过测量区。如果车辆装有离合器和变速器，应用最低挡启动车辆并以每分钟至少行驶 10m 的速度通过测量区。

当不知道 α_0 时，可按以下方法进行计算。
纯电动汽车驱动轮的转矩为

$$T_r = T_{e_{max}} i_t \eta_t \tag{5-5}$$

式中，T_r 为驱动轮的转矩；$T_{e_{max}}$ 为电机峰值转矩；i_t 为传动比；η_t 为传动效率。

纯电动汽车行驶平衡力为

$$F_t = \frac{T_r}{r} = Mg(\sin\alpha_0 + C) \tag{5-6}$$

式中，F_t 为驱动力；r 为车轮滚动半径。

由式（5-6）可计算出 α_0，最大爬坡能力用 $\tan\alpha_0 \times 100\%$ 表示。

二、驱动电机的外特性

纯电动汽车驱动电机的外特性曲线如图 5-1 所示。该特性曲线分为两个区域：恒转矩区和恒功率区。恒转矩区是从零转速到额定转速，驱动电机的输出转矩恒定，而功率随转速的提高线性增加；恒功率区是从额定转速到最大转速，驱动电机的输出功率恒定，而转矩随转速的提高呈双曲线逐渐下降。

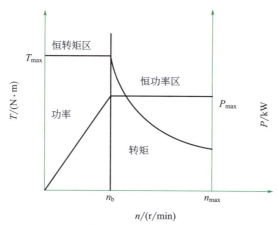

图 5-1 纯电动汽车驱动电机的外特性曲线

驱动电机输出转矩与转速关系为

$$T_e = \begin{cases} T_m & n \leqslant n_b \\ \sum_{i=0}^{k} a_i n^i & n > n_b \end{cases} \tag{5-7}$$

式中，T_e 为电机输出转矩；T_m 为电机恒转矩；n 为电机转速；n_b 为电机基速；k 为多项式的阶次；a_i 为多项式拟合系数。

电机输出功率为

$$P_e = \frac{T_e n}{9550} \tag{5-8}$$

式中，P_e 为电机输出功率。

为了建立电机外特性的数学模型，需在专门的电动汽车动力测功平台上测试电机的外特性，然后对电机外特性试验数据进行拟合，建立电机外特性数学模型。

电机基速可近似表示为

$$n_b = \frac{9550 P_r}{T_r} \tag{5-9}$$

式中，P_r 为电机额定功率；T_r 为电机额定转矩。

电机输出转矩与转速关系可近似表示为

$$T_e = \begin{cases} T_m & n \leqslant n_b \\ \dfrac{9550 P_m}{n} & n > n_b \end{cases} \tag{5-10}$$

式中，P_m 为电机峰值功率。

三、纯电动汽车驱动力和行驶阻力

纯电动汽车在行驶过程中，动力蓄电池储存的电能通过控制器输出给驱动电机，驱动电机产生的转矩经传动系统传到驱动轮上。

1. 纯电动汽车驱动力

纯电动汽车驱动力为

$$F_t = \frac{T_e i_t \eta_t}{r} \tag{5-11}$$

式中，F_t 为驱动力；T_e 为电机转矩；i_t 为传动系统的总传动比；η_t 为传动系统效率；r 为车轮滚动半径。

在恒功率区，纯电动汽车驱动力是电机转速的函数。

2. 纯电动汽车行驶阻力

纯电动汽车的行驶阻力包括滚动阻力、空气阻力、坡度阻力和加速阻力。

（1）滚动阻力 汽车滚动阻力是指轮胎行驶单位距离的能量损失，主要是由轮胎和路面的变形引起的。当轮胎在坚硬的路面上滚动时，路面的变形很小，主要是轮胎的变形；当轮胎在松软的路面上滚动时，轮胎的变形很小，主要是路面的变形。汽车滚动阻力为

$$F_f = mgf\cos\alpha_G \tag{5-12}$$

式中，F_f 为汽车滚动阻力；m 为汽车重量；f 为滚动阻力系数；α_G 为坡度角。

（2）空气阻力 汽车空气阻力指汽车直线行驶时受到的空气作用力在行驶方向上的分力，它不仅与行驶速度有关，还与汽车迎风面积、空气阻力系数有关。汽车空气阻力为

$$F_w = \frac{C_D A u^2}{21.15} \tag{5-13}$$

式中，F_w 为汽车空气阻力；C_D 为空气阻力系数；A 为汽车迎风面积；u 为汽车行驶速度。

（3）坡度阻力 汽车上坡行驶时，汽车重力沿坡道的分力称为坡度阻力。汽车坡度阻力为

$$F_i = mg\sin\alpha_G \tag{5-14}$$

式中，F_i 为汽车坡度阻力。

（4）加速阻力 汽车加速阻力是指汽车加速行驶时，需要克服其重量加速运动时的惯性力。汽车加速阻力为

$$F_j = \delta m a_j \tag{5-15}$$

式中，F_j 为汽车加速阻力；δ 为汽车旋转重量换算系数；a_j 为汽车行驶加速度。

四、纯电动汽车动力性指标计算

理论计算时，纯电动汽车动力性指标主要使用最高车速、加速能力和爬坡能力。

1. 最高车速

当纯电动汽车达到最高车速时，驱动电机处于恒功率区运行，汽车的驱动力与行驶阻力（滚动阻力和空气阻力之和）处于平衡状态。求出纯电动汽车驱动力与行驶阻力曲线的交点，得出最高车速。如图 5-2 所示为某纯电动汽车的驱动力曲线和行驶阻力曲线，交点对应的车速即为最高车速，约为 176km/h。

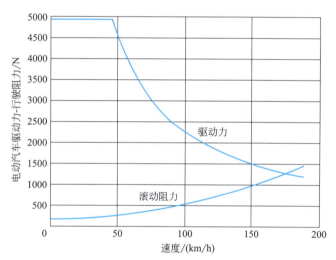

图 5-2 某纯电动汽车的驱动力曲线和行驶阻力曲线

2. 加速能力

纯电动汽车行驶加速度为

$$a_j = \frac{F_t - (F_f + F_w)}{\delta m} \tag{5-16}$$

纯电动汽车从车速 u_1 全力加速至车速 u_2 的加速时间为

$$t = \int_{u_1}^{u_2} \frac{\delta m}{3.6\left[F_t - (F_f + F_w)\right]} du \tag{5-17}$$

某纯电动汽车行驶加速度曲线如图 5-3 所示；其加速时间曲线如图 5-4 所示，该纯电动汽车 0～100km/h 的加速时间为 11.8s。

3. 爬坡能力

纯电动汽车爬坡度为

$$i_\alpha = \tan\left[\arcsin\frac{F_t - (F_f + F_w)}{mg}\right] \tag{5-18}$$

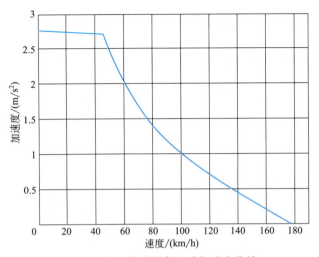

图 5-3 某纯电动汽车行驶加速度曲线

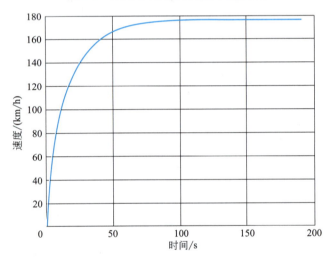

图 5-4 纯电动汽车加速时间曲线

某纯电动汽车爬坡度曲线如图 5-5 所示，该纯电动汽车的最大爬坡度为 32.3%。

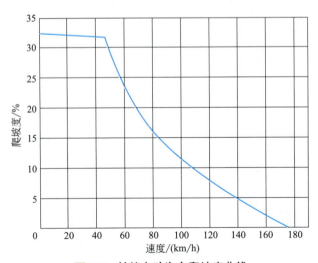

图 5-5 某纯电动汽车爬坡度曲线

第二节 纯电动汽车的经济性

纯电动汽车与燃油汽车在驱动系统和动力源方面存在着质的差别,由此导致这两种车辆的经济性评价指标和评价方法存在着很大的差异。动力蓄电池作为纯电动汽车唯一的动力源,能量存储密度不能达到燃油的水平,致使纯电动汽车续驶里程短,因此降低能量消耗率、提高续驶里程对纯电动汽车更加重要。

纯电动汽车经济性评价指标主要是以一定的车速或循环行驶工况为基础,以车辆行驶一定里程的能量消耗量来衡量,主要有续驶里程和单位里程能量消耗率。试验方法参见《电动汽车能量消耗率和续驶里程试验方法》(GB/T 18386—2017)。

一、续驶里程

续驶里程是电动汽车蓄电池组充满电后可连续行驶的里程,可以分为等速工况续驶里程和循环工况续驶里程。

1. 等速工况续驶里程

等速工况续驶里程是指电动汽车在良好的水平路面上一次充满电后等速行驶直至消耗掉全部携带的电能为止所行驶的里程;循环工况续驶里程是指充满电后,基于一定的运动工况需求进行行驶,其所能实现的最大的行驶里程。

等速工况续驶里程可按以下方法进行试验。纯电动汽车按相关规定给动力蓄电池充满电,以 (60 ± 2) km/h 的速度进行等速试验,试验过程中允许停车两次,每次停车时间不允许超过 2min,当车辆的行驶速度达到标准规定的要求时停止试验。记录试验期间试验车辆的停车次数和停车时间。试验循环工况结束,车辆停止时,记录试验车辆驶过的距离,测量值按四舍五入圆整到整数,该距离即为等速工况续驶里程,单位为 km。

2. 循环工况续驶里程

循环工况续驶里程是指动力蓄电池充满电后,基于一定的运动工况需求进行行驶,其所能实现的最大的行驶里程。

纯电动汽车的循环工况主要有 NEDC 循环、WLTC 循环、FTP-75 循环等。

(1) NEDC 循环 NEDC 全名称为"New European Driving Cycle",翻译成中文就是"新欧洲驾驶周期",也可以称它为"新标欧洲循环测试"。NEDC 是欧洲的续航测试标准,在我国,工信部在对纯电动汽车的综合里程进行测试的时候,采用的就是 NEDC 测试标准。NEDC 循环工况中,包含 4 个市区循环和 1 个郊区循环(模拟),其中市区循环的车速较低,郊区循环的车速则较高一些。

NEDC 具体的测试方式就是将车辆放在台架上进行测试,和轮胎接触的滚筒用来模拟不同工况下的阻力,车头放一台鼓风机来模拟空气阻力,如图 5-6 所示。需要注意的是,NEDC 在测试过程中相关的负载都会关闭,包括空调、大灯、座椅加热等。而且在市区工况时速不超过 50km/h,平均时速只有 18.5km/h;在郊区工况模拟的是交通畅通时的状态,平均速度为 62km/h。

图 5-6 NEDC 的测试

NEDC 循环工况续驶里程可按以下方法进行试验。纯电动汽车按相关规定给动力蓄电池充满电,在底盘测功机上采用 NEDC 循环进行试验,直至达到标准规定的要求时停止试验。每 6 个工况试验循环,允许停车(10±1)min。停车期间,车辆启动开关应处于"OFF"状态,关闭发动机盖,关闭试验台风扇,释放制动踏板,不能使用外接电源充电。在试验循环工况结束,车辆停止时,记录试验车辆驶过的距离,测量值按四舍五入圆整到整数,该距离即为 NEDC 循环工况续驶里程,单位为 km。

NEDC 测试更加偏于理想化,而对于纯电动汽车来说,这就意味着所测试的续驶里程更高,而实际续驶里程相对更低。

(2) WLTP 循环 WLTP 的全称为 "World Light Vehicle Test Procedure",即全球统一轻型汽车测试规程,由 WLTC 循环(工况曲线)和测试规程两大部分组成,是由联合国世界车辆法规协调论坛(WP29)下设的污染与能源工作组(GRPE)研究制定的全球轻型车排放测试法规,2014 年被 WP29 采纳,而中国也是签约国之一。

相比 NEDC,WLTP 更加严格。因为该种测试方式分为低速、中速、高速和超高速共 4 个部分。另外,也将车辆的滚动阻力、挡位和车重作为可变因素纳入测试范围,所以 WLTP 工况所测试的续驶里程更加贴近实际

WLTP 工况属于瞬态循环,持续时间为 1800s(比 NEDC 多了 620s),行驶距离为 23.25km(长了一倍多),最高车速为 131km/h,如图 5-7 所示。

与 NEDC 相比,WLTP 循环测试时间延长约 10min,测试工况、温度等与实际驾驶情况更为接近,能更好地反映车辆的真实能量损耗。

(3) FTP-75 循环 FTP-75 循环工况被称为目前最合理的循环工况测试规则。本着测试最真实数据的原则,美国 FTP-75 工况设计了很多接近现实的试验内容。FTP-75 由一个市区循环工况和两个补充循环工况组成。两个补充循环工况分别为 SC03 高温空调全负荷运转循环和 US06 高速、高加速度循环。最终试验结果由这三个试验结果通过不

同的比例计算而成，因此这样的数据更接近实际使用。

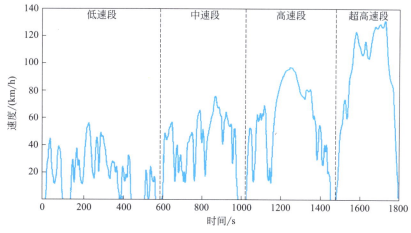

图 5-7　WLTP 循环工况

FTP-75 工况整个运转循环分为三个部分：第一部分为冷启动阶段，耗时 505s；第二部分为瞬态阶段，耗时 864s；随后熄火浸车 600s，再进行第三部分热启动阶段测试，耗时 505s，全程时长为 2474s。汽车在长达 40min 里不断地加速和刹车，很好地模拟了现实拥堵市区交通中走走停停的情况。

FTP-75 循环工况如图 5-8 所示。

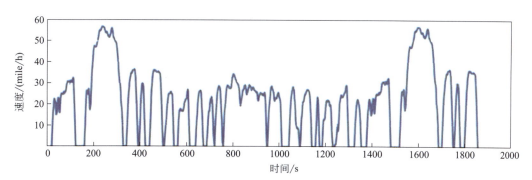

图 5-8　FTP-75 循环工况图（1mile/h=1.6km/h）

目前我国正在制定中国工况 CATC（China Automotive Testing Cycle），中文为"中国汽车循环测试"，是根据中国实际情况制定的道路测试标准。

续驶里程对于综合评价纯电动汽车动力蓄电池组、驱动电机及传动效率、纯电动汽车实用性具有积极意义。但此指标与纯电动汽车动力蓄电池组装车容量及蓄电池水平有关，在不同车型和装配不同容量动力蓄电池组的同种车型间不具有可比性。即使装配相同容量同种动力蓄电池的同一车型，续驶里程也受到动力蓄电池组状态、天气、环境因素等使用条件的影响而有一定的波动。

二、单位里程能量消耗率

单位里程能量消耗率又可分为单位里程电网交流电能量消耗率和蓄电池组直流电能量消耗率，其中交流电能量消耗率受到不同类型充电设备的效率影响；直流电能量消耗率仅以车载蓄电池组的能量状态作为标准，脱离了充电机的影响，可以比较直接地反映纯电动汽车的实际性能。

交流电能量消耗率是指纯电动汽车经过规定的试验循环后对动力蓄电池重新充电至试验前的容量，从电网上得到的电能除以续驶里程所得的值，即

$$E = \frac{W}{S} \tag{5-19}$$

式中，E 为纯电动汽车单位里程能量消耗率；W 为动力蓄电池在充电期间来自电网的能量；S 为试验期间纯电动汽车所能行驶的总距离，即续驶里程。

交流电能量消耗率评价指标不仅与纯电动汽车本身经济性有关，还受电网、充电设备等影响，因此，也可以选择以动力蓄电池组的直流电能量消耗率作为评价指标。

纯电动汽车能量消耗率限值见表 5-1。

表 5-1 纯电动汽车能量消耗率限值

整备质量（CM）/kg	车型能量消耗率限值 /(kW·h/100km)
CM ≤ 750	11.2
750<CM ≤ 865	11.6
865<CM ≤ 980	12.1
980<CM ≤ 1090	12.5
1090<CM ≤ 1205	13.0
1205<CM ≤ 1320	13.4
1320<CM ≤ 1430	13.9
1430<CM ≤ 1540	14.3
1540<CM ≤ 1660	14.8
1660<CM ≤ 1770	15.2
1770<CM ≤ 1880	15.7
1880<CM ≤ 2000	16.1
2000<CM ≤ 2110	16.6
2110<CM ≤ 2280	17.1
2280<CM ≤ 2510	17.9
2510<CM	18.8

三、纯电动汽车经济性计算方法

1. 单位里程能量消耗率计算方法

纯电动汽车单位里程能量消耗率为

$$E_p = \frac{\int_0^{t_0} P_e \, dt}{S} \tag{5-20}$$

式中，E_p 为纯电动汽车单位里程能量消耗率；P_e 为纯电动汽车工况行驶的功率需求；t_0 为工况行驶时间；S 为工况行驶的距离。

工况分为加速工况、等速工况、减速工况、驻车工况和循环工况。

(1) 加速工况单位里程能量消耗率　汽车在平坦路面上加速工况行驶所需要的功率为

$$P_j = \frac{u(t)}{3600\eta_t}\left[mgf + \frac{C_D A u^2(t)}{21.15} + \delta m a_j\right] \tag{5-21}$$

式中，P_j 为纯电动汽车加速工况行驶所需要的功率；$u(t)$ 为纯电动汽车行驶速度。

纯电动汽车行驶速度为

$$u(t) = u_0 + 3.6 a_j t \tag{5-22}$$

式中，u_0 为加速初始速度；t 为加速时间。

纯电动汽车加速工况行驶的距离为

$$S_j = \frac{u_j^2 - u_0^2}{25920 a_j} \tag{5-23}$$

式中，u_j 为加速终了速度。

纯电动汽车加速时间为

$$t = \frac{u_j - u_0}{3.6 a_j} \tag{5-24}$$

纯电动汽车加速工况单位里程能量消耗率为

$$E_j = \frac{1}{\eta_t}\left[\frac{C_D A}{2 \times 21.15}(u_j^2 + u_0^2) + (mgf + \delta m a_j)\right] \tag{5-25}$$

可以看出，纯电动汽车加速工况单位里程能量消耗率是加速段初始速度及终了速度平方和的函数，在平均速度相同的情况下，加速段初始速度平方和小的能耗低。提高初始速度和增加速度间隔，单位里程能量消耗率都将增加。

(2) 等速工况单位里程能量消耗率　纯电动汽车在平坦道路上等速工况行驶所需求的功率为

$$P_d = \frac{u_0}{3600\eta_t}\left(mgf + \frac{C_D A u_0^2}{21.15}\right) \tag{5-26}$$

纯电动汽车等速工况行驶的距离为

$$S_d = u_0 t_0 \tag{5-27}$$

纯电动汽车等速工况单位里程能量消耗率为

$$E_d = \frac{1}{3600\eta_t}\left(\frac{C_D A u_0^2}{21.15} + mgf\right) \tag{5-28}$$

可以看出，纯电动汽车等速工况单位里程能量消耗率是速度平方的函数，提高行驶速度，单位里程能量消耗率将增加。

(3) 减速工况单位里程能量消耗率　纯电动汽车减速工况行驶包含两种情况：一种是滑行减速或无再生制动功能下的制动减速，此时驱动电机处于关断状态，电能输出为零，纯电动汽车单位里程能量消耗率为零；另一种是有再生制动功能下的制动减速，此时车轮拖动电机，驱动电机处于发电机工作状态。纯电动汽车能量消耗为负，即动力蓄电池处于充电工作状态。

纯电动汽车减速工况行驶的距离为

$$S_b = \frac{u_{b_0}^2 - u_{b_j}^2}{25920 a_j} \tag{5-29}$$

式中，u_{b_0} 为减速初速度；u_{b_j} 为减速终了速度。

(4) 驻车工况单位里程能量消耗率　对于驻车工况，驱动电机处于关断状态，纯电动汽车单位里程能量消耗率为零。

因此，纯电动汽车能量消耗主要发生在加速和等速运行工况，减速和驻车阶段能量消耗可忽略不计。

(5) 循环工况单位里程能量消耗率　纯电动汽车 NEDC 循环工况的单位里程能量消耗率为

$$E = \frac{E_j S_j + E_d S_d}{S_j + S_d + S_b} \tag{5-30}$$

如图 5-9 所示为某纯电动汽车等速工况百公里能量消耗率；NEDC 循环工况百公里能量消耗率为 12.97kW·h/100km。

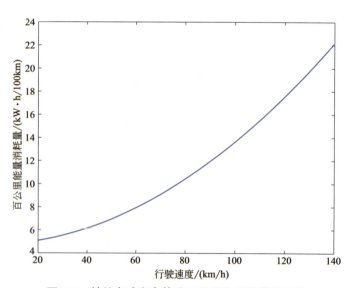

图 5-9　某纯电动汽车等速工况百公里能量消耗率

2. 续驶里程计算方法

纯电动汽车续驶里程分为等速行驶工况续驶里程和循环行驶工况续驶里程。

（1）等速行驶工况续驶里程　纯电动汽车在平坦道路上等速行驶时所需求的功率见式（5-26）。

动力蓄电池携带的总能量为

$$E = Q_m U_e \tag{5-31}$$

式中，E 为动力蓄电池组携带的总能量；Q_m 为动力蓄电池组容量；U_e 为动力蓄电池组额定电压。

纯电动汽车等速工况续驶里程为

$$S_d = \frac{E u_0}{1000 P_d} \eta_e \tag{5-32}$$

式中，S_d 为纯电动汽车等速工况续驶里程；η_e 为动力蓄电池放电效率。

（2）循环行驶工况续驶里程　纯电动汽车行驶工况主要包括等速、加速、减速、驻车，分别建立这些工况下的纯电动汽车续驶里程数学模型。

① 等速工况。纯电动汽车在平坦道路上等速行驶所需求的功率见式（5-26）。

纯电动汽车等速工况续驶里程见式（5-27）。

等速工况动力电池所消耗的能量为

$$E_d = \frac{1000 P_d S_d}{v_0 \eta_e} \tag{5-33}$$

② 加速工况。纯电动汽车在平坦道路上加速行驶所需求的功率见式（5-21）。

纯电动汽车加速工况行驶速度见式（5-22）。

纯电动汽车加速工况续驶里程见式（5-23）。

加速工况动力蓄电池所消耗的能量为

$$E_j = \frac{1000 P_j S_j}{v(t) \eta_e} \tag{5-34}$$

③ 减速工况。纯电动汽车减速行驶包含两种情况：一种是滑行减速或无再生制动功能下的制动减速，此时驱动电机处于关断状态，电能输出为零，动力蓄电池消耗的能量为零；另一种是有再生制动功能下的制动减速，此时车轮拖动电机，驱动电机处于发电机工作状态。动力蓄电池消耗的能量为负，即动力蓄电池处于充电工作状态。

④ 驻车工况。驻车工况的驱动电机处于关断状态，动力蓄电池消耗的能量为零。

因此，动力蓄电池能量消耗主要发生在加速和等速运行工况，减速和停车阶段能量消耗可忽略不计，而且不考虑制动能量回收。

一个 NEDC 循环工况的续驶里程为

$$S_1 = \sum_{i=1}^{k} S_i \tag{5-35}$$

式中，S_1 为一个 NEDC 循环工况的续驶里程；S_i 为每个状态行驶的距离；k 为纯电动汽车能够完成的状态总数。

一个 NEDC 循环工况行驶动力蓄电池所消耗的能量为

$$E_1 = \sum_{i=1}^{k} E_i \qquad (5\text{-}36)$$

式中，E_1 为一个 NEDC 循环工况行驶动力蓄电池所消耗的能量；E_i 为每个状态动力蓄电池所消耗的能量。

纯电动汽车循环工况续驶里程为

$$S = \frac{S_1 E}{E_1} \qquad (5\text{-}37)$$

式中，S 为纯电动汽车循环工况续驶里程。

第三节 纯电动汽车的仿真

MATLAB 提供的纯电动汽车仿真模型，可以进行纯电动汽车的在环测试、部件选择、性能评价和控制参数优化等，可用于纯电动汽车的产品开发。

用于仿真的纯电动汽车动力系统配置如图 5-10 所示，它主要由驱动电机、动力蓄电池和变速器等组成。默认情况下，驱动电机为永磁同步电机，蓄电池为锂离子电池。

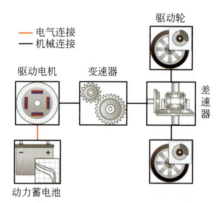

图 5-10　用于仿真的纯电动汽车动力系统配置

在 MATLAB2019b 命令窗口输入"autoblkEvStart"，可以得到纯电动汽车仿真模型，如图 5-11 所示。它主要由驱动循环模块（FTP75）、环境模块（Environment）、纵向驱动模块（Longitudinal Driver）、控制器模块（Controllers）、车辆模块（Passenger Car）和可视化模块（Visualization）等组成。

（1）驱动循环模块　驱动循环模块主要用于设置车辆测试循环工况，采用美国的 FTP-75 标准循环测试工况，也可以采用 NEDC 循环工况或 WLTC 循环工况等。

（2）环境模块　环境模块用于创建环境变量，包括路面坡度、风速、大气温度和压力。

（3）纵向驱动模块　纵向驱动模块主要产生驾驶员的驱动或制动命令。

（4）控制器模块　控制器模块可以实现一个带有再生制动、电机转矩仲裁和功率管理的动力系统控制模块。

(5) 车辆模块 车辆模块是建立包括驱动电机和变速器等的车辆模型。

(6) 可视化模块 可视化模块可以显示循环工况曲线、电机转速曲线、电机转矩曲线、蓄电池电流曲线、蓄电池 SOC 曲线和等效燃油消耗量曲线。

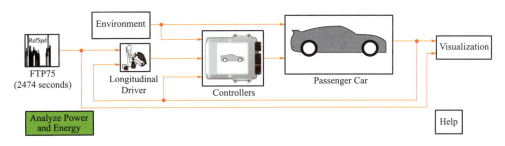

图 5-11 纯电动汽车仿真模型

如图 5-12 所示为 FTP-75 标准循环测试工况的理论速度和实际速度曲线,可以看出,两者基本是一致的。

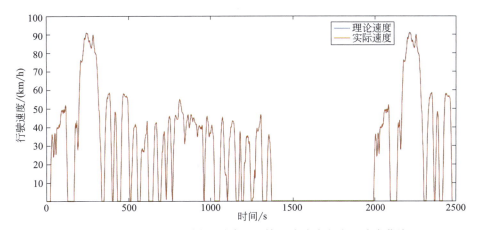

图 5-12 FTP-75 标准循环测试工况的理论速度和实际速度曲线

如图 5-13 所示为纯电动汽车驱动电机转速曲线。可以看出,电机转速变化与车速变化趋势是一致的。

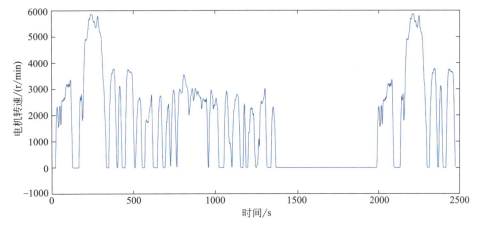

图 5-13 纯电动汽车驱动电机转速曲线

如图 5-14 所示为纯电动汽车驱动电机转矩曲线。

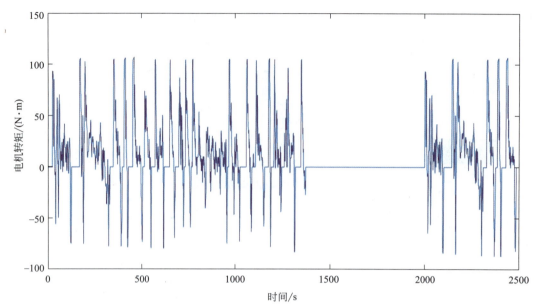

图 5-14 纯电动汽车驱动电机转矩曲线

如图 5-15 所示为纯电动汽车动力蓄电池电流曲线，可以看出，动力蓄电池电流曲线变化与电机转矩曲线变化是一致的。

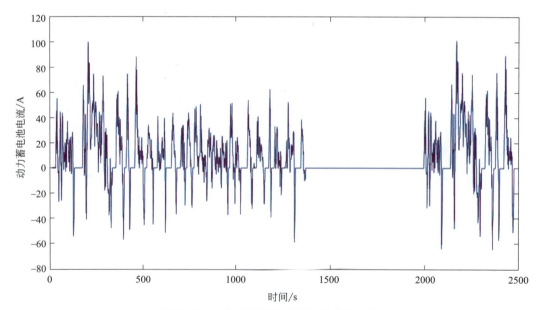

图 5-15 纯电动汽车动力蓄电池电流曲线

如图 5-16 所示为纯电动汽车动力蓄电池 SOC 曲线，可以看出，动力蓄电池初始 SOC 为 80%，循环结束时为 71.6%。

如图 5-17 所示为纯电动汽车当量燃油消耗量曲线。可以看出，该车的当量燃油消耗量在 1.3L/100km 左右。该值是将电能消耗量折算为当量燃油消耗量，详见《电动汽车能耗折算方法》（GB/T 37340—2019）。

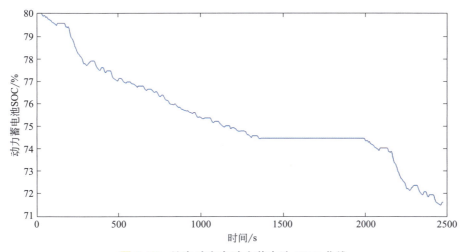

图 5-16　纯电动汽车动力蓄电池 SOC 曲线

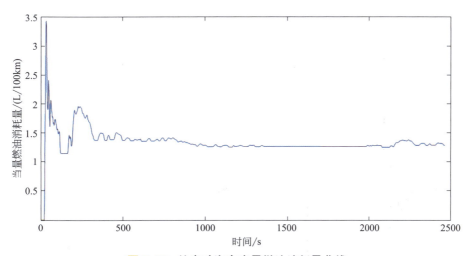

图 5-17　纯电动汽车当量燃油消耗量曲线

参考文献

[1] 孙逢春,林程,等. 电动汽车工程手册(第一卷). 纯电动汽车整车设计 [M]. 北京:机械工业出版社,2019.

[2] 孙逢春,肖成伟,等. 电动汽车工程手册(第四卷). 动力蓄电池 [M]. 北京:机械工业出版社,2019.

[3] 孙逢春,贡俊等. 电动汽车工程手册(第五卷). 驱动电机与电力电子 [M]. 北京:机械工业出版社,2019.

[4] 孙逢春,周舟,等. 电动汽车工程手册(第八卷). 测试评价 [M]. 北京:机械工业出版社,2019.

[5] 崔胜民. 新能源汽车概论 [M]. 第3版. 北京:北京大学出版社,2020.

[6] 崔胜民. 新能源汽车技术 [M]. 第3版. 北京:北京大学出版社,2020.

[7] 崔胜民. 基于MATLAB的新能源汽车仿真实例 [M]. 北京:化学工业出版社,2020.